CO-

여행 태국어

Thai

용기를 내어 태국어로 말을 걸어 봅시다.
조금이라도 내 마음이 전해진다면 여행은 좀 더 즐거워질 거예요.
여느 때보다 더 따뜻하게, 같이 경험해 볼까요?

『여행 태국어』를 가지고

자, 이제 시작해 봅시다.

여행에 필요한 기본 회화부터, 알아 두면 좋을 현지 정보,
편안한 여행을 즐기기 위한 표현과 단어를 모았습니다.
자, 다양한 회화 표현으로 여행 기분을 느껴 볼까요?

모처럼 여행을 왔으니 현지인분들과 커뮤니케이션을 해 볼까요? 간단한 인사라도 그 나라의 말로 먼저 말을 걸어 본다면 현지인분들도 웃는 얼굴로 반겨 줄 겁니다.

맛집 탐방, 쇼핑, 뷰티 등 의사소통이 필요한 순간에 필요한 표현들을 가득 담았습니다. 간단한 의사소통이라도 평소와는 다른 경험을 할 수 있을지도 모릅니다. 다양한 회화 표현을 통해 여행을 좀 더 즐겁게 보내 볼까요?

check list

☐ 먼저 인사부터 시작해 봅시다 ➜ P.12

☐ 태국 요리의 최고는 똠얌꿍 ➜ P.36

☐ 여러 가지 태국 카레를 먹으며 비교해 봅시다 ➜ P.38

☐ 실패 없이 화장품 사는 법을 알아 둡시다 ➜ P.62

☐ 활기 넘치는 시장에서 커뮤니케이션 ➜ P.68

☐ 스파, 마사지로 아름다움을 유지하자 ➜ P.78

☐ 길거리 산책 & 관광을 빼놓을 수 없죠 ➜ P.88

☐ 태국에서만 느낄 수 있는 밤 문화 ➜ P.104

☐ 호텔에서 쾌적하게 지내고 싶어요 ➜ P.110

☐ 공항 & 대중교통 ➜ P.118

☐ 한국을 소개해 봅시다 ➜ P.146

추천해 주실 것이 있나요?
มีอันไหนแนะนำน่าไหม?
미-안나이내남마이

똠얌꿍 주세요.
ขอต้มยำกุ้ง
커-똠얌꿍

너무 맛있어요!
อร่อยมาก!
아러-이마-ㄱ

선물 포장해 주세요.
กรุณาห่อของขวัญให้ด้วย
까루나-허-커-ㅇ 콴하이두-아이

3

HOW TO
태국어

회화 수첩은 현지에서 자주 사용하는 문장을 중심으로 최대한 많은 내용을 담았습니다. 사전에 미리 알아 두고 공부해 놓으면 좋을 정보들도 담았습니다. 현지에서 자주 쓰이는 어휘들도 기억해 둡시다.

"카페에서는 어떻게 말해야 주문할 수 있을까?", "이 화장품은 어떻게 말해야 하지?" 등 순간적으로 당황했던 적은 없나요? 이 회화 수첩은 현지에서 흔히 접할 수 있는 상황별로 정리했습니다. 각 장면에 연관된 문장이나 단어들을 모아 현지에서도 쉽게 사용할 수 있도록 했습니다.

사용하는 포인트는 이곳에

● 상황별 구성으로 문장을 익히기 쉽습니다.

● 여러 가지 신으로 기본 문장에 충실하였습니다.

● 영어와 한국어로 되어 있어, 현지에서도 도움이 됩니다.

1 상황별로 아이콘이 붙여져 있습니다.

맛집, 쇼핑, 뷰티, 관광, 엔터테인먼트, 호텔의 각 상황별로 제목 옆에 아이콘이 붙여져 있습니다. 필요한 상황을 바로 찾을 수 있도록 하였습니다.

2 단어를 바꿔서 활용할 수 있어서 편리합니다.

숫자나 지명 등 바꿔 넣는 것만으로도 문장을 만들 수 있어 편리합니다.

| 2명인데 자리 있나요? | 2 คน มีที่ไหม
씨 - ㅇ콘미 - 티 - 마이
Do you have a table for two? |

3 중요 문장을 찾기 쉽습니다.

특히 중요한 문장은 일목요연하게 정리해서 알 수 있도록 하였습니다.

| 계산해 주세요. | คิดเงินด้วย
킷응으어-ㄴ두-아이
Check, please. |

4 상대의 말도 알 수 있도록 하였습니다.

현지 사람이 자주 사용하는 문장도 적혀 있습니다. 사전에 체크해 놓으면, 당황하지 않고 대화를 이어 갈 수 있을 것입니다.

| 화요일이요. /
연중무휴예요. | วันอังคาร / ไม่มีวันหยุด
완앙카 - ㄴ / 마이미완윳
Tuesday. / They are open every day. |

5 태국어 외에 영어도 표기되어 있습니다.

영어도 함께 기재되어 있습니다.
태국어가 통하지 않을 경우 영어로 시도해 보세요.

| 거기는 오늘 열었나요? | ที่ตรงนั้นวันนี้ เปิดไหม
티 - 뜨롱난완니 - 쁘엇마이
Is it open today? |

식당에 들어가면 이런 식으로 진행됩니다.

예약했어요. 리리씨시리시다.	คุณมีบุญที่จองไว้ 컨미분-씨-총와이 My name is Kim Min Su, I have a reservation.
예약을 못 했는데 자리 가능할까요?	ไม่ได้จองไว้ พอมีที่ว่างไหม 마이-다이-쩡-와이-퍼-미-티-왕-아이 I don't have a reservation, but can I get a table?
그럼한테 자리 있어요?	2 คน มีที่ไหม 씨-ㅇ콘미-티-마이 Do you have a table for two?
얼마나 오래 기다려야 하나요?	รอนานแค่ไหม 러나-ㄴ캐-마이 How long do we have to wait?
15분 정도입니다.	ประมาณ 15 นาที 쁘라마-ㄴ씹하-나-티 About fifteen minutes.
알겠습니다. 기다릴게요.	ตกลงเราจะรอ 똑롱라오짜러 OK, we'll wait.
공짜이동때로요 자리다보고요기요	ขอมาออกใหม 러살암마-아이 We'll come back again.
이거 팔이요 될까요?	ขอดูตรงนี้ ได้ไหม 러-ㅇ두-뜨롱니-다이마이 Can I sit here?
메뉴판 줄 수 있나요?	ขอเมนูหน่อย 러-메-누-너-이 Can I see the menu?
한국어로혹은 일본어로된메뉴가 있나요?	มีเมนูเป็นภาษาเกาหลี [บมฺยูมีเป็นกาประกอบมี] ไหม 미-메-누-뻰-파-싸-까오-리-[메-누-뻰-파-싸-얀-이-뿐-해-비-비]마이 Do you have a Japanese menu(picture menu)?
유명한 메뉴가 어떤 건가요?	เมนูที่ขึ้นชื่อเป็นไหน 메-누-티-큰-츠-뻰-나이 Which one is the local food?

26

6 주고받는 대화 형식으로 내용을 파악할 수 있습니다.

실제 대화 내용을 적어 놨기 때문에 어떻게 대화를 주고받으면 좋을지를 알 수 있습니다.

● 안녕하세요.
สวัสดี
싸왓디-

● 어서 오세요. ●
ยินดีต้อนรับ
인디-마-ㄴ랍

● 이것은 무엇인가요?
นี่คืออะไร
니-크-아라이

● 투우부입니다요라비 찾으셨어요 ●
เต๋านประเทศ สวยงาม
따오후-타-ㅅ 아라-이나

4

LOOK

일러스트 & 사진 단어

잘 모르는 경우 손가락을 짚거나, 상대도 짚어서 소통할 수 있는 일러스트나 사진이 많이 들어 있습니다. 각 상황에서 필요한 단어를 바꿔서 사용해도 좋습니다.

※●=한국어를 나타냅니다.

현지 사람과 즐겁게 대화해 봅시다♪

인덱스

상황별로 인덱스를 나누어 놓았기 때문에 바로 필요한 문장을 찾을 수 있습니다.

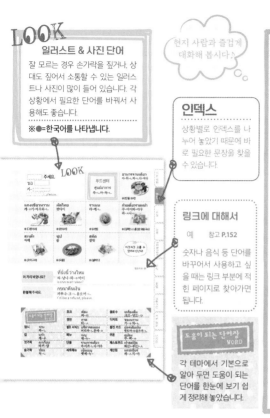

링크에 대해서

예   참고 P.152

숫자나 음식 등 단어를 바꾸어서 사용하고 싶을 때는 링크 부분에 적힌 페이지로 찾아가면 됩니다.

도움이 되는 단어장 WORD

각 테마에서 기본으로 알아 두면 도움이 되는 단어를 한눈에 보기 쉽게 정리해 놓았습니다.

회화 수첩으로 적극적으로 현지 사람들과 의사소통해 보는 방법!

비결 1
책의 가장 앞부분에 나오는 인사나 기본 문장을 사전에 외워 둡시다.

간단한 인사나 기본이 되는 문장을 외워 두면 유사시에 편리합니다.
P.12

비결 2
사진과 일러스트 단어를 상대방에게 보여 주며 의사를 전달합니다.

하고 싶은 말이 잘 전달되지 않을 때에는 사진이나 일러스트를 보여 주며 본인의 의사를 전달해 봅시다.
P.30, 57, 96 등

비결 3
한국 문화를 소개하고 적극적으로 커뮤니케이션합니다.

해외에는 한국 문화에 관심 있는 사람도 많아요. 자기 나라에 대해서 소개할 수 있다면 대화도 해 봐요.
P.146

● 발음에 대해

다양한 문장 표현과 단어에는 한국어로 표기를 덧붙였습니다. 그대로 읽으면 현지에서 알아들을 수 있을 정도로 비슷한 발음으로 적어 두었으니 적극적으로 소리 내어 말해 보세요.

● 태국어의 발음은?

태국어는 '자음', '모음', '성조'로 구성되어 있습니다. 태국어의 자음은 42자이며, '무기음(호흡을 내뱉지 않으며 발음한다)'과 '유기음(호흡을 내뱉으면서 발음한다)'의 구별이 익숙해질 때까지는 구별이 어려울 수 있습니다. 태국어의 모음에는 '기본 모음(단모음, 장모음)'과 '복합 모음(이중모음, 삼중모음)'이 있습니다. 기본 모음을 먼저 살펴보면, 장모음 อา의 경우 '아-'로, 단모음 อะ의 경우 '아'로 발음합니다. 단모음은 짧게, 장모음은 단모음보다 길게 발음합니다. 장단모음 차이에 따라 단어의 뜻이 달라지기 때문에 단모음과 장모음의 차이에 유의하여 말해야 합니다. 복합 모음은 한국어에는 없는 음입니다. 예를 들어 '우아'는 '아'와 '우'의 중간 음이 됩니다.

태국어에는 5개의 '성조(음의 높낮이, 억양)'가 있어 같은 발음이어도 성조가 다르면 의미가 바뀝니다(태국어의 문법은 p.156으로).

5

Contents

태국은 이런 곳입니다. •8

방콕의 시내는 이런 느낌입니다. •10

기본 회화

먼저 인사부터 시작해 봅시다. •12

알아 두면 편리한 문장들을 모아 봤어요. •14

맛집

태국 맛집 탐방, 맛있게 먹기 위해서 제대로 준비해야죠. •24

식당에 들어가면 이렇게 합니다. •26

태국 요리의 최고는 똠얌꿍 •36

여러 가지 태국 카레를 먹으며 비교해 봅시다. •38

맛있고 즐겁게 타이스키를 먹어 봅시다. •40

푸드센터에서 간단하고 맛있는 태국 요리를♪ •42

포장마차에서 현지 음식을 먹어 봅시다! •44

역시 디저트는 빼놓을 수 없죠. •46

쇼핑

즐겁게 자신만의 패션 스타일을 찾아봅시다. •50

마음에 드는 구두&가방을 찾고 싶어요. •58

실패 없이 화장품 사는 법을 알아 둡시다. •62

귀여운 태국산 잡화를 사고 싶어요. •66

활기 넘치는 시장에서 커뮤니케이션♪ •68

슈퍼마켓, 시장에서 기념품을 즐겁게 찾아봅시다. •70

치앙마이에는 핸드메이드 잡화들이 한가득! •72

뷰티

스파, 마사지로 아름다움을 유지하자♪ •78

태국에는 여러 가지 종류의 스파가 있습니다. •82

관광

길거리 산책 & 관광을 빼놓을 수 없죠. •88

엔터테인먼트

티켓을 사서 공연을 보러 가 봅시다. •102

태국에서만 느낄 수 있는 밤 문화 •104

해변에 가면 실컷 놀고 싶어요. •106

| 호텔 | 호텔에서 쾌적하게 지내고 싶어요. | ·110 |

교통수단	입국 심사에 필요한 표현은 이렇습니다.	·118
	기내에서 보다 쾌적하게 보내기 위해	·120
	드디어 귀국 날입니다.	·122
	공항에서 시내로 이동 [기차·택시·버스]	·124
	대중교통을 타고 이동하기 [BTS·MRT]	·126
	대중교통을 타고 이동하기 [택시]	·128
	대중교통을 타고 이동하기 [버스]	·130

칼럼	현지인에게 내 마음을 전달해 봅시다.	·22
	태국 요리의 매력	·37
	매너를 지키며 태국 요리를 맛봅시다.	·48
	정이 넘치는 풍경, 수상시장으로	·74
	주문 제작에 도전해 봅시다.	·76
	네일숍에서 더 예뻐지자!	·86
	태국의 인기 스팟, 3대 사원을 방문해 봅시다.	·100
	태국의 깊은 밤을 즐겨 봅시다.	·108

기본 정보	환전은 이렇게 하세요.	·132
	편지나 소포를 보내 봅시다.	·134
	전화를 걸어 봅시다.	·136
	인터넷을 사용해 봅시다.	·138
	긴급 상황·트러블에 대비하자.	·140
	한국을 소개해 봅시다.	·146
	기본 단어를 자유자재로 써 봅시다.	·150
	태국어 강좌	·154

| 단어장 | Korean → Thai | ·158 |
| | Thai → Korean | ·195 |

상황별 대화는 6가지 분야로 소개하고 있습니다.

🍴 맛집　　🛍 쇼핑　　💅 뷰티　　🏛 관광　　🎵 엔터테인먼트　　🏨 호텔

7

태국은 이런 곳입니다.

여기에서는 태국의 기본 정보와 지리를 소개합니다.
주요 지명은 외워 두면 여행지에서 큰 도움이 됩니다.

태국의 기본 정보

 사용하는 언어는?

A 태국어입니다.

태국어가 기본 언어이지만 독자적인 방언이나 언어를 가진 지방도 있습니다. 관광지에서는 영어가 통하는 곳도 있습니다.

 화폐는?

A 바트(B)입니다.

'바트(B)' 밑으로는 '섯땅(S)'이라는 단위가 있으며 1바트=100섯땅입니다. 자주 사용하는 지폐는 1000B, 500B, 100B, 50B, 20B이며, 동전은 10B, 5B, 2B, 1B, 50S, 25S입니다.

 추천하는 여행 시즌은?

A 11월~2월이 가장 좋습니다.

열대성 기후로 인해 연 평균 기온이 28℃로, 1년 동안 찜통 더위인 태국. 비가 적은 11~2월(건기라고 불립니다)에 가기를 추천합니다.

 태국의 매너를 알아봅시다.

· 왕실에 관한 언행은 주의
태국 국민은 현 국왕 부부를 경애하고 있습니다. 왕실을 폄하하는 언행을 하면 황실불경죄로 경찰에게 잡혀갈 수도 있습니다.

· 불교 존중이 꼭 필요합니다.
사원(절)을 방문할 때는 노출이 심한 옷은 피합니다. 사원 이외의 공간에서 스님 복장을 한 사람을 발견할 수도 있는데 여성은 스님과 접촉해서는 안 됩니다. 때문에 몸을 부딪히는 것을 각별히 주의해야 합니다.

· 사람의 머리는 신성한 것, 왼손과 발바닥은 불결한 것
예를 들어 친한한 사이어도 머리를 쓰다듬는 것은 절대 금물입니다. 또 왼손으로 무언가를 가리키거나 사람의 발바닥을 보여 주는 것은 실례입니다.

태국의 대표적인 지명은 이쪽

치앙샌
Chiang Saen
매사이 치앙라
Mae Sai 치앙
Chian

수코타이
สุโขทัย
쑤코-타이

매홍손
Mae Hong Son

아유타야
อยุธยา
아유타야

매솟
Mae Sot

핏사
Phitsa

후아이카컹 야생동물 보호
Thungyai-Huai Kha Khaen
Wildlife Sanctuaries
★

깐짜나부리
กาญจนบุรี
까-ㄴ짜나부리-

롭누
Lop

돈므앙
Don Mueang

후아힌
หัวหิน
후-아힌

Cha Am 차암

라
Rayor

따오(코따오)
เต่า
따오(꺼따오)

라농
Ranong

코팡안
Kho Phangan

수랏타니
Surat Thani

끄라비
กระบี่
끄라비-

팡응아
Phang Nga

말레이반도

핫야이
Hat Yai

송클라
Songkh

푸껫
ภูเก็ต
푸-껫

피피(피피섬)
พีพี
피-피-(꺼피-피-)

DATA

정식 국명 / 타이왕국
인구 / 약 6,500만 명
면적 / 약 51만 4,000㎢
수도 / 방콕
한국과의 시차 / -2시간

그 외의 관광지
WORD

사원	시장	폐허
วัดพุทธ	ตลาด	ซากปรักหักพัง
왓풋	딸라-ㅅ	싸-ㄱ쁘락학팡

태국의 수질 상태는?

수돗물은 절대로 마시면 안 됩니다. 미네랄워터 (생수)를 편의점이나 슈퍼마켓에서 살 수 있습 니다. 500ml 병으로 7-10B 정도의 가격입니다.

치앙마이
เชียงใหม่
치-앙마이

반치앙 고고유적지
Ban Chiang Archaeological Site
우돈타니 **나콘파놈**
Udon Thani Nakhon Phanom
콘깬
Khon Kaen

우본라차타니
Ubon Rachathani

ILAND

tiane
카이
g Khai

티안

국
Phayayen-Khao Yai Forest Complex

■아란야프라텟
Aranya Prathet

코라트(나콘랏차시마)
โคราช (นครราชสีมา)
코-라-ㅅ(나커-ㄴ라-ㅅ차씨-마-)

방콕
กรุงเทพ
끄룽테-ㅂ

세계적인 관광지. 마을 곳곳에 있는 사원과 불탑, 활기가 넘치는 시장과 수상버스, 그리고 맛집이 즐비한 매력 넘치는 여행지.

파타야
พัทยา
파타야-

사무이(코사무이)
สมุย
싸무이(꺼싸무이)

원포인트

지명을 사용해 말해 봅시다.

☐☐☐ 에 가고 싶어요.
ฉันอยากไป ☐☐☐
찬야-ㄱ빠이 ☐☐☐

목적지를 전달할 때는 지명을 확실하게 이야 기해요.

고향이 어디예요?
บ้านเกิดอยู่ที่ไหน
바-ㄴ끄어-ㅅ유-티-나이

고향은 ☐☐☐ 예요.
บ้านเกิดอยู่ที่ ☐☐☐
바-ㄴ꺼-ㅅ유-티- ☐☐☐

적극적으로 현지인과 커뮤니케이션을 해 보세요.

9

방콕의 시내는 이런 느낌입니다.

구역에 따라 다채로운 모습을 지닌 태국의 수도, 방콕!
길거리를 거닐기 전에 주요 구역의 위치를 체크해 봅시다.

카오산로드
ถนนข้าวสาร / 타논카-우싸-ㄴ

활기가 넘치는 저렴한 숙박촌.
세련된 가게도 많아 쇼핑도 즐길
수 있다.

위만멕 궁전

방콕의 주요 볼거리가 운집!
역사와 신앙을 상징하는 곳

왕궁 근처
แถวพระบรมมหาราชวัง
태-우프라바롬마하-라-ㅅ차왕

주요 관광지
- 왓 프라깨우
  วัดพระแก้ว / 왓프라깨-우
- 왓 포
  วัดโพธิ์ / 왓포-
- 왓 아룬
  วัดอรุณ / 왓아룬

Th. Ratchadamnoen Klang

시암스퀘어 주변

왕궁 주변

차이나타운

거리 전체가 시장같이 북적거리는

차이나타운
ไชน่าทาวน์ / 차이나-타-우

주요 관광지
- 야왈랏
  เยาวราช / 야오와라-ㅅ
- 삼펭시장
  สำเพ็ง / 쌈펭

실롬 주변

짜오프라야강
แม่น้ำเจ้าพระยา
/ 매-남짜오프라야-

강변에는 왕궁과 서원
3곳이 있으며 남쪽으
로 조금 내려가면 고급
호텔이 줄지어 있다.

그 외의 관광지
WORD

와불상	두싯동물원
พระนอน	สวนสัตว์ดุสิต
프라너-ㄴ	쑤안쌋두씻
게이손 빌리지	성모 승천 대성당
ห้างเกษร	อาสนวิหารอัสสัมชัญ
하-ㅇ께-써-ㄴ	아-ㅅ싸나위하-ㄴ앗쌈찬
에라완 사원	황금불 사원
ศาลท้าวมหาพรหมเอราวัณ	วัดไตรมิตร
프라푸-ㅁ에-라-완	왓뜨라이밋

_____에 가고 싶어요.
ฉันอยากไป [_____]
찬야-ㄱ빠이

지하철역이 어디에 있나요?
สถานีรถไฟฟ้าใต้ดินอยู่ที่ไหน
싸타-니-롯퐈(f)이퐈(f)-따이딘유-티-나이

길거리 산책을 할 때는 이정표를 꼭 보면서!

태국에서는 주요 도로를 **ถนน**(타논), 그 옆길을 **ซอย**(써-이)라고 합니다. 옆길 입구의 안내판을 보고 길거리 산책을 즐겨 보세요.

Th. Phetchaburi

🌸4 수쿰윗 주변

●롬피니 공원

Th. Rama 4

룸피니 공원
สวนลุมพินี / 쑤안룸피니

방콕의 한가운데에 있는 도심의 오아시스. 시민들의 휴식 공간입니다.

🌸3 쇼핑을 실컷 즐길 수 있는 곳

시암스퀘어 **สยามสแควร์** / 싸야-ㅁ싸캐-우

주요 관광지

- 짐 톰슨 하우스
  บ้านจิมทอมป์สัน
  /바-ㄴ찜터-ㅁ산
- 빠뚜남시장
  ตลาดประตูน้ำ
  /따라-ㅅ쁘라뚜-남

🌸4 재류 외국인이 많은 이국적인 색채의

수쿰윗 **สุขุมวิท** / 쑤쿰윗

주요 관광지

- 캄티엥 하우스 박물관
  พิพิธภัณฑ์บ้านคำเที่ยง
  /피피타판바-ㄴ캄티-양
- 엠포리움
  เอ็มโพเรียม / 엠포-리-얌

🌸5 낮과 밤이 다른 얼굴을 가진 방콕의 비즈니스 중심지

실롬 **สีลม** / 씨-롬

주요 관광지

- 컨벤트 로드
  ถนนคอนแวนต์
  /타논커-ㄴ왜-ㄴ
- 소이 실롬
  ซอยละลายทรัพย์
  /써-이라라-이쌉

11

먼저 인사부터 시작해 봅시다.

커뮤니케이션의 시작은 인사부터!
먼저 기본적인 인사 표현을 알고, 적극적으로 사용하는 것부터 시작해 봐요.

안녕하세요.
อรุณสวัสดิ์ / สวัสดี / สวัสดี
아룬싸왓(아침) / 싸왓디 - (점심) / 싸왓디-(저녁)
Good morning. / Good afternoon. / Good evening.

안녕.
ลาก่อน
라-꺼-ㄴ
Bye. / Good-bye.

네. / 아니요.
ใช่ / ไม่ใช่
차이 / 마이차이
Yes. / No.

좋은 하루 보내세요.
ขอให้เป็นวันที่ดี
커-하이삐-ㄴ완티-디-
Have a nice day.

감사합니다.
ขอบคุณ
커-ㅂ쿤
Thank you.

괜찮습니다.
ไม่เป็นไร
마이삐-ㄴ라이
You are welcome.

그럼 또 만나요! / 내일 만나요.
แล้วเจอกัน! / เจอกันพรุ่งนี้
래-우쯔어-깐 / 쯔어-깐프룽니-
Bye! / See you tomorrow.

태국어의 높임 표현 ครับ[크랍]과 ค่ะ[카]

태국어 문장 맨 끝에 남자는 **ครับ**(크랍), 여자는 **ค่ะ**(카)를 붙이면 높임말이 됩니다. 예를 들어 '감사합니다'라는 말을 하고 싶을 때 남자는 **ขอบคุณครับ**(커-ㅂ쿤크랍), 여자는 **ขอบคุณค่ะ**(커-ㅂ쿤카)라고 말하면 됩니다.

만나서 반갑습니다. 저는 <u>김영희</u>입니다.
ยินดีที่ได้รู้จัก ฉัน<u>ห้างเกษร</u>
인디-티-다이루-짝 찬<u>킴여-ㅇ히-</u>

Nice to meet you. I'm Kim Young Hee.

만나게 되어 반갑습니다.
ยินดีที่ได้เจอ
인디-티-다이쯔어-

I'm glad to see you.

당신은 한국에서 오셨습니까?
คุณมาจากเกาหลีเหรอ
쿤마-짜-ㄱ까올리-르어-

Are you from Korea?

네, <u>서울</u>에서 왔습니다.
ใช่ มาจาก<u>กีโซล</u>
차이 마-짜-ㄱ쏘-ㄴ

Yes, I'm from Seoul.

실례합니다.
ขอโทษ
커-토-ㅅ

Excuse me.

뭐라고요?
อะไรเหรอ
아라이르어-

Pardon?

알아 두면 편리한 문장들을 모아 봤어요.

여행지에서 자주 쓰이는 간단한 문장 표현을 모았습니다.
이것만으로도 의사소통의 폭이 확 넓어진답니다.

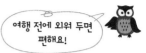

여행 전에 외워 두면
편해요!

시간이 대략 얼마나 걸리나요?
ใช้เวลาประมาณเท่าไหร่
차이웰라-쁘라마-ㄴ타오라이
How long does it take?

얼마예요?
เท่าไหร่
타오라이
How much is it?

네, 부탁합니다. / 아니요, 감사합니다.
ใช่ รบกวนด้วย / ไม่ใช่ ขอบคุณ
차이 롭꾸-안두-아이 / 마이차이 커-ㅂ쿤
Yes, please. / No, thank you.

이것은 무엇입니까?
อันนี้ คืออะไร
안니-크-아라이
What is it?

이해하지 못했어요.
ไม่เข้าใจ
마이카오짜이
I don't understand.

모르겠어요.
ไม่รู้
마이루-
I don't know.

한 번 더 말해 주세요.
กรุณาพูดอีกครั้ง
까루나-푸-ㅅ이-ㄱ크랑
Can you say that again?

천천히 말씀해 주실 수 있나요?
พูดช้าๆได้ไหม
푸-ㅅ차차-다이마이
Could you speak slowly?

한국어[영어]를 할 수 있는 사람이 있나요?
มีใครพูดภาษาเกาหลี [ภาษาอังกฤษ] ได้บ้างไหม
마-크라이푸-ㅅ파-싸-까올리-[파-싸-앙끄릿]다이바-ㅇ마이
Is there anyone who speaks Korean[English]?

그럼요. / OK.
ได้สิ / โอเค
다이씨 / 오-케-
Sure. / OK.

죄송합니다.
ขอโทษ
커-토-ㅅ
I'm sorry.

이거 주세요.
ขออันนี้
커-안니-
Can I have this?

말씀하신 내용을 적어 주실 수 있나요?
เขียนเรื่องที่พูดให้ได้ไหม
키-얀르-앙티-푸-ㅅ하이다이마이
Could you write down what you said?

아주 좋아요. / 나쁘지 않아요.
ดีมาก / ก็ไม่เลว
디-마-ㄱ / 꺼-마이레-우
It's very good. / It's not bad.

안 돼요.
ไม่ได้
마이다이
No.

저입니다. / 당신입니다.
ฉัน / คุณ
찬 / 쿤
It's me. / It's you.

언제?/누구?/어디?/왜?
เมื่อไหร่ / ใคร / ที่ไหน / ทำไม
므-아라이 / 크라이 / 티-나이 / 탐마이
When? / Who? / Where? / Why?

15

알아 두면 편리한 문장들을 모아 봤어요.

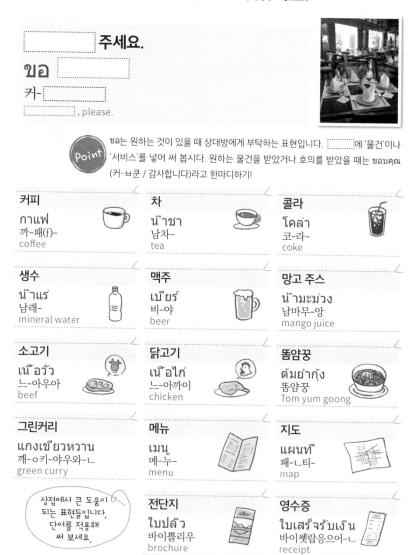

[   ] 주세요.

ขอ [   ]

커- [   ]

[   ], please.

Point ขอ는 원하는 것이 있을 때 상대방에게 부탁하는 표현입니다. [   ]에 '물건'이나 '서비스'를 넣어 써 봅시다. 원하는 물건을 받았거나 호의를 받았을 때는 ขอบคุณ (커-ㅂ쿤 / 감사합니다)라고 한마디하기!

커피
กาแฟ
까-패(f)-
coffee

차
น้ำชา
남차-
tea

콜라
โคล่า
코-라-
coke

생수
น้ำแร่
남래-
mineral water

맥주
เบียร์
비-야
beer

망고 주스
น้ำมะม่วง
남마무-앙
mango juice

소고기
เนื้อวัว
느-어우아
beef

닭고기
เนื้อไก่
느-어까이
chicken

똠얌꿍
ต้มยำกุ้ง
똠얌꿍
Tom yum goong

그린커리
แกงเขียวหวาน
깨-ㅇ키-야우와-ㄴ
green curry

메뉴
เมนู
메-누-
menu

지도
แผนที่
패-ㄴ티-
map

상점에서 큰 도움이
되는 표현들입니다.
단어를 적용해
써 보세요.

전단지
ใบปลิว
바이쁠리우
brochure

영수증
ใบเสร็จรับเงิน
바이쎗랍응으어-ㄴ
receipt

16

☐☐☐☐ 해도 되나요?

☐☐☐☐ ได้ไหม

☐☐☐☐ 다이마이

May I ☐☐☐☐ ?

Point

ได้ไหม는 '~해도 좋을까요?'라는 표현으로 상대방에게 허가를 구할 때 쓰거나 '~가능합니까'라고 물어보는 표현입니다. ☐☐☐☐에 자신이 하고 싶은 것을 넣어 말해 봅시다. 상대방은 주로 ใช่(차이 / 네), ไม่ใช่(마이차이 / 아니오)라고 대답합니다.

사진을 찍다

ถ่ายรูป
타-이루-ㅂ
take a picture

화장실에 가다

ไปห้องน้ำ
빠이허-ㅇ남
go to a toilet

주문하다

สั่ง
쌍
order

여기에 앉다

นั่งตรงนี้
낭뜨롱니-
sit here

창문을 열다

เปิดหน้าต่าง
쁘어-ㅅ나-따-ㅇ
open the window

예약하다

จอง
쩌-ㅇ
make a reservation

체크인하다

เช็คอิน
첵인
check in

거기로 가다

ไปตรงนั้น
빠이뜨롱난
go there

여기에 있다

อยู่ตรงนี้
유-뜨롱니-
stay here

전화를 사용하다

ใช้ โทรศัพท์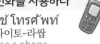
차이토-라쌉
use a phone

이후에 전화하다

จะโทรไปหลังจากนี้
짜토-빠이랑짜-ㄱ니-
call later

쿠폰을 사용하다

ใช้คูปอง
차이쿠-뻐-ㅇ
use a coupon

거기로 걸어가다

เดินไปตรงนั้น
드어-ㄴ빠이뜨롱난
walk there

관광지에서 "사진을 찍어도 될까요?"라고 물어보세요.

여기서 계산하다

ชำระเงินที่ นี้
참라응어-ㄴ티-니-
pay here

알아 두면 편리한 문장들을 모아 봤어요.

| 는 어디에 있어요?
อยู่ที่ไหน
유-티-나이

Where is [____] ?

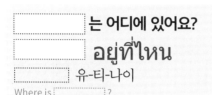

Point

อยู่ที่ไหน는 '장소' 등을 물을 때 쓰는 표현입니다. 어딘가에 가고 싶을 때나 찾고 싶은 물건이 있을 때 사용합니다. [____]에 장소, 물건, 사람 등을 넣어서 물어보면 됩니다.

이 레스토랑
ภัตตาคารนี้
팟따-카-ㄴ니-
this restaurant

화장실
ห้องน้ำ
허-ㅇ남
a restroom

역
สถานี
싸타-니-
a station

가장 가까운 역
สถานีที่ใกล้ที่สุด
싸타-니-티-끌라이티-쑷
the nearest station

매표소
ที่ขายตั๋ว
티-카-이뚜-아
a ticket booth

내 자리
ที่นั่งของฉัน
티-낭커-ㅇ찬
my seat

안내센터
สถานที่แนะนำ
싸타-ㄴ티-내남
an information center

에스컬레이터
บันไดเลื่อน
반다이르-안
an escalator

엘리베이터
ลิฟท์
립
an elevator

계단
บันได
반다이
stairs

카페
ร้านกาแฟ
라-ㄴ까-패(f)-
a cafe

은행
ธนาคาร
타나-카-ㄴ
a bank

길을 걷다가 건물 안으로 들어가기 전까지 폭넓게 쓸 수 있는 표현입니다.

우체국
ที่ทำการไปรษณีย์
티-탐까-ㄴ쁘라이싸니-
a post office

경찰서
สถานีตำรวจ
싸타-니-땀루-앗
a police station

있어요?

มี 있어요? ไหม

미- [ ] 마이

Do you have [ ] ?

Point

มี ~ ไหม는 '~있어요?'라고 물을 때 쓰는 표현입니다. [ ]에 제품이나 물건, 요리 등을 넣어서 사용합니다. 가게에서 자신이 원하는 물건을 팔고 있는지 묻거나, 식당에서 주문을 할 때 등에 사용하세요.

약
ยา
야-
medicine

티슈
กระดาษทิชชู่
끄라다-ㅅ팃추-
tissue

잡지
นิตยสาร
닛따야싸-ㄴ
magazine

초콜릿
ช็อกโกแลต
척꼬-래-ㅅ
chocolate

전압변환기
เครื่องแปลงกำลังไฟ
크르-앙쁠래-o깜랑퐈이
transformer

지도
แผนที่
패-ㄴ티-
maps

잼
แยม
얘-ㅁ
jam

케찹
ซ็อสมะเขือเทศ
써-ㅅ마크-아테-ㅅ
ketchup

소금
เกลือ
끌르-아
salt

후추
พริกไทย
프릭타이
pepper

화장지
กระดาษชำระ
끄라다-ㅅ참라
paper napkins

건전지
แบตเตอรี่
배-ㅅ뜨어-리-
batteries

복사기
เครื่องถ่ายเอกสาร
크르-앙타-이에-까싸-ㄴ
a copy machine

생리대는
ผ้าอนามัย
(파-아나-마이)
라고 합니다.

가위
กรรไกร
깐끄라이
scissors

19

알아 두면 편리한 문장들을 모아 봤어요.

☐☐☐☐ 를 찾는 중이에요.

กำลังหา ☐☐☐☐ อยู่

깜랑하- ☐☐☐☐ 유-

I'm looking for ☐☐☐☐ .

Point กำลังหา ~ อยู่는 '~를 찾는 중이에요'라고 상대방에게 전하는 표현입니다. '잃어 버린 물건', '사고 싶은 물건', '찾는 물건'뿐 아니라 '가고 싶은 장소' 등을 전하고 싶을 때도 쓰입니다.

내 지갑	**내 여권**	**내 카메라**
กระเป๋าสตางค์ของฉัน	พาสปอร์ตของฉัน	กล้องของฉัน
끄라빠오싸따-ㅇ커-ㅇ찬	파-ㅅ뻐-ㅅ커-ㅇ찬	끌러-ㅇ커-ㅇ찬
my wallet	my passport	my camera

화장실	**출구**	**입구**
ห้องน้ำ	ทางออก	ทางเข้า
허-ㅇ남	타-ㅇ어-ㄱ	타-ㅇ카오
a restroom	an exit	an entrance

티셔츠	**신발**	**가방**
เสื้อยืด	รองเท้า	กระเป๋า
쓰-아유으-ㅅ	러-ㅇ타오	끄라빠오
T-shirts	shoes	bags

화장품	**편의점**	**환전소**
เครื่องสำอาง	ร้านสะดวกซื้อ	ที่รับแลกเปลี่ยนเงิน
크르-앙쌈아-ㅇ	라-ㄴ싸두-악쓰-	타-랍래-ㄱ쁠리-안응으어-ㄴ
cosmetics	a convenience store	a money exchange

사람을 찾을 때도 쓰입니다.
물어보기 전에 ขอโทษ
(키-토-ㅅ / 죄송합니다)라
고 먼저 말하면 더 좋아요.

	서점	**진통제**
	ร้านหนังสือ	ยาแก้ปวด
	라-ㄴ낭쓰-	야-깨-뿌-앗
	a bookstore	an aspirin

해 주실 수 있나요?

ทำ ให้ได้ไหม

탐 하이다이마이

Could you ?

Point ทำ ~ ให้ได้ไหม는 '~해 주실 수 있을까요?'라는 표현으로, 필요한 것을 상대방에게 전하는 표현입니다. 에 '상대방이 해 주었으면 하는 것'을 넣어서 씁니다.

도움을 청하다
ขอความช่วยเหลือ
커-쾀-추어-아이르-아
do me a favor

돕다
ช่วย
추어-아이
help me

한 번 더 말하다
พูดอีกครั้ง
푸-ㅅ이-ㄱ크랑
say that again

천천히 말하다
พูดช้าๆ
푸-ㅅ차차-
speak slowly

지금 말한 내용을 적다
เขียนเรื่องที่พูดตอนนี้
키-얀르-엉티-푸-ㅅ떠-ㄴ니-
write down what you said now

택시를 부르다
เรียกแท็กซี่
리-약택씨-
call me a taxi

길을 말하다
บอกทาง
버-ㄱ타-ㅇ
show me the way

담요를 주다
ให้ผ้าห่ม
하이파-홈
bring a blanket

의사를 부르다
เรียกหมอ
리-약머-
call for a doctor

조금 기다리다
รอหน่อย
러-너-이
wait a minute

찾다
ค้นหา
콘하-
look for it

소개하다
แ นะนำ
내남
show me around

물건을 옮기다
ขนของ
콘커-ㅇ
carry the luggage

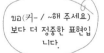

ขอ(커- / ~해 주세요)
보다 더 정중한 표현입
니다.

연락처를 말하다
บอกเบอร์โทร
버-ㄱ브어-토-
tell me your address

현지인에게 내 마음을 전달해 봅시다.

태국어의 말씨

태국어 표현들을 외우는 것은 조금 어려운 일이지만, 감정을 바로 전달할 수 있는 한마디를 사전에 알아 둔다면 현지에서 마치 죽마고우를 만난 듯 쉽게 친해질 수 있답니다.

친구를 만나면

ฮัลโหล 한로-안녕

친해진 상대방에게 쓸 수 있는 간단한 인사입니다.

상대방에게 감사의 인사를 받았다면…

ไม่เป็นไร 마이라이 괜찮아요.

'신경 쓰지 마'라는 의미도 있습니다. 편리한 한마디입니다.

술집이나 레스토랑에서…

อร่อยจัง! 아러-이짱 맛있어요!

여행 중에 몇 번이고 말하고 싶은 표현이네요.

끈질긴 호객 행위에 지친다면…

ไม่เอา! 마이아오 됐어요!

의연한 태도로 단호하게 거절합시다.

상대방의 말을 알아듣지 못했다면…

เอ๊ะ อะไรนะ 에 아라이라-응? 뭐예요?

알아들은 척하지 말고 되물어 봅시다.

관광 중에…

สวยจัง! 쑤아-이짱 정말 예뻐요!

아름다운 풍경이나 경관을 보고 감동했을 때 이 말을 사용하세요.

서툰 표현이지만 열심히 상대방 나라의 언어로 소통하려는 모습을 보이는 것만으로도 좋은 커뮤니케이션으로 이어집니다.

커뮤니케이션의 핵심을 알아 두세요.

원활한 의사소통에 필요한 것은 단순히 언어 지식만이 아닙니다.
그 나라의 문화와 사고방식, 행동의 배경을 아는 것이 가장 중요합니다.

태국의 인사는 와이(합장)로, 보통 아랫사람이 윗사람에게 경의를 표현할 때 쓰며 윗사람이 아랫사람에게 쓰는 경우는 없습니다.

무턱대고 'ใช่ / 차이'(맞아요)라고 이야기하지 않도록 합니다. 잘 모를 경우에는 'ไม่รู้ / 마이루'(몰라요)라고 상대방에게 말해요.

상대방과 몸을 부딪혔다면 'ขอโทษ / 커-토-ㅅ'(미안합니다)라고 말합시다. 상대방을 부르거나 주의를 끌거나 할 때도 이 표현을 사용하는 것이 좋습니다.

태국에서는 사람의 머리를 신성시하고 왼손과 발바닥을 불결하게 생각하기 때문에 머리를 만지거나 왼손으로 무언가를 가리키거나 사람에게 발을 향하는 행위는 하지 않습니다.

이런 상황에서
실제로 사용해 봅시다.

여행지에서는 여러 가지 상황에 마주치게 됩니다.

맛있는 요리를 먹고 만족하거나, 쇼핑 중 눈에 들어온 아이템을 사거나 할 것입니다.

또는, 길을 잃어버리거나, 물건을 잃어버리게 되는 경우도 있을지 모릅니다.

좋은 추억을 만들기 위해서 유사시에

여러분에게 도움을 줄 수 있는 것은 현지인들과의 회화입니다.

현지 사람들과 적극적으로 의사소통을 하면서,

여행을 보다 풍부하고 재미있게 만들어 봅시다.

뷰티
ความสวยงาม
콰-ㅁ쑤-아이응아-ㅁ

쇼핑
ช้อปปิ้ง
처-ㅂ삥

엔터테인먼트
ความบันเทิง
콰-ㅁ반트어-ㅇ

눈길을 끄는 것
จุดเด่น
쭛데-ㄴ

음식
อาหาร
아-하-ㄴ

태국 맛집 탐방, 맛있게 먹기 위해서 제대로 준비해야죠.

태국 여행의 즐거움 중 하나는 맛있는 태국 요리를 맛보는 것이죠.
소문으로만 듣던 인기 맛집에 가기 위해서는 꼭 사전에 예약을 해 둡시다.

먼저 예약해 봅시다

여보세요, 블루 엘리펀트 맞지요?
ฮัลโหล บลูเอเลเฟนท์ใช่ไหม
한로- 블루-에-레-풰-ㄴ차이마이
Hello, is this Blue Elephant?

블루 엘리펀트입니다. 무엇을 도와드릴까요?
ที่นี่บลูเอเลเฟนท์ มีอะไรให้รับใช้
티-니-블루-에-레-풰-ㄴ 미-아라이하이랍차이
This is Blue Elephant. How can I help you?

오후 6시에 4명 예약 해 주세요.
ขอจอง 4 ที่ เวลา 6 โมงเย็น
커-쩌-ㅇ씨-티-웰-라-혹모-ㅇ옌
I'd like to make a six o'clock reservation for four.
참고 P.150
참고 P.152

알겠습니다. 자리를 마련해 두겠습니다.
รับทราบ จะเตรียมที่นั่งไว้ให้
랍싸-ㅂ 짜뜨리-얌티-낭와이하이
Sure. We'll have a table ready for you then.

죄송합니다. 그 시간대에 는 예약이 다 차 있습니다.
ขอโทษ ช่วงเวลานี้ นั้นเต็มแล้ว
커-토-ㅅ 추-앙웰-라-난뗌래-우
I'm sorry. We have no open tables at that time.

예약할 수 있는 시간대 가 언제인가요?
ช่วงเวลาไหนที่สามารถจองได้
추-앙웰-라-나이티-싸-마-ㅅ쩌-ㅇ다이
For what time can we reserve a table?

6시 30분에 예약 가 능합니다.
สามารถจองได้เวลา 6 โมงครึ่ง
싸-마-ㅅ쩌-ㅇ다이웰-라-혹모-ㅇ크릉
We can make a reservation at six thirty.
참고 P.152

이름을 알려 주시겠어 요?
ขอชื่อด้วย
커-츠-두-아이
Can I have your name, please?

김민수입니다.
คิมมินซู
킴민쑤
I'm Kim Min Su.

금연석[흡연석]으로 주 세요.
ขอที่นั่งปลอดบุหรี่ [สามารถสูบบุหรี่ได้]
커-티-낭쁠러-ㅅ부리-[싸-마-ㅅ쑤-ㅂ부리-다이]
Non-smoking [Smoking] table, please.

모두 같이 앉는 테이블로 주세요.	ขอที่นั่งติดกันทุกคน
	커-티-낭띳깐툭콘
	We'd like to be on the same table.

창가 자리로 주세요.	ขอที่นั่งริมหน้าต่าง
	커-티-낭림나-따-ㅇ
	We'd like to have a table near the window.

드레스코드가 있나요?	มีเดรสโค้ดไหม
	미-드레-ㅅ코-ㅅ마이
	Do you have a dress code?

예약 변경을 원합니다.	ต้องการเปลี่ยนการจอง
	떠-ㅇ까-ㄴ쁠리-얀까-ㄴ쩌-ㅇ
	I'd like to change the reservation.

예약 취소를 원합니다.	ต้องการยกเลิกการจอง
	떠-ㅇ가-ㄴ욕르어-ㄱ까-ㄴ쩌-ㅇ
	I'd like to cancel the reservation.

예약한 시간보다 늦을 것 같습니다.	เกรงว่าจะช้ากว่าเวลาที่จองไว้
	ㄲ레-ㅇ와-짜차-꽈-웰-라-티-쩌-ㅇ와이
	We're running late.

원포인트 메뉴 읽는 방법

태국 요리를 주문할 때 특별한 룰은 없습니다. 몇 종류를 주문한 다음에 요리가 나오면 각자 앞접시에 덜어 먹으면 됩니다.

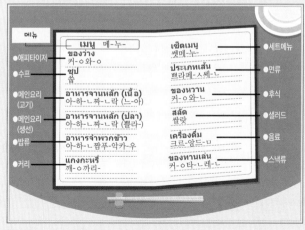

메뉴	เมนู 메-누-	
●애피타이저	ของว่าง 커-ㅇ와-ㅇ	เซ็ตเมนู 쎗메-누- ●세트메뉴
●수프	ซุป 쑵	ประเภทเส้น 쁘라페-ㅅ쎄-ㄴ ●면류
●메인요리 (고기)	อาหารจานหลัก (เนื้อ) 아-하-ㄴ짜-ㄴ락 (느-아)	ของหวาน 커-ㅇ와-ㄴ ●후식
●메인요리 (생선)	อาหารจานหลัก (ปลา) 아-하-ㄴ짜-ㄴ락 (쁠라-)	สลัด 쌀랏 ●샐러드
●밥류	อาหารจำพวกข้าว 아-하-ㄴ짬푸-악카-우	เครื่องดื่ม 크르-앙드-ㅁ ●음료
●커리	แกงกะหรี่ 깨-ㅇ까리-	ของทานเล่น 커-ㅇ타-ㄴ레-ㄴ ●스낵류

25

식당에 들어가면 이렇게 합니다.

드디어 기대하던 식사 시간! 먹고 싶은 음식을 정했다면 어서 식당으로 갑시다.
즐겁게 식사를 하기 위해 편리한 '식당에서 쓸 수 있는 표현'을 모아 봤습니다.

식당에 들어갑니다

예약했던 김민수입니다.	**คิมมินซูที่จองไว้** 킴민쑤-티-쩌-ㅇ와이 My name is Kim Min Su. I have a reservation.
예약을 안 했는데 자리가 있나요?	**ไม่ได้จองไว้ พอมีที่ว่างไหม** 마이다이쩌-ㅇ와이 퍼-미-티-와-ㅇ마이 I don't have a reservation, but can I get a table?
2명인데 자리 있나요?	**2 คน มีที่ไหม** 써-ㅇ콘미-티-마이 Do you have a table for two? _{참고 P.150}

얼마나 오래 기다려야 하나요?	**รอนานแค่ไหน** 러-나-ㄴ캐-나이 How long do we have to wait?
15분 정도입니다.	**ประมาณ 15 นาที** 쁘라마-ㄴ씹하-나-티- About fifteen minutes.

알겠습니다. 기다릴게요.   곧 돌아올게요.   _{참고 P.150}

ตกลง จะรอ   **จะกลับมาใหม่**

똑롱 짜러- OK, we'll wait.   짜끌랍마-마이 We'll come back again

여기 앉아도 될까요?	**ขอนั่งตรงนี้ ได้ไหม** 커-낭뜨롱니-다이마이 Can I sit here?
메뉴판 좀 주세요.	**ขอเมนูด้วย** 커-메-누-두-아이 Can I see the menu?
한국어로 된 메뉴판[사진이 있는 메뉴판]이 있나요?	**มีเมนูเป็นภาษาเกาหลี [เมนูที่มีภาพประกอบ] ไหม** 미-메-누-뻰파-싸-까올리-[메-누-티-미-파-ㅂ쁘라꺼-ㅂ]마이 Do you have a Korean menu[picture menu]?
유명한 메뉴가 어떤 건가요?	**เมนูขึ้นชื่อคืออันไหน** 메-누-크-ㄴ츠-크-안나이 Which one is the local food?

주문해 봅시다

추천해 주실 것이 있나요?
มีอะไรแนะนำไหม
미-아라이내남마이
What do you recommend?

정말 배고파~
หิวจังเลย~
하우-짱르어-이

똠얌꿍을 추천합니다.
แนะนำต้มยำกุ้ง
내남똠얌꿍
I'll recommend this Tom Yam Kung.

맵지 않은 음식이 어떤 건가요?
อาหารที่ไม่เผ็ดคืออันไหน
아-하-ㄴ티-마이펫크-안나이
Which one is the mild dish?

주문 좀 할게요.
สั่งอาหารหน่อย
쌍아-하-ㄴ너-이
Can I order now?

솜땀이랑 팟타이를 주세요.
ขอส้มตำกับผัดไทย
커-쏨땀깝팟타이
I'd like Som Tam and Phat Thai.

이거 2인분 주세요.
ขออันนี้ 2 ที่
커-안니-써-ㅇ티-
Can we have two of these?

참고 P.150

1인분만 주문 가능한가요?
สั่งแค่ที่เดียวได้ไหม
쌍캐-티-디-야우다이마이
Can I order it for one person?

저거랑 똑같은 거 주세요.
ขอเหมือนอันนั้น
커-므-안안난
I want that one.

별로 안 맵게 해 주세요.
ขอแบบไม่ค่อยเผ็ด
커-배-ㅂ마이커-이펫
Can you make it mild?

한마디 표현

잘 먹겠습니다.
จะทานแล้วนะ
짜타-ㄴ래-우나

정말 맛있겠다. / 맛있어!
น่ากินจัง/ อร่อย
나-낀짱 / 아러-이

앞접시 좀 주세요.
ขอจานแบ่ง
커-짜-ㄴ배-ㅇ

화장실은 어디로 가나요?
ห้องน้ำไปทางไหน
허-ㅇ남빠이타-ㅇ나이

잘 먹었습니다.
ขอบคุณสำหรับอาหาร
커-ㅂ쿤쌈랍아-하-ㄴ

27

식당에 들어가면 이렇게 합니다.

식사 중

실례합니다. 젓가락 있나요?	ขอโทษ มีตะเกียบไหม 커-토-ㅅ 미따끼-얍마이 Excuse me, can I have chopsticks?
숟가락이 떨어졌어요.	ช้อนตก 처-ㄴ똑 I dropped my spoon.
생수 좀 주세요.	ขอน้ำแร่ 커-남래- I'd like to have mineral water, please.
주문한 음식이 아직 안 나왔어요.	ของที่สั่งยังไม่ได้ 커-ㅇ티-쌍양마이다이 My order hasn't come yet.
이것은 무엇입니까?	อันนี้ คืออะไร 안니-크-아라이 What is this?
이건 안 시켰어요.	อันนี้ ไม่ได้สั่ง 안니-마이다이쌍 I didn't order this.
이건 어떻게 먹나요?	อันนี้ กินยังไง 안니-낀양아이 How can I eat this?
썰어 주세요.	หั่นให้ด้วย 한하이두-아이 Can you cut these?
다 안 익은 것처럼 보여요.	ดูเหมือนว่าอาหารจะยังไม่ค่อยสุก 두-므-안와-아-하-ㄴ짜양마이커-이쑥 This dish is rather raw.

도움이 되는 단어장 WORD	달다	หวาน 와-ㄴ	쓰다	ขม 콤
	짜다	เค็ม 켐	쓰레기통	ถังขยะ 탕카야
매운	เผ็ด 펫	시다	เปรี้ยว 쁘리-야우	거스름돈	เงินทอน 응으어-ㄴ터-ㄴ

28

여기 닦아 주실 수 있나요?	**เช็ดตรงนี้ ให้ได้ไหม** 쳇뜨롱니-하이다이마이 Could you wipe here, please?
여기 치워 주실 수 있나요?	**เก็บตรงนี้ ให้ได้ไหม** 껩뜨롱니-하이다이마이 Could you take this away, please?
배불러요.	**อิ่ม** 임 I'm full.
아직 다 안 먹었어요.	**ยังกินไม่เสร็จ** 양낀마이쎗 I haven't finished eating yet.
매콩 위스키[맥주] 있나요?	**มีเหล้าแม่โขง [เบียร์] ไหม** 미라오매-코-ㅇ[비-야]마이 Do you have Mekhong Whisky [beer]? 참고 P.34

계산합시다

영수증을 제대로 확인하기!
잘못 계산한 부분이 있으면
점원에게 알려요.

계산해 주세요.	**คิดเงินด้วย** 킷응으어-ㄴ두-아이 Check, please.
얼마입니까?	**เท่าไหร่** 타오라이 How much is it?
잘못 계산한 것 같아요.	**เหมือนว่าจะคิดเงินผิด** 므-안와-짜킷응으어-ㄴ핏 I think the check is incorrect.
영수증을 주세요.	**ขอใบเสร็จรับเงินด้วย** 커-바이쎗랍응으어-ㄴ두-아이 Can I have a receipt?
신용 카드로 결제 가능한가요?	**ชำระด้วยบัตรเครดิตได้ไหม** 참라두-아이밧크레-딧다이마이 Can I use credit cards?
방 값에 포함시켜 주실 수 있나요?	**กรุณาคิดรวมกับค่าห้องพัก** 까루나-킷루-암깝카-허-ㅇ팍 Will you charge it to my room, please?

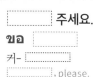

```
□□□□ 주세요.
ขอ □□□□
커- □□□□
□□□□, please.
```

샐러드, 애피타이저 **สลัด / ของว่าง** 쌀랏 / 커-ㅇ와-ㅇ		**ยำวุ้นเส้น** 얌운쎄-ㄴ ● 【얌운센】

ส้มตำ 쏨땀 ● 【쏨땀】	**ยำส้มโอ** 얌쏨오- ● 【포멜로샐러드】	**ลาบปลาหมึก** 라-ㅂ쁠라-믁 ● 【오징어무침】	**ยำเนื้อ** 얌느-아 ● 【소고기무침】
ลาบหมู 라-ㅂ무- ● 【돼지고기무침】	**เมี่ยงคำกุ้งสด** 미-양캄꿍쏫 ● 【새우미양캄(태국식 쌈샐러드)】	**ปอเปี๊ยะสด** 뻐-삐야쏫 ● 【튀기지 않은 스프링롤】	**ผักบุ้งไฟแดง** 팍붕퐈이대-ㅇ ● 【모닝글로리볶음】
ยำหัวปลีไก่ 얌후-아쁠리-까이 ● 【바나나꽃 닭고기무침】	**ปลาหวาน** 쁠라-와-ㄴ ● 【쥐포】	**กระทงทอง** 끄라통터-ㅇ ● 【바삭한 황금컵 전채요리】	**น้ำพริก** 남프릭 ● 【태국식 고추장】
สุกี้ 수끼- ● 【태국식 전골】	**수프, 국물류** **ซุป / แกง** 쑵 / 깨-ㅇ	**แกงเขียวหวาน** 깨-ㅇ키-야우와-ㄴ ● 【깽키여우완(그린커리)】	**แกงเผ็ด** 깨-ㅇ펫 ● 【깽펫(레드커리)】
แกงกะหรี่ 깽-까리- ● 【깽까리(옐로우커리)】	**แกงเลียง** 깨-ㅇ리-양 ● 【야채수프의 일종】	**ต้มข่าไก่** 똠카-까이 ● 【코코넛 닭고기수프】	**แกงจืดเต้าหู้** 깨-ㅇ쯔-ㅅ따오후- ● 【계란두부가 들어간 맑은국】

ต้มยำกุ้ง
똠얌꿍

● 【똠얌꿍】

แกงมัสมั่น
깨-ㅇ맛싸만

● 【맛싸만커리】

แกงส้มชะอมกุ้งสด
깨-ㅇ쏨차옴꿍쏫

● 【새우오믈렛수프】

แกงลาว
깨-ㅇ라-우

● 【야채와 버섯수프】

밥류
ข้าว
카-우

ข้าวผัด
카-우팟

● 【볶음밥】

ข้าวอบสับปะรด
카-우옵쌉빠롯

● 【파인애플볶음밥】

ข้าวมันไก่
카-우만까이

● 【닭고기덮밥】

ข้าวผัดกะเพราราดข้าว
카-우팟까프라오라-ㅅ카-우

● 【차조기고기볶음덮밥】

ข้าวผัดแหนมเชียงใหม่
카-우팟내-ㅁ치-양마이

● 【치앙마이식 소시지볶음밥】

ข้าวต้มกุ้ง
카-우똠꿍

● 【새우쌀죽】

ข้าวคลุกกะปิ
카-우클룩까삐

● 【새우페이스트볶음밥】

ข้าวเหนียว
카-우니-야우

● 【찹쌀밥】

면류
เส้น
쎄-ㄴ

ผัดไทย
팟타이

● 【팟타이】

ผัดซีอิ๊วไก่
팟씨-이우까이

● 【닭고기팟씨유】

ขนมจีน
카놈찌-ㄴ

● 【소면】

ข้าวซอย
카-우써-이

● 【카오쏘이】

ก๋วยเตี๋ยวลูกชิ้น
꾸어이띠-야우
루-ㄱ친

● 【어묵쌀국수】

บะหมี่น้ำ
바미-남

● 【국물 있는 에그누들】

ก๋วยเตี๋ยวเย็นตาโฟ
꾸어이띠-야우옌따-포(f)-

● 【옌타포쌀국수】

ก๋วยเตี๋ยวราดหน้าหมู
꾸어이띠-야우라-ㅅ나-무-

● 【돼지고기국수】

บะหมี่แห้ง
바미-해-ㅇ

● 【국물 없는 에그누들】

ก๋วยเตี๋ยวน้ำใส
꾸어이띠-야우남싸이

● 【맑은 쌀국수】

있어요?

미 ㅣ 이 ㅣ 마이

Do you have ㅣ ?

LOOK

ผัดหมี่ชั่ว
팟미-쑤아
● 【얇은 면볶음】

생선
ปลา
쁠라-

ปูผัดผงกะหรี่
뿌-팟퐁까리-
● 【푸팟퐁커리】

ทอดมันกุ้ง
터-ㅅ만꿍
● 【텃만꿍(다진새우튀김)】

ออส่วน
어-쑤-안
● 【굴전】

ปลากะพงทอดน้ำปลา
쁠라-까퐁터-ㅅ남쁠라-
● 【농어액젓튀김】

กุ้งอบวุ้นเส้น
꿍옵운쎄-ㄴ
● 【당면새우찜】

ปลากะพงนึ่งมะนาว
쁠라-까퐁능마나-우
● 【라임농어찜】

ห่อหมกทะเล
허-목탈레-
● 【바나나잎에 싼 해물찜】

ปลาช่อนแป๊ะซะ
쁠라-처-ㄴ빼싸
● 【가물치조림】

ทะเลเปรี้ยวหวาน
탈레-쁘리-야우와-ㄴ
● 【해산물 야채볶음】

ปลาทอดเปรี้ยวหวาน
쁠라-터-ㅅ쁘리-야우와-ㄴ
● 【생선튀김 야채볶음】

น้ำตกทูน่า
남똑투-나-
● 【태국식 매운 참치샐러드】

ปลากะพงนึ่งซีอิ๊ว
쁠라-까퐁능씨-이우
● 【농어간장찜】

ห่อหมกปลาช่อน
허-목쁠라-처-ㄴ
● 【바나나잎에 싼 가물치찜】

고기
เนื้อ
느-아

ไก่ห่อใบเตย
까이허-바이떠-이
● 【닭고기 판단잎말이】

คอหมูย่าง
커-무-야-ㅇ
● 【돼지목살구이】

ไก่ผัดเม็ดมะม่วงหิมพานต์
까이팟멧마무-앙힘파-ㄴ
● 【닭고기캐슈넛볶음】

ไก่ย่าง
까이야-ㅇ
● 【닭고기구이】

ขาหมู
카-무-
● 【족발】

เนื้อผัดน้ำมันหอย
느-아팟남만허-이
● 【소고기굴소스볶음】

คั่วกลิ้งซี่โครง
쿠아끌링씨-크로-ㅇ

● 【갈비카레볶음】

สะเต๊ะ
싸떼

● 【꼬치구이(소, 돼지, 닭)】

과일

ผลไม้
폰라마이

น้อยหน่า
너-이나-

과육은 달고
매끄럽다.

● 【석가】

ลำไย
람야이

수분이 많아
달다. 큰 씨앗
이 있다.

● 【용안】

แก้วมังกร
깨-우망꺼-ㄴ

살짝 달고
신맛이 난다.

● 【용과】

มังคุด
망쿳

● 【망고스틴】

ชมพู่
촘푸-

사과와 배
를 섞은 듯
한 맛이다.

● 【로즈애플】

ทุเรียน
투리-얀

● 【두리안】

ฝรั่ง
퐈(f)랑

● 【구아바】

ขนุน
카눈

과육은 냄새
가 적고 새
콤달콤하다.

● 【잭프루트】

สับปะรด
쌉빠롯

● 【파인애플】

เงาะ
응어

리치 같은
신맛과 단맛
이 난다.

● 【람부탄】

มะเฟือง
마프(f)-앙

새콤달콤하
고 씹는 맛
이 있다.

● 【카람볼라(스타프루트)】

ละมุด
라뭇

감 맛과
비슷하다.

● 【사포딜라】

디저트

ของหวาน
커-ㅇ와-ㄴ

ลูกชุบ
루-ㄱ춥

● 【녹두앙금이 들어간 태국식 디저트】

ตะโก้แก้ว
따꼬해-우

● 【코코넛 커스터드】

ขนมถ้วย
카놈투-아이

● 【코코넛 밀크 푸딩】

ข้าวเหนียวมะม่วง
카-우니-야우마무-앙

● 【망고찹쌀밥】

ขนมหม้อแกง
카놈머-깨-ㅇ

● 【태국식 계란 커스터드】

ขนมบ้าบิ่น
카놈바-빈

● 【태국식 코코넛 쌀과자】

ข้าวเหนียวปิ้ง
카-우니-야우삥

● 【구운 찹쌀밥】

วุ้น
운

● 【우무】

33

LOOK

┌─────────┐ **주세요.**
└─────────┘
ขอ ┌─────────┐
└─────────┘
키- ┌─────────┐
└─────────┘ **, please.**

ขนมเบื้อง
카놈브-앙

● 【태국식 크레페】

ขนมทองหยอด
카놈터-ㅇ여-ㅅ

● 【노른자로 만든 물방울 모양과자】

ขนมทองเอก
카놈터-ㅇ에-ㄱ

● 【노른자로 만든 꽃모양 과자】

กล้วยไข่เชื่อม
끌루-아이카이츠-암

● 【바나나 노른자 절임】

กล้วยบวชชี
끌루-아이부-앗치-

● 【코코넛밀크에 담근 바나나】

ทับทิมกรอบ
탑팀끄러-ㅂ

● 【코코넛밀크에 만 타피오카】

ขนมน้ำดอกไม้
카놈남더-ㄱ마이

● 【코코넛 과자】

ข้าวเหนียวทุเรียน
카-우니-야우투리-얀

● 【두리안찹쌀밥】

ฝอยทอง
풔(f)-이터-ㅇ

실타래 같은
달걀 노른자
를 감은 과
자이다.

● 【노른자로 만든 실타래】

음료
เครื่องดื่ม
크르-앙드-ㅁ

เบียร์สิงห์
비-야씽

강한 쓴맛과
감칠맛이
태국 요리와
어울린다.

● 【싱하맥주】

เบียร์ลีโอ
비-야리-오-

발포주처럼
상쾌하다.
가격이 싸다.

● 【리오맥주】

เบียร์ช้าง
비-야차-ㅇ

알코올 도수가
6.4%로 맛이
진하다.

● 【참맥주】

คลอสเตอร์เบียร์
클러-ㅅ떠-비-야

깊은 맛을
자랑한다.

● 【클러스터맥주】

สปาย
싸빠-이

태국에서 처
음으로 국내
생산한 와인
쿨러이다.

● 【스파이】

เหล้าแม่โขง
라-오매-코-ㅇ

쌀을 주원료
로 한 위스키
이다.

● 【메콩위스키】

แสงโสม
쌔-ㅇ쏘-ㅁ

태국에서 가
장 대중적인
럼주이다.

● 【쌩쏨】

ชาเขียว
차-키-야우

● 【녹차】

ไวตามิลค์
와이따-밀

● 【두유】

โอเลี้ยง
오-리-양

● 【태국식 아이스커피】

ชานมเย็น
차-놈옌

● 【태국식 아이스밀크티】

น้ำส้ม
남쏨

● 【오렌지주스】

น้ำใบบัวบก 남바이부아복 풋내가 약간 나지만 맛은 순하다. ●【병풀주스】	**น้ำมะพร้าว** 남마프라-우 ●【코코넛주스】	**เอ็มร้อยห้าสิบ** 엠러-이하-씹 ●【에너지 드링크】	**재료** **วัตถุดิบ** 왓투딥
เนื้อวัว 느-아우아 ●【소고기】	**เนื้อหมู** 느-아무- ●【돼지고기】	**ไข่** 카이 ●【계란】	**ปู** 뿌- ●【게】
เนื้อไก่ 느-아까이 ●【닭고기】	**เนื้อเป็ด** 느-아뻿 ●【오리고기】	**กุ้ง** 꿍 ●【새우】	**ปลากะพง** 쁠라-까퐁 ●【농어】
หอยนางรม 허-이나-으롬 ●【굴】	**ปลาดุก** 쁠라-둑 ●【메기】	**แครอท** 캐-러-ㅅ ●【당근】	**ผักบุ้ง** 팍붕 ●【공심채】
ปลาทูน่า 쁠라-투-나- ●【참치】	**ปลาแซลมอน** 쁠라-쌔-ㄹ머-ㄴ ●【연어】	**ฟักทอง** 퐉(f)터-ㅇ ●【호박】	**ข้าวโพด** 카-우포-ㅅ ●【옥수수】
เต้าหู้ 따오후- ●【두부】	**조리 방법** **วิธีปรุงอาหาร** 위티-쁘룽아-하-ㄴ	**ผัด** 팟 ●【볶다】	**ต้ม** 똠 ●【끓이다】
กะทิ 까티 ●【코코넛밀크】		**ย่าง** 야-ㅇ ●【굽다】	**ปิ้ง** 삥 ●【(석쇠 위에서) 굽다】
เคี่ยว 키-야우 ●【삶다, 졸이다】	**ทอด** 터-ㅅ ●【튀기다】	**조미료** **เครื่องปรุงรส** 크르-앙쁘룽롯	**พริกแดง** 프릭대-ㅇ ●【고추】
นึ่ง 능 ●【찌다】	**คลุก** 클룩 ●【버무리다】		**พริกเขียว** 프릭키-야우 ●【풋고추】
น้ำปลา 남쁠라- ●【액젓】	**พริกไทย** 프릭타이 ●【후추】	**น้ำส้มสายชู** 남쏨싸-이추- ●【식초】	**ใบกะเพรา** 바이까프라오 ●【바질】
เกลือ 끌르-아 ●【소금】	**น้ำตาล** 남따-ㄴ ●【설탕】	**ผักชี** 팍치- ●【고수】	**ตะไคร้** 따크라이 ●【레몬그라스】

태국 요리의 최고는 똠얌꿍

단맛, 매운맛, 신맛이 생명인 태국 요리를 대표하는 수프.
다채로운 맛과 개운한 향기의 밸런스가 일품입니다.

똠얌꿍
ต้มยำกุ้ง

똠얌꿍이란?

똠얌이란 조개가 많은 수프를 가리키고, 꿍은 새우라는 뜻입니다. 똠얌꿍은 즉 새우가 들어간 수프라는 뜻입니다. 세계 3대 수프 중 하나입니다.

★걸쭉한 국물(남콘) น้ำข้น
코코넛밀크와 고추된장이 들어간 타입
★맑은 국물(남싸이) น้ำใส
코코넛밀크가 들어가지 않은 맑은 타입

〜 똠얌꿍을 먹을 때 사용하는 표현 〜

똠얌꿍이 맛있는 가게가 있나요?	**มีร้านไหนที่ต้มยำกุ้งอร่อยบ้าง** 미-라-ㄴ나이티-똠얌꿍아러-이바-ㅇ Where is the restaurant that serves good Tom yum goong?
똠얌꿍과 밥 주세요.	**ขอต้มยำกุ้งกับข้าว** 커-똠얌꿍깝카-우 Tom yum goong and rice, please.
밥도 추가해 주세요.	**ขอเติมข้าวด้วย** 커-뜨어-ㅁ카-우두-아이 Can I have another one, please?
음료 메뉴가 있나요?	**มีเมนูเครื่องดื่มไหม** 미-메-누-크르-앙드-ㅁ마이 Do you have a drink menu?

도움이 되는 **단어장**
WORD

밥	**ข้าว** 카-우	새우	**กุ้ง** 꿍	코코넛밀크	**กะทิ** 까티
		레몬그라스	**ตะไคร้** 따크라이	숟가락	**ช้อน** 처-ㄴ
		고추	**พริก** 프릭	앞접시	**จานแบ่ง** 짜-ㄴ배-ㅇ

태국 요리의 매력

맛있고 몸에 좋은 태국 음식의 깊은 맛을 짧게 소개합니다.

 매력 1 태국 요리는 4가지의 맛이 기본 베이스입니다.

태국 요리의 기본 맛은 오른쪽의 4가지입니다. 라임(신맛), 고추(매운맛), 피시소스(짠맛), 코코넛(단맛)과 같은 천연 재료를 사용합니다. 똠얌꿍의 맛을 내는 데도 중요한 이 4가지 맛은 태국 요리에서 항상 균형을 이루며 맛을 극대화시킵니다.

시다 **เปรี้ยว** 쁘리-야우

짜다 **เค็ม** 켐

맵다 **เผ็ด** 펫

달다 **หวาน** 와-ㄴ

 매력 2 면과 허브의 종류가 풍부합니다.

다양한 재료도 태국 요리의 매력 중 하나입니다. 태국 전 국토에서는 쌀 재배가 활발한데, 이를 사용하는 쌀국수 면은 면 요리에서 빼놓을 수 없는 존재죠. 또 여러 가지 종류의 허브가 대중적으로 사용되고 있는데 깊은 맛을 만드는 비결입니다.

 가는 면 **เส้นเล็ก** 쎄-ㄴ렉

 더 가는 면 **เส้นหมี่** 쎄-ㄴ미-

 굵은 면 **เส้นใหญ่** 쎄-ㄴ야이

 중국식 노란 면 **บะหมี่** 바미-

 라면 **มาม่า** 마-마-

 고수 **ผักชี** 팍치-

요리에 풍미와 색감을 더한다.

 바질 **ใบกะเพรา** 바이까프라오

커리 등의 향을 내는 데 쓴다.

 레몬그라스 **ตะไคร้** 따크라이

레몬 향이 나는 허브

 매력 3 테이블에 있는 조미료를 자신의 취향에 맞게 넣을 수 있습니다.

태국에서는 요리가 나오면 자신에게 맞는 맛으로 조절하는 것이 자연스럽습니다. 특히 면 요리는 손님이 나중에 간을 맞추는 것을 전제로 하여 싱겁게 만들고 있습니다. 테이블에는 4가지 맛을 조절할 수 있는 조미료가 준비되어 있어 좋아하는 맛을 만들 수 있습니다.

액젓 **น้ำปลา** 남쁠라-

식초 **น้ำส้มสายชู** 남쏨싸-이추-

고추 **พริก** 프릭

설탕 **น้ำตาล** 남따-ㄴ

여러 가지 태국 카레를 먹으며 비교해 봅시다.

노랗고, 푸르고, 빨간 색감이 눈으로 봐도 상쾌한 태국 카레.
색에 따라 맛도 매운 정도도 다르므로 먹으면서 비교해 보고, 좋아하는 맛을 찾아봅시다.

태국 카레는 크게
3종류로 나뉩니다.

옐로우커리
แกงกะหรี่
깨-ㅇ까리-

고추가 적게 들어가고
터머릭이 많이 들어가
서 순한 맛으로 술술 먹
을 수 있습니다.

그린커리
แกงเขียวหวาน
깨-ㅇ키-야우와-ㄴ

레드커리
แกงเผ็ด
깨-ㅇ펫

건조된 빨간고추의 풍미
를 듬뿍 살려 낸 카레. 혀
에 꽂는 듯한 매운맛이 특
징입니다.

풋고추와 허브가 들어
가 예쁜 녹색을 띠는
카레입니다. 매콤하면
서 부드러운 맛입니다.

로티
โรตี 로-띠-

태국 카레는 로티와 함께 먹는 것을 추천합니다.

태국 사람들도 카레를 밥과 함께 먹는 것이 일반적이지만, 로티라고 하는 밀가루로 만든 크레이프 같은 것을 함께 먹어도 좋습니다. 로티를 시럽이나 설탕으로 절여 달달한 디저트로 만든 음식은 포장마차에서도 잘 팔리는 메뉴입니다.

태국 카레를 먹을 때 사용하는 표현

__그린커리와 밥 주세요.__

ขอแกงเขียวหวานกับข้าว
커-깽-ㅇ키-야우와-ㄴ깝카-우
A green curry and rice, please.

__맵지 않은 커리는 어떤 거예요?__

แกงที่ไม่เผ็ดคืออันไหน
깽-ㅇ티-마이펫크-안나이
Which curry is mild?

__로티 있나요?__

มีโรตีไหม
미-로-띠-마이
Do you have Roti?

__생수 주세요.__

ขอน้ำแร่
커-남래-
A mineral water, please.

__밥 더 주세요.__

ขอเติมข้าวด้วย
커-뜨어-ㅁ카-우두-아이
Can I have more rice, please?

__정말 맛있어요.__

อร่อยมาก
아러-이마-ㄱ
It's delicious.

__치킨커리 있나요?__

มีแกงไก่ไหม
미-깽-ㅇ까이마이
Do you have a chicken curry?

도움이 되는 단어장 WORD			
코코넛밀크	กะทิ 까티	닭고기	เนื้อไก่ 느-아까이
		소고기	เนื้อวัว 느-아우아
		오리고기	เนื้อเป็ด 느-아뼷
게	ปู 뿌-		
새우	กุ้ง 꿍		
메기	ปลาดุก 쁠라-둑		

맛있고 즐겁게 타이스키를 먹어 봅시다.

타이스키는 야채와 생선 등 좋아하는 재료를 넣고 먹는 태국식 전골입니다.
피곤한 몸을 말끔히 기운 나게 하는 음식입니다.

예를 들면 이렇게 구성됩니다

당근/호박
แครอท/ฟักทอง
캐-러-ㅅ/팍(f)터-ㅇ
냄비에 색감을 더합니다. 보기에도
아름답습니다.

어묵두부
เต้าหู้ปลา
따오후-쁠라-
맛있는 어묵은 타이스키에 필수!

야채 세트
ชุดผัก ชุดผัก
사람이 많은 경우에는
세트로 주문하세요.

소스
น้ำจิ้ม 남찜
가게마다 맛이 다릅니다. 약재를
넣어 만들어서 맛있습니다.

버섯류
จำพวกเห็ด
짬푸-악헷
국물이 잘 우러나 풍미
가 배가 됩니다.

연어
แซลมอน 쌔-ㄹ머-ㄴ
신선한 생선이 다채로운 맛을 뽑아
냅니다.

옥수수
ข้าวโพด 카-우푸-ㅅ
가게에 따라 영콘을 사용하는 경우
도 있습니다.

원포인트

타이스키는 다양한 재료를 넣어 먹을 수 있다는 게 매력이죠. 좋아하는 재료를 꼭 넣어 보세요.

중국식 면
บะหมี่ 바미-
그대로 먹어도 맛있다.
인기 메뉴이다.

중국식 만두
เกี๊ยว 끼-야우
돼지고기, 새우 등으
로 만든다.

공심채
ผักบุ้ง 팍붕
아삭한 식감이 일품이다.

스프링롤
ปอเปี๊ยะ 뻐-삐야
색감도 좋고 어묵과
야채의 식감이 좋다.

타이스키 먹는 방법

1
육수에 양념장을 풀고 당근과 고추를 넣고 라임을 짜 넣은 뒤 원하는 맛이 나오도록 만든다. →

2
야채 세트를 먼저 주문하고 고기와 생선은 원하는 대로 주문한다. →

3
재료가 오면 냄비에 넣는다. 생선은 익을 때까지 끓인다. 배추는 손으로 찢어 넣는다. →

4
육수를 추가하는 것은 자유이므로 부족하다면 직원에게 부탁한다.

타이스키를 먹을 때 사용하는 표현

야채 세트 주세요.	**ขอชุดผัก** 커-춧팍 Assorted vegetables, please.
불 좀 줄이고 싶어요.	**อยากจะหรี่ไฟลงหน่อย** 야-ㄱ짜리-퐈(f)이롱너-이 I'd like to turn the heat down.
추천 재료는 무엇입니까?	**เครื่องมือที่แนะนำคืออะไร** 크르-앙므-티-내남크-아라이 Which ingredients do you recommend?
고수 안 넣은 소스 주세요.	**ขอน้ำจิ้มที่ไม่ใส่ผักชี** 커-남찜티-마이싸이팍치- Can I have a sauce without corianders?
메뉴도 주세요.	**ขอเมนูด้วย** 커-메-누-두-아이 Can I have a menu, please?
육수 좀 더 주세요.	**ขอเติมซุป** 커-뜨어-ㅁ쑤-ㅂ Can I have more soup, please?
밥이랑 계란 주세요.	**ขอข้าวกับไข่** 커-카-우깝카이 Rice and an egg, please.

도움이 되는 단어장 WORD

앞접시	จานแบ่ง 짜-ㄴ배-ㅇ	젓가락	ตะเกียบ 따끼-얍	얇게 썬 마늘	กระเทียมสับ 끄라티-얌쌉
		국자	กระบวย 끄라부-아이	고추	พริก 프릭
		뜰채	กระชอน 끄라처-ㄴ	라임즙	น้ำมะนาว 남마나-우

푸드센터에서 간단하고 맛있는 태국 요리를 ♪

쇼핑센터 안에 있는 푸드코트를 태국에서는 '푸드센터'라고 합니다.
요리 종류도 다양하고 주문하는 방법도 간단하므로 꼭 들러 보세요.

푸드센터에 도착하면...

Charge Card(선불)의 경우

1 입구의 카운터에서
100~150B 정도의 카드
를 구입합니다.

2 카드를 받습니다
금액을 충전한 카드를
받습니다.

3 가게에서 결제
주문하고 싶은 요리를
고르고 카드를 건넵니다.

4 결제 완료
사용하고 남은 금액을
돌려받습니다.

후불 방식, 쿠폰 방식
인 경우도 있습니다.

카드 및 쿠폰도 남은 금액은
돌려받을 수 있습니다. 다만 돌
려받을 때는 통상 당일 한정이
므로 주의하세요!

주문을 해 봅시다

이 세트 주세요.

ขอชุดนี้
커-촛니-

환영합니다.

ยินดีต้อนรับ
인디-떠-ㄴ랍

이거 주세요.

ขออันนี้
커-안니-

사이드 메뉴는 어떤 걸로 하시겠어요?

จะรับเครื่องเคียงอันไหน
짜랍크르-앙키-양안나이

여기요.

เอานี่ เชิญ
아오니- 츠어-ㄴ

총 120바트입니다

รวม 120 บาท
루-암러-이이-씹바-ㅅ

42

LOOK

| | 주세요.
ขอ | |
커- | |
| |, please.

푸드센터
ศูนย์อาหาร
쑤-ㄴ아-하-ㄴ

อาหารจานเดียว
아-하-ㄴ짜-ㄴ디-야우

● 【단품 요리】

แกงเขียวหวาน
깨-ㅇ키-야우와-ㄴ

● 【그린커리】

ผัดไทย
팟타이

● 【팟타이】

ราเมน
라-메-ㄴ

● 【라멘】

ก๋วยเตี๋ยวราดหน้า
꾸-아이띠-야우
라-스나-

● 【걸쭉한 소스를 얹은 볶음국수】

สะเต๊ะ
싸떼

● 【꼬치구이】

ซุป
쑵

● 【국물】

สลัด
쌀랏

● 【샐러드】

> 이것저것 고를 수 있어서 신난다!

참고 P.30~35

이 자리 비었나요?	**ที่นั่งนี้ ว่างไหม** 티-낭니-와-ㅇ마이 Is this seat taken?
환불해 주세요.	**กรุณาคืนเงิน** 까루나-크-ㄴ응어-ㄴ I'd like a refund, please.

도움이 되는 단어장 WORD

접시	จาน 짜-ㄴ	포크	ส้อม 써-ㅁ	음료수	เครื่องดื่ม 크르-앙드-ㅁ
컵	แก้ว 깨-우	쟁반	ถาด 타-ㅅ	디저트	ของหวาน 커-ㅇ와-ㄴ
젓가락	ตะเกียบ 따끼-얍	셀프 서비스	บริการตนเอง 버리까-ㄴ똔에-ㅇ	충전 카드	บัตรเติมเงิน 밧뜨어-ㅁ응으어-ㄴ
숟가락	ช้อน 처-ㄴ	메뉴	เมนู 메-누-	쿠폰	คูปอง 쿠-뻐-ㅇ
		단품	รายการเดียว 라-이까-ㄴ디-야우	패스트푸드	ฟาสต์ฟู้ด 퐈(f)-푸(f)-ㅅ
		세트메뉴	เซ็ตเมนู 쎗메-누-	계산원	แคชเชียร์ 캐-ㅅ치-야

포장마차에서 현지 음식을 먹어 봅시다!

길거리 여기저기에 있는 포장마차에서는 현지인들이 일상에서 먹는 음식을 먹을 수 있습니다. 마음에 드는 메뉴를 발견했다면 웃는 얼굴로 주문해 봅시다.

포장마차에 가 봅시다

포장마차는 번화가나 시장, 광장 등 사람들이 모이는 곳에 있습니다. 영업시간은 대체로 오전 6시부터 오후 10시쯤까지 하지만 번화가와 가까운 곳은 밤늦게까지 영업하는 곳도 있습니다. 요깃거리나 면류 등 식사를 할 수 있는 음식부터 가볍게 먹을 수 있는 간식까지, 적은 돈으로 배 터질 때까지 먹을 수 있답니다.

처음 찾는다면?

물이나 얼음, 날것은 피하는 것이 좋다. 물티슈를 가지고 다니며 젓가락이나 숟가락을 닦고 먹으면 안심!

주문을 해 봅시다

안녕하세요.
สวัสดี
싸왓디-

이것은 무엇인가요?
นี่คืออะไร
니-크-아라이

하나에 얼마예요?
หนึ่งอันเท่าไหร่
능안타오라이

1개 주세요.
ขอหนึ่งอัน
커-능안

어서 오세요.
ยินดีต้อนรับ
인디-떠-ㄴ랍

두부튀김입니다. 맛있어요.
เต้าหู้ทอด อร่อยนะ
따오후-터-ㅅ 아러-이나

20바트입니다.
20 บาท
이-씹바-ㅅ

여기요.
นี่
니-

LOOK

☐ 주세요.
ขอ ☐
커- ☐
☐, please.

길거리 음식
อาหารริมทาง
아-하-ㄴ림타-ㅇ

ข้าวมันไก่
카-우만까이

● 【닭고기덮밥】

ข้าวผัดกะเพราราดข้าว
카-우팟까프라오라-ㅅ카-우

● 【차조기고기볶음덮밥】

ข้าวผัดปลาหมึก
카-우팟쁠라-믁

● 【오징어볶음밥】

ก๋วยเตี๋ยวน้ำใส
꾸-아이띠-야우남싸이

● 【맑은 쌀국수】

ก๋วยเตี๋ยวเนื้อ
꾸-아이띠-야우느-아

● 【소고기 쌀국수】

ก๋วยเตี๋ยวแห้ง
꾸-아이띠-야우해-ㅇ

● 【비빔 쌀국수】

ขนมจีบ
카놈찌-ㅂ

● 【중국식 찐만두】

สะเต๊ะ
싸떼

● 【꼬치구이】

โจ๊ก
쪼-ㄱ

● 【죽】

ข้าวเหนียวมะม่วง
카-우니-야우마무-앙

● 【망고찹쌀밥】

กล้วยปิ้ง
끌루-아이삥

● 【바나나구이】

น้ำผลไม้
남폰라마이

● 【과일주스】

น้ำเต้าหู้
남따오후-

● 【두유】

포장마차에서 써 봅시다

젓가락[접시] 주세요.	ขอตะเกียบ[จาน] 커-따끼-얍[짜-ㄴ] Chopsticks[Plates] please.
여기 앉아도 되나요?	นั่งตรงนี้ ได้ไหม 낭뜨롱니-다이마이 May I sit here?
얼음 넣지 말아 주세요.	กรุณาอย่าใส่น้ำแข็ง 까루나-야-싸이남캥 No ice, please.

역시 디저트는 빼놓을 수 없죠.

태국에는 시원하고 달달한 디저트가 한가득!
더위에 지친 몸을 달래 줍니다.

주문을 해 봅시다

<u>파인애플 아이스크림</u> <u>1</u>개 주세요.	**ไอศกรีมสับปะรด 1 อัน** 아이싸끄리-ㅁ쌉빠롯능안 One pineapple ice cream, please.　　참고 P.150
<u>스푼 2</u>개 주세요.	**ขอช้อน 2 คัน** 커-처-ㄴ써-ㅇ칸 Can I have two spoons?　　참고 P.150
음료 세트가 있나요?	**มีเซ็ตเครื่องดื่มไหม** 미-쎗크르-앙드-ㅁ마이 Do you have any specials that come with a drink?
인기 디저트 메뉴가 뭔가요?	**ของหวานที่นิยมคืออะไร** 커-ㅇ와-ㄴ티-니욤크-아라이 What is the famous dessert?
<u>카페라테</u> <u>1</u>잔 주세요.	**ขอกาแฟลาเต้ 1 แก้ว** 커-까-페-라-떼-능깨-우 One café latte, please.　　참고 P.150
포장 되나요?	**สั่งกลับบ้านได้ไหม** 쌍끌랍바-ㄴ다이마이 Can I take this home?
<u>망고</u>로 만든 디저트가 있나요?	**มีของหวานที่ทำจากมะม่วงไหม** 미-커-ㅇ와-ㄴ티-탐짜-ㄱ마-무-앙마이 Do you have a dessert with mangoes?
토핑은 <u>초콜릿 칩</u>으로 주세요.	**ขอท็อปปิ้ งช็อกโกแลตชิพ** 커-터-ㅂ뼁척꼬-래-ㅅ칩 I'd like a chocolate chips on it.

┃ 토핑 이름을 알아봅시다.　　참고 P.33, 47

마시멜로	มาร์ชเมลโล่ 마-ㅅ메-ㄹ로	콩	ถั่ว 투아	콘플레이크	คอร์นเฟลก 커-ㄴ플(f)레-ㄱ	초콜릿시럽	ซอสช็อกโกแลต 써-ㅅ척꼬래-ㅅ
와플	วาฟเฟิล 와-ㅂ프(f)아-ㄹ	찹쌀밥	ข้าวเหนียว 카-우니-야우	딸기시럽	ซอสสตรอเบอรี่ 써-ㅅ싸뜨러버-리-	연유	นมข้น 놈콘

LOOK

⬜⬜⬜⬜ 주세요.
ขอ ⬜⬜⬜⬜
커- ⬜⬜⬜⬜
⬜⬜⬜⬜, please.

디저트
ของหวาน
커-ㅇ와-ㄴ

ไอศกรีม
아이싸끄리-ㅁ

● 【아이스크림】

เชอร์เบท
처-베-ㅅ

● 【셔벗(샤베트)】

สมูตตี้
싸무-ㅅ띠-
● 【스무디】

เครื่องดื่มนมผสมผลไม้
크르-앙드-ㅁ놈파쏨폰라마이
● 【과일 밀크셰이크】

ขนมปังนึ่ง
카놈빵능

● 【찐빵】

ขนมปังปิ้ง
카놈빵삥

● 【토스트】

พาร์เฟต์
파-풰(f)-
● 【파르페】

ผลไม้เสียบไม้
폰라마이씨-얍마이
● 【과일꼬치】

เยลลี่ผลไม้
예-ㄹ리-폰라마이

● 【과일젤리】

ข้าวเหนียวมะม่วง
카-우니-야우마무-앙

● 【망고찹쌀밥】

กาแฟ
까-풰-
● 【커피】

น้ำชา
남차-
● 【차】

กาแฟลาเต้
까-풰-라-떼-
● 【카페라테】

คาปูชิโน่
카-부-치노-
● 【카푸치노】

โคล่า
코-라-
● 【콜라】

น้ำผลไม้
남폰라마이
● 【과일주스】

원포인트 열대과일로 비타민 보충!

태국은 열대과일의 보고입니다. 망고 외에도 여러 가지 과일이 넘쳐납니다.
길거리 곳곳의 과일가게에서 한번 맛보는 건 어떨까요?

참고 P.33

용과
แก้วมังกร
깨-우망꺼-ㄴ

부드러운 과육과 씨의 식감이 으뜸!

카람볼라(스타프루트)
มะเฟือง
마프(f)-앙
달고 신맛이며 아삭아삭한 식감

람부탄
เงาะ
응어

생각보다 달달한 맛으로 먹기 쉽다.

로즈애플
ชมพู่
촘푸-

수분이 많고 상큼한 맛

매너를 지키며 태국 요리를 맛봅시다.

길거리의 포장마차에서 고급 레스토랑까지, 여러 가지 선택지가 있는 태국의 맛집 탐방!
기본적인 매너를 지키며 맛있는 요리를 먹으러 갑시다.

레스토랑 예약은…

고급 레스토랑 이외에는 예약이 필수는 아닙니다. 하지만 인기가 많아 예약을 하지 않으면 안되는 곳도 있으니 예약하는 편이 좋습니다.

한국과 비슷한 점은…

식기를 들고 먹지는 않습니다. 식기를 직접 입에 대고 먹지도 않으므로 국물을 마실 때 반드시 기억합니다.

태국 식탁 예절에는…

왼손으로는 포크, 오른손으로는 스푼을 들고 먹습니다. 요리를 잘라 먹을 때는 스푼을 사용합니다. 포크는 음식을 지지하거나 스푼으로 음식을 떠먹을 때 보조하는 역할로 씁니다. 포크로 음식을 찔러 먹는 것은 금물!

한국과 다른 점이 있더라도 놀라지 않기!

또 다른 신경 써야 할 것들은?

①면 요리를 먹을 때는?
태국 음식에서 빼놓을 수 없는 면 요리는 먹을 때 소리를 내고 먹지 않도록 합니다. 국물을 마실 때도 식기에 입을 직접 대지 않고 스푼을 사용해 마십니다.

②술을 마실 때는?
태국에서는 술을 판매하는 시간이 오전 11시에서 오후 2시까지, 오후 5시에서 밤 12시까지로 정해져 있습니다. 그러니 시간대에 맞게 주문하는 것을 잊지 말기! 또 불교 관련 기념일 등 술을 판매하지 않는 날도 있으니 주의합니다.

와인을 마실 때는…

고급 레스토랑에서는 와인을 따를 때 점원에게 부탁하는 것이 매너입니다. 와인을 따를 때는 와인 잔을 손으로 들지 않고 테이블 위에 올려 둡니다. 또 와인 잔을 부딪쳐서 소리를 내며 건배하는 것은 금물입니다.

드레스코드는…

고급 음식점에서도 드레스코드를 묻는 경우는 그다지 많지 않습니다. 일부 식당에서 남자의 경우 샌들을 신거나 반바지를 입으면 입장이 어렵지만, 제한이라고 해 봐야 이 정도가 대부분입니다. 다만 가벼운 옷차림도 괜찮지만 자리에 맞는 모습으로 식당에 가는 편이 좋아요.

팁은…

고급 레스토랑에서는 식대의 10% 정도를 팁으로 주어도 무난합니다. 계산할 때 서비스료 10%가 가산된 경우에는 동전 정도만 올려두고 나가도 좋습니다.

③흡연할 때는?
일부 야외처럼 개방된 곳을 제외하고는 전면 금연입니다. 위반 시에는 벌금을 뭅니다. 피기 전에 흡연이 가능한 곳을 점원에게 먼저 물어봅시다.

즐겁게 자신만의 패션 스타일을 찾아봅시다.

태국에는 개성 있고 귀여운 패션 아이템이 한가득!
능숙하게 말하며 마음에 드는 아이템을 찾아봅시다.

먼저 가게를 찾아봅시다

백화점이 어디에 있나요?	ห้างสรรพสินค้าอยู่ที่ไหน 하-ㅇ 쌉파씬카-유-티-나이 Where is the department store?
거기에 걸어서 갈 수 있나요?	สามารถเดินไปถึงตรงนั้นได้ไหม 싸-마-ㅅ드어-ㄴ빠이틍뜨롱난다이마이 Can I go there on foot?
Tango라는 가게가 어디에 있나요?	ร้านTangoอยู่ที่ไหน 라-ㄴ탱고유-티-나이 Where is the shop called Tango?

가게에 대해 물어봅시다

운영 시간을 말해 주세요.	กรุณาบอกเวลาทำการ 까루나-버-ㄱ웨-ㄹ라-탐까-ㄴ What are the business hours?
공휴일은 언제인가요?	วันหยุดราชการคือเมื่อไหร่ 완윳라-ㅅ차까-ㄴ크-므-아라이 What days are you close?
층별 지도가 있나요?	มีแผนผังภายในไหม 미-패-ㄴ팡파-이나이마이 Do you have a floor map?
신발을 사려면 어디로 가야 하나요?	ถ้าจะซื้อรองเท้าควรไปที่ไหนดี 타-짜쓰-러-ㅇ타오쿠-안빠이티-나이디- Where should I go to buy shoes?
엘리베이터[에스컬레이터]가 어디에 있나요?	ลิฟท์ [บันไดเลื่อน] อยู่ตรงไหน 립 [반다이르-안]유-뜨롱나이 Where is the elevator[escalator]?
가방 맡기는 곳이 있나요?	มีที่รับฝากกระเป๋าไหม 미-티-랍퐈(f)-ㄱ끄라빠오마이 Where is the cloak room?

한국어가 가능한 직원이 있나요?	มีสต๊าฟฟ์ที่พูดภาษาเกาหลีได้ไหม 미-쓰따-ㅂ티-푸-ㅅ파-싸-까올리-다이마이 Is there anyone who speaks Korean?
여기 ATM이 있나요?	ในนี้ มีตู้เอทีเอ็มไหม 나이니-미-뚜-에-티-엠마이 Do you have an ATM in here?
고객 서비스 센터가 어디에 있나요?	ฝ่ายลูกค้าสัมพันธ์อยู่ที่ไหน 퐈(f)-이루-ㄱ카-쌈판유-티-나이 Where is the customer service?

LOOK

⬜ 이/가 어디에 있나요? ⬜ 아ยู่ที่ไหน ⬜ 유-티-나이 Where is ⬜ ?	 **ห้างสรรพสินค้า** 하-ㅇ쌉파씬카- ●【백화점】	 **เซเล็กท์ช้อป** 쎄-렉처-ㅂ ●【편집숍】

 ช้อปปิ้ง มอลล์ 처-ㅂ삥머-ㄹ ●【쇼핑몰】	 **ร้านหนังสือ** 라-ㄴ낭쓰- ●【서점】	 **ร้านสะดวกซื้อ** 라-ㄴ싸두-악쓰- ●【편의점】	**ร้านเสื้อผ้า** 라-ㄴ쓰-아파- ●【옷가게】
			ร้านกระเป๋า 라-ㄴ끄라빠오 ●【가방가게】

ร้านรองเท้า 라-ㄴ러-ㅇ타오 ●【신발가게】	**ร้านสินค้าปลอดภาษี** 라-ㄴ씬카-쁠러-ㅅ파-씨- ●【면세점】	**ร้านเครื่องสำอาง** 라-ㄴ크르-앙쌈아-ㅇ ●【화장품 가게】	**สยามพารากอน** 싸야-ㅁ파-라-꺼-ㄴ ●【시암 파라곤】

เซ็นทรัลเวิล์ด 쎈트란워-ㅅ ●【센트럴 월드】	**เกษรพลาซ่า** 께-써-ㄴ플라-싸- ●【게이손 플라자】	**สยามดิสคัฟเวอรี่เซ็นเตอร์** 싸야-ㅁ디스캅워-리-쎈뜨어- ●【시암 디스커버리 센터】	**อิเซตัน** 이쎄-딴 ●【이세탄】

มาบุญครอง(เอ็มบีเคเซ็นเตอร์) 마-분크러-ㅇ(엠비-케-쎈뜨어-) ●【마분콩(MBK센터)】	**สยามเซ็นเตอร์** 싸야-ㅁ쎈뜨어- ●【시암 센터】	**แพลทินัมแฟชั่นมอลล์** 플래-티남퐤(f)-찬머-ㄹ ●【플래티넘 패션몰】	**ชิบุญ่า 19** 치부-야-씹까오 ●【시부야19】

เซ็นเตอร์วันช้อปปิ้ง พลาซ่า 쎈뜨어-완처-ㅂ플라-싸- ●【센터원 쇼핑플라자】	**คิงเพาเวอร์ คอมเพล็กซ์** 킹파오워-커-ㅁ플렉 ●【킹파워 콤플렉스】	**อัมรินทร์ พลาซ่า** 암마린플라-싸- ●【아마린 플라자】	**ชอยละลายทรัพย์** 써-이라라-이쌉 ●【라라이쌉 골목 시장】

สำเพ็ง 쌈펭 ●【삼펭시장】	**อ่อนนุชสแควร์** 어-ㄴ눗싸퐤- ●【온눗 스퀘어】	**สยาม พาราไดซ์ ไนท์ บาซาร์** 싸야-ㅁ파-라-다이나이바-싸- ●【시암 파라다이스 나이트바자】	**เอเชียทีค เดอะริเวอร์ฟร้อนท์** 에-치-아티-ㄱ 드어리워-프(f)라-ㄴ트 ●【아시아티크 리버프런트】

51

즐겁게 자신만의 패션 스타일을 찾아봅시다.

가게에 들어가면...

무엇을 찾으세요?	หาอะไรอยู่ 하-아라이유- What are you looking for?
그냥 보려고요.	แค่ดูเฉยๆ 캐-두-츠어이츠어-이 Just looking.
다시 올게요.	จะมาใหม่ 짜마-마이 I'll come back later.
실례합니다. 도와주실 수 있으세요?	ขอโทษ รบกวนได้ไหม 커-토-ㅅ 롭꾸-안다이마이 Excuse me. Can you help me?
이거 주세요.	ขออันนี้ 커-안니- Can I have this?
이거 살게요.	อยากได้อันนี้ 야-ㄱ다이안니- I'd like to buy this.
저 원피스 좀 볼 수 있을까요?	ขอดูวันพีชชุดนั้น 커-두-완피-ㅅ추ㅅ난 Can I see that dress?
잠깐 생각 좀 해 볼게요.	ขอเวลาคิดสักครู่ 커-웨-ㄹ라-킷싹크루- Let me think about it for a while.
이것보다 싼[비싼] 게 있나요?	มีของที่ถูก [แพง] กว่านี้ หน่อยไหม 미-커-ㅇ티-투-ㄱ[패-ㅇ]꽈-니-너-이마이 Do you have a cheaper[more expensive] one?
할인 상품이 있나요?	มีสินค้าลดราคาไหม 미-씬카-롯라-카-마이 Do you have anything on sale?
이거 뭘로 만든 거예요?	อันนี้ ทำมาจากอะไร 안니-탐마-짜-ㄱ아라이 What is this made of?

가게에 들어가면
สวัสดี(싸왓디-)
라고 인사해요.

참고 P.57, 60

면세수속에 대해 알아둡시다.

태국에서는 거의 모든 물건이나 서비스에 7%의 부가가치세(VAT)가 포함되어 있습니다. VAT환급제도 전용 상점에서는 외국인이 하루에 1점포 당 2000B 이상 쇼핑을 했을 경우 수속 후 수수료를 제외한 금액을 돌려받을 수 있습니다. 2000B 이상 쇼핑을 했을 경우에는 가게에서 면세 서류를 작성해 달라고 합니다. 그때 여권을 반드시 제시해야 합니다.

새 상품이 있나요?

มีชิ้นใหม่ไหม
미-친마이마이
Do you have a new one?

얼마입니까?

เท่าไหร่
타오라이
How much is it?

카드 계산 되나요?

รับบัตรเครดิตไหม
랍밧크레-딧마이
Do you accept credit cards?

세금 포함된 건가요?

รวมภาษีหรือยัง
루-암파-씨-르-양
Does it include tax?

면세로 살 수 있나요?

ซื้อแบบไม่เสียภาษีได้ไหม
쓰-배-ㅂ마이씨-야파-씨-다이마이
Can I buy it tax-free?

택스 리펀드 서류도 주세요.

ออกใบกำกับภาษีให้ด้วย
어-ㄱ바이깜깝파-씨-하이두-아이
Please make me a tax refund form.

잘못 계산한 것 같아요.

เหมือนว่าจะคิดเงินผิด
므-안와-짜킷응어-ㄴ핏
I think there is a mistake in this bill.

거스름돈을 잘못 받았어요.

ทอนเงินผิด
터-ㄴ응어-ㄴ핏
You gave me the wrong change.

도움이 되는 단어장 WORD		
실크	ผ้าไหม 파-마이	
면	ผ้าฝ้าย 파-퐈-이	

린넨	ผ้าลินิน 파-리닌
모피	ขนสัตว์ 콘쌋
캐시미어	ผ้าแคชเมียร์ 파-캐ㅅ미-야
나일론	ไนลอน 나이러-ㄴ

폴리에스테르	โพลีเอสเตอร์ 포-리에-ㅅ뜨어-
가죽	หนัง 낭
인조가죽	หนังเทียม 낭티-얌
스웨이드	หนังกลับ 낭끌랍

즐겁게 자신만의 패션 스타일을 찾아봅시다.

마음에 드는 것을 찾아봅시다

원피스는 어디에 있나요?	ชุดวันพี่ชอยู่ตรงไหน 츳완피-ㅅ유-뜨롱나이 Where can I see a dress? 참고 P.57
여성복 코너는 어디에 있나요?	โซนขายเสื้อผ้าผู้หญิงอยู่ทางไหน 쏘-ㄴ카-이쓰-아파-푸-잉유-타-ㅇ나이 Where is the women's wear section?
다른 색깔이 있나요?	มีสีอื่นไหม 미-씨-으-ㄴ마이 Do you have it in different colors?
이거 **분홍색** 있나요?	อันนี้มีสีชมพูไหม 안니-미-씨-촘푸-마이 Do you have a pink one? 참고 P.61
저는 **M** 사이즈를 입어요.	ฉันใส่ไซส์เอ็ม 찬싸이싸이엠 My size is M. 참고 P.57
이거 **M** 사이즈 있나요?	อันนี้มีไซส์เอ็มไหม 안니-미-싸이엠마이 Do you have this in size M? 참고 P.57
볼 수 있을까요?	ขอดูได้ไหม 커-두-다이마이 May I see this?
가장 최신 스타일이 어떤 거예요?	แบบใหม่ล่าสุดคืออันไหน 배-ㅂ마이라-쑷크-안나이 Which one is the newest model?
거울 좀 볼 수 있을까요?	ขอดูกระจกได้ไหม 커-두-끄라쪽다이마이 Can I see the mirror?
입어 봐도 될까요?	ขอลองได้ไหม 커-러-ㅇ다이마이 May I try this on?
조금만 더 깎아 주실 수 있나요?	ลดให้อีกนิดได้ไหม 롯하이이-ㄱ닛다이마이 Please give me a discount.

귀엽다!
น่ารัก!
나-락

딱 맞아!
เข้ากันพอดี!
카오깐퍼-디

54

상품을 손으로 집을 때는…
한국과는 다르게 개어진 옷을 마음대로 펼치면 노골적으로 마음에 안 드는 표정을 짓는 곳이 많습니다. 반드시 점원에게 말을 걸어서 옷을 보여 달라고 부탁합니다.

너무 커[작아]요.	ใหญ่ [เล็ก] ไปหน่อย
	야이[렉]빠이너-이
	This is a little big [small].

이것보다 큰[작은] 것 있나요?	มีใหญ่ [เล็ก] กว่านี้ ไหม
	미-야이[렉]꽈-니-마이
	Do you have a bigger [smaller] one?

조금 껴요[커요].	คับ [หลวม] นิดหน่อย
	캅[루-암]닛너-이
	This is a little tight [loose].

너무 길어요[짧아요].	ยาว [สั้น] ไป
	야-우[싼]빠이
	This is too long [short].

사이즈가 맞지 않아요.	ไซส์ไม่พอดี
	싸이마이퍼-디
	It doesn't fit me.

유행에 민감한 당신이 알면 좋은 말

어떤 옷이 지금 유행인가요?
ชุดไหนกำลังฮิตอยู่ตอนนี้
춧나이깜랑힛유-떠-ㄴ니-
Which one is in fashion now?

도움이 되는 단어장 WORD

크다	ใหญ่ 야이	끼다	คับ 캅	얇다	บาง 바-ㅇ
작다	เล็ก 렉	길다	ยาว 야-우	두껍다	หนา 나-
맞지 않다 (크다)	หลวม 루-암	짧다	สั้น 싼	긴팔	แขนยาว 캐-ㄴ야-우
		딱 맞다	พอดี 퍼-디	반팔	แขนสั้น 캐-ㄴ싼
		튼튼하다	แข็ง 캥	민소매	แขนกุด 캐-ㄴ꿋

즐겁게 자신만의 패션 스타일을 찾아봅시다.

점원에게 물어봅시다

사이즈 조절 가능한가요?	ปรับไซส์ได้ไหม 쁘랍싸이다이마이 Can you adjust the size?
길이 조절 가능한가요?	ปรับความยาวได้ไหม 쁘랍콰-ㅁ야-우다이마이 Can you adjust the length?
시간이 얼마나 걸리나요?	ใช้เวลาเท่าไหร่ 차이웨-ㄹ라-타오라이 How long does it take?
유상[무상] 맞지요?	มีค่าใช้จ่าย [ไม่มีค่าใช้จ่าย] ใช่ไหม 미-카-차이짜-이[마이미-카-차이짜-이]차이마이 Is this for free?
내일까지 보관 가능할까요?	เก็บไว้ให้ถึงวันพรุ่งนี้ ได้ไหม 껩와이하이틍완프룽니-다이마이 Could you keep this until tomorrow?
색깔이 바래질까요?	อันนี้ สีตกไหม 안니-씨-똑마이 Will the color run?
세탁 가능한가요?	ซักได้ไหม 싹다이마이 Is this washable?

반품, 교환, 클레임이 있을 때는

상품을 교환하고 싶어요.	อยากจะเปลี่ยนสินค้า 야-ㄱ짜쁠리-얀씬카- I'd like to return this.
사이즈가 맞지 않아서 교환하고 싶어요.	ไม่ถูกไซส์ก็เลยอยากจะเปลี่ยน 마이투-ㄱ싸이꺼-르어-이야-ㄱ짜쁠리-얀 I'd like to change this because I had a wrong size.
오염[자국]이 있어서 교환하고 싶어요.	สกปรก [มีรอย] ก็เลยอยากจะเปลี่ยน 쏙까쁘록[미러-이]꺼-르어-이야-ㄱ짜쁠리-얀 I'd like to return [exchange] this because it has a stain[scratch].

56

LOOK

□□□□ 있나요?

มี □□□□ ไหม

미-□□□□마이

Do you have □□□□?

패션

แฟชั่น

퐤(f)-찬

เสื้อยืด
쓰-아유으-ㅅ

● 【티셔츠】

เสื้อผู้หญิง
쓰-아푸-잉

● 【블라우스】

เสื้อไหมพรม
쓰-아마이프롬

● 【니트】

เสื้อปอนโช
쓰-아뻐-ㄴ초-

● 【판초】

เสื้อกล้าม
쓰-아끌라-ㅁ

● 【민소매】

เสื้อชั้นใน
쓰-아찬나이

● 【속옷】

เสื้อคาดิแกน
쓰-아카-디깨-ㄴ

● 【카디건】

กระโปรง
끄라쁘로-ㅇ

● 【치마】

ชุดวันพีซ
춧완피-ㅅ

● 【원피스】

เสื้อกันหนาว
쓰-아깐나-우

● 【패딩】

เสื้อแจ็คเก็ต
쓰-아쨋껫

● 【재킷】

กางเกง
까-ㅇ께-ㅇ

● 【바지】

กางเกงยีนส์
까-ㅇ께-ㅇ이-ㄴ

● 【청바지】

กางเกงขาสั้น
까-ㅇ께-ㅇ카-싼

● 【반바지】

ชุดเดรส
춧드레-ㅅ

● 【드레스】

หมวก
무-악

● 【모자】

ผ้าคลุมไหล่
파-클룸라이

● 【목도리】

แว่นกันแดด
왜-ㄴ깐대-ㅅ

● 【선글라스】

ชุดว่ายน้ำ
춧와-이남

● 【수영복】

ถุงน่อง
퉁너-ㅇ

● 【스타킹】

เข็มขัด
켐캇

● 【벨트】

ยกทรง
욕쏭

● 【브래지어】

ถุงเท้า
퉁타오

● 【양말】

원포인트 옷 사이즈에 대해

태국의 옷은 보통 S, M, L 표기로 구분합니다. 하지만 체구가 작아서 한국의 S, M, L 사이즈보다 많이 작습니다. 꼭 한 번 입어 보고 사는 것을 추천합니다.

(여성복)

한국	5	7	9	11	13	15
태국	S		M		L	

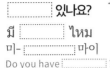

마음에 드는 구두&가방을 찾고 싶어요.

구두나 가방은 색깔이나 종류가 다양하므로 보는 것만으로도 즐겁습니다.
점원에게 확실하게 취향을 말하면 원하는 아이템을 얻을 수 있어요!

구두가게에서

이거 <u>36</u> 사이즈 있나요?	**อันนี้ มีไซส์ 36 ไหม** 안니-미-싸이싸-ㅁ씸혹마이 Do you have this in 36? <div align="right">참고 P.60</div>
좀 너무 딱 맞는[헐렁한] 것 같아요.	**รู้สึกว่าคับ [หลวม] นิดหน่อย** 루-쓱와-캅[루-암]닛너이 I think this is a little tight [loose].
이건 발이 조여요.	**มันบีบเท้า** 만비-ㅂ타오 These shoes are pinching my toes.
반 사이즈 정도 큰[작은] 사이즈가 있나요?	**มีไซส์ใหญ่ [เล็ก] กว่านี้ สักครึ่งไซส์ไหม** 미-싸이야이[렉]꽈-니-싹크릉싸이마이 Do you have half-size bigger [smaller] than this?
딱 맞아요.	**พอดี** 퍼-디- It's perfect.
굽이 너무 높아[낮아]요.	**ส้นสูง [เตี้ย] เกินไป** 쏜쑤-ㅇ[띠-야]끄어-ㄴ빠이 I think the heels are too high[low].
이거랑 잘 어울리는 신발이 있나요?	**มีรองเท้าที่เหมาะกับอันนี้ ไหม** 미-러-ㅇ타오티-머깝안니-마이 Do you have any shoes that go well with this?
부드러운 가죽 신발을 찾고 있어요.	**ฉันกำลังหารองเท้าหนังนิ่ม** 찬깜랑하-러-ㅇ타오낭님 I'm looking for swede boots.

도움이 되는 단어장
WORD

	여성 샌들	**รองเท้าแตะผู้หญิง** 러-ㅇ타오떼푸-잉	스니커즈	**รองเท้าสนีกเกอร์** 러-ㅇ타오싸닉끄어-
	발레리나 슈즈	**รองเท้าบัลเลต์** 러-ㅇ타오반레-	부츠	**รองเท้าบู๊ท** 러-ㅇ타오부-ㅅ
	하이힐	**รองเท้าส้นสูง** 러-ㅇ타오쏜쑤-ㅇ	발목부츠	**รองเท้าบู๊ทสั้น** 러-ㅇ타오부-ㅅ싼
슬리퍼	**รองเท้าแตะ** 러-ㅇ타오떼	로퍼	**รองเท้าโลเฟอร์** 러-ㅇ타오로풔(f)-	장화	**รองเท้าฝน** 러-ㅇ타오폰(f)

가방가게에서

검은색 가방을 원해요.
ต้องการกระเป๋าสีดำ
떠-ㅇ까-ㄴ끄라빠오씨-담
I want a black bag for work.

참고 P.61

단추[지퍼]가 있는 것을 원해요.
ต้องการอันที่มีกระดุม [ซิป]
떠-ㅇ까-ㄴ안티-미-끄라둠[씹]
I want one with buttons[zippers].

다른 색깔[무늬]도 있나요?
มีสี [ลาย] อื่นไหม
미-씨-[라-이]으-ㄴ마이
Do you have a different color[design]?

새 상품 있나요?
มีอันใหม่ไหม
미-안마이마이
Do you have a new one?

방수 되나요?
กันน้ำไหม
깐남마이
Is this waterproof?

진짜 가죽 맞지요?
อันนี้ หนังแท้ใช่ไหม
안니-낭태-차이마이
Is this real leather?

이 신발이랑 어울리는 가방이 있나요?
มีกระเป๋าที่เหมาะกับรองเท้าคู่นี้ ไหม
미-끄라빠오티-머깝러-ㅇ타오쿠-니마이
Do you have a bag that goes with this clothes?

도움이 되는 단어장 WORD

		어깨끈이 있다[없다]	**สายสะพาย**	솔더백	**กระเป๋าสะพาย**
		[없다]	미-[마이]미-ㄴ싸-이싸파-이		끄라빠오싸파-이
		호주머니, 포켓	**กระเป๋าเสื้อ**	여행가방	**กระเป๋าเดินทาง**
			끄라빠오 쓰-아		끄라빠오드어-ㄴ타-ㅇ
여행용	**สำหรับเดินทาง**	가죽으로 만들다	**ทำจากหนัง**	지퍼	**ซิป**
	쌈랍드어-ㄴ타-ㅇ		탐짜-ㄱ낭		씹
업무용	**สำหรับทำงาน**	천으로 만들다	**ทำจากผ้า**	후크	**ขอเกี่ยว**
	쌈랍탐응아-ㄴ		탐짜-ㄱ파-		커-끼-야우
일상용	**สำหรับทั่วไป**	핸드백	**กระเป๋าถือ**	단추	**กระดุม**
	쌈랍투아빠이		끄라빠오트-		끄라둠

59

LOOK

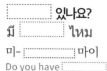

| _____ 있나요? |
| มี _____ ไหม |
| 미- _____ 마이 |
| Do you have _____ ? |

일반 잡화
แฟชั่นทั่วไป
패(f)-찬투아빠이

สร้อยคอ
써-이커-
● 【목걸이】

ต่างหู
따-ㅇ후-

● 【귀걸이】

สร้อยข้อมือ
써-이커-므-

● 【팔찌】

หมวก
무-악

● 【모자】

กระเป๋า
끄라빠오

● 【가방】

เข็มกลัดดอกไม้ผ้า
켐끌랏더-ㄱ마이파-

● 【코사지】

ผ้าพันคอ
파-판커-

● 【스카프, 머플러】

รองเท้า
러-ㅇ타오

● 【신발】

จี้
찌-

● 【팬던트, 참】

แหวน
왜-ㄴ
● 【반지】

ผ้าคลุมไหล่
파-클룸라이
● 【숄】

เข็มกลัด
켐끌랏
● 【브로치】

กระจก
끄라쪽
● 【거울】

ต่างหู
따-ㅇ후-
● 【귀걸이】

เข็มขัด
켐캇
● 【벨트】

ที่ห้อยโทรศัพท์
티-허-이토-라쌉
● 【휴대폰고리】

กระเป๋าสตางค์
끄라빠오싸따-ㅇ
● 【지갑】

นาฬิกาข้อมือ
나-리까-커-므-
● 【손목시계】

แว่นกันแดด
왜-ㄴ깐대-ㅅ
● 【선글라스】

ถุงเท้า
퉁타오
● 【양말】

ยกทรง
욕쏭
● 【브래지어】

เนคไท
네-ㄱ타이
● 【넥타이】

ชุดว่ายน้ำ
춧와-이남
● 【수영복】

ถุงน่อง
퉁너-ㅇ
● 【스타킹】

กางเกงขาสั้น
까-ㅇ께-ㅇ카싼
● 【반바지】

여성화 사이즈 표

한국	220	225	230	235	240	245	250
유럽 사이즈	34.5	35	36	37	37.5	38	38.5
미국 사이즈	5	5.5	6	6.5	7	7.5	8

LOOK

[_____] 색 있나요?

มีสี [_____] ไหม
미-씨- [_____] 마이

Do you have in [_____] ?

색
ㄹ
씨-

ดำ
담

● 【검은색】

ขาว
카-우

● 【흰색】

แดง
대-o

● 【빨간색】

น้ำเงิน
남응으어-ㄴ

● 【파란색】

เหลือง
르-앙

● 【노란색】

เขียว
키-야우

● 【초록색】

ชมพู
촘푸-

● 【분홍색】

ส้ม
쏨

● 【주황색】

ม่วง
무-앙

● 【보라색】

ขาวงาช้าง
카-우응아-차-o

● 【아이보리색】

เบจ
베-ㅅ

● 【베이지색】

น้ำตาล
남따-ㄴ

● 【갈색】

ทอง
터-o

● 【금색】

เงิน
응어-ㄴ

● 【은색】

무늬
ลาย
라-이

ลายทาง
라-이타-o

● 【줄무늬】

ลายตาราง
라-이따-라-o

● 【체크무늬】

ลายดอกไม้
라-이더-ㄱ마이

● 【꽃무늬】

ลายจุด
라-이쭛

● 【물방울무늬, 땡땡이 무늬】

ไม่มีลาย
마이미-라-이

● 【민무늬】

เป็นที่นิยม
뻰티-니욤

● 【유행하다】

61

실패 없이 화장품 사는 법을 알아 둡시다.

현지 여성들은 어떤 화장품을 쓰고 있을까요?
마음에 드는 화장품을 골라 봅시다.

태국에서 구하고 싶은 화장품은?
허브나 식물성 재료가 풍부한 태국에서는 자연 친화적인 화장품
이 놀랄 정도로 저렴한 가격에 팔리고 있습니다. 기념품으로도 추
천합니다. 꼭 찾아봐야 할 것은 스파 제품. 스파왕국이라는 명성에
걸맞게 고품질 아이템이 한가득입니다. 한 번 써 보세요!

화장품을 찾아봅시다

저는 아이크림을 찾고 있어요.	ฉันกำลังหาอายครีม
	찬깜랑하-아-이크리-ㅁ
	I'm looking for an eye-cream. 참고 P.64

민감성 피부에 사용 가 능한가요?	ใช้กับผิวแพ้ง่ายได้ไหม
	차이깝피우패-응아-이다이마이
	Can this be used on sensitive skin?

낮[밤]에 사용하는 것 맞죠?	ใช้ตอนกลางวัน [กลางคืน] ใช่ไหม
	차이떠-ㄴ끌라-ㅇ 완[끌라-ㅇ크-ㄴ]차이마이
	Is it for daytime-use [night time-use]?

방부제가[첨가물이] 들어 있나요?	ใช้สารกันเสีย [สารเติมแต่ง] ไหม
	차이싸-ㄴ깐씨-야[싸-ㄴ뜨어-ㅁ때-ㅇ]마이
	Are any antiseptics [additives] used?

화장품을 찾는 표현은 이것

건성 피부가 문제예요.

กังวลเรื่องผิวแห้ง
깡원르-앙피우해-ㅇ
I'm concerned about dry skin.

도움이 되는 단어장 WORD		다크써클	รอยคล้ำใต้ตา 러-이클람따이따-	민감성 피부	ผิวแพ้ง่าย 피우패-응아-이
		건조하다	แห้ง 해-ㅇ	건성 피부	ผิวแห้ง 피우해-ㅇ
기미	จุดด่างดำ 쭛다-ㅇ담	보습하다	รักษาความชุ่มชื้น 락싸-콰-ㅁ춤츠-ㄴ	보통 피부	ผิวธรรมดา 피우탐마다-
주름	ริ้วรอย 리우러-이	지성 피부	ผิวมัน 피우만	안티에이징	ต่อต้านริ้วรอย 떠-따-ㄴ리우러-이

집에서 스파에 간 기분 내기 ♪

살아있는 허브를 품은 허브볼 (P.64)
은 고급 스파에서도 사용하고 있는 스
파 용품입니다. 꼭 찾아서 구매해 보
세요.

이 색이랑 비슷한 색의 립스틱이 있나요?	มีลิปสติกสีใกล้เคียงกับสีนี้ ไหม
	미-립싸띡씨-끌라이키-양깝씨-니-마이
	Do you have lipsticks close to this color? 참고 P.64

다른 색 좀 볼 수 있을까요?	ขอดูสีอื่นหน่อยได้ไหม
	커-두-씨-으-ㄴ너-이다이마이
	Can I see the other colors?

어떤 게 새로 나온 색인가요?	อันไหนสีใหม่
	안나이씨-마이
	Which color is the new one?

이것보다 밝은 색[어두운 색] 파운데이션 있나요?	มีรองพื้น นสีอ่อน [สีเข้ม] กว่านี้ ไหม
	미-러-ㅇ프-ㄴ씨-어-ㄴ[씨-케-ㅁ]콰-니-마이
	Do you have a foundation in lighter [darker] color? 참고 P.64

발라 봐도 될까요?	ขอลองได้ไหม
	커-러-ㅇ다이마이
	Can I try this?

자외선 차단 성분이 있나요?	มีสารป้องกันรังสียูวีไหม
	미-싸-ㄴ뻐-ㅇ깐랑씨-유-위-마이
	Does it block UV rays?

이거랑 똑같은 거 5개 주세요.	ขอเหมือนกับอันนี้ 5 ชิ้น
	커-므-안깝안니-하-친
	I'd like five of these. 참고 P.150

전부 얼마인가요?	ทั้งหมดเท่าไหร่
	탕못타오라이
	How much is the total?

점원에게 물어 봅시다

이건 어떻게 쓰나요?

ชิ้น นี้ ใช้ยังไง
친니-차이양아이
How can I use this?

63

LOOK

⬜ 있나요? มี ⬜ ไหม 미- ⬜ 마이 Do you have ⬜?	**바디제품** ผลิตภัณฑ์ใช้กับตัว 팔릿따판차이깝뚜-아	**สบู่** 싸부 ● 【비누】
เกลืออาบน้ำ 끌르-아아-ㅂ남 ● 【목욕소금(바스솔트)】	**เจลขัดผิว** 쩨-ㄹ캇피우 ● 【필링젤】	**สครับขัดผิว** 싸크랍캇피우 ● 【바디스크럽】	**เจลอาบน้ำ** 쩨-ㄹ아-ㅂ남 ● 【샤워젤】
ออยล์ทาผิว 어-이타-피우 ● 【바디오일】	**ครีมทาตัว** 크리-ㅁ타-뚜-아 ● 【바디크림】	**บอดี้ มิลค์** 버-디-밀 ● 【바디밀크】	**บอดี้ มิสต์** 버-디-밋 ● 【바디미스트】
บอดี้ บัตเตอร์ 버-디-밧뜨어- ● 【바디버터】	**น้ำมันนวด** 남만누-앗 ● 【마사지오일】	**บาล์มสมุนไพร** 바-ㅁ싸문프라이 ● 【히브밤】	**ลูกประคบสมุนไพร** 루-ㄱ쁘라콥싸문프라이 ● 【허브볼】
น้ำมันมะพร้าว 남만마프라-우 ● 【코코넛오일】	**สครับขัดเท้า** 싸크랍캇타-오 ● 【풋스크럽】	**แฮนด์ครีม** 해-ㄴ크리-ㅁ ● 【핸드크림】	스파 제품은 선물용으로 좋아요.
헤어제품 ผลิตภัณฑ์ใช้กับผม 팔릿따판차이깝폼	**แชมพู** 채-ㅁ푸- ● 【샴푸】 **ครีมนวดผม** 크리-ㅁ누-앗폼 ● 【린스】	**แฮร์ทรีทเม้นท์** 해-트리-ㅅ메-ㄴ ● 【헤어 트리트먼트】	**แฮร์มาสก** 해-마-ㄱ ● 【헤어 마스크】

64

페이스 제품 ผลิตภัณฑ์ใช้กับหน้า 팔릿따판차이깝나	**สบู่ครีม** 싸부-크리-ㅁ ● 【클렌징크림】	**สครับขัดหน้า** 싸크랍캇나 ● 【페이스스크럽】	**สเปรย์เพิ่มความชุ่มชื้นให้หน้า** 싸쁘레-프어-ㅁ콰-ㅁ춤츠-ㄴ하이나 ● 【페이셜 미스트】

기본회화

맛집

쇼핑

뷰티

관광

엔터테인먼트

호텔

교통수단

기본정보

단어장

มาสก์หน้า 마-ㄱ나- ● 【마스크팩】	**แผ่นลดคริ้วรอย** 패-ㄴ롯크리우러-이 ● 【주름 패치】	**ลิปบาล์ม** 립바-ㅁ ● 【립밤】	**อายครีม** 아-이크리-ㅁ ● 【아이크림】
			ครีมกันแดด 크리-ㅁ깐대-ㅅ ● 【선크림】
기초 화장품 เครื่องสำอางพื้นฐาน 크르-앙쌈아-ㅇ프-ㄴ타-ㄴ	**โทนเนอร์** 토-ㄴ느어- ● 【토너】	**เซรั่ม** 쎄-람 ● 【세럼】	**ครีมน้ำนม** 크리-ㅁ남놈 ● 【밀크크림】
			ครีมมอยส์เจอร์ไรเซอร์ 크리-ㅁ머-이쯔어-라이쓰어- ● 【수분크림】
คอนซีลเลอร์ 커-ㄴ씨-ㄴ르어- ● 【컨실러】	**ผลิตภัณฑ์ล้างหน้า** 팔릿따판라-ㅇ나- ● 【손세정제】	**색조 화장품** เครื่องสำอางแต่งหน้า 크르-앙쌈아-ㅇ때-ㅇ나-	**รองพื้น** 러-ㅇ프-ㄴ ● 【파운데이션】
บีบีครีม 비-비-크리-ㅁ ● 【비비크림】	**คลีนซิ่ง** 크리-ㄴ씽 ● 【클렌징폼】		**บลัชออน** 브랏어-ㄴ ● 【블러셔】
ลิปสติก 립싸띡	**มาสคาร่า** 마-ㅅ카-라-	**ทำเล็บ** 탐렙	**อายแชโดว์** 아-이채-도- ● 【아이섀도우】
 ● 【립스틱】	● 【마스카라】	● 【네일】	**ลิปกลอส** 립끌러-ㅅ ● 【립글로스】

도움이 되는 단어장 WORD

		처지다	**หย่อนยาน** 여-ㄴ야-ㄴ	콜라겐	**คอลลาเจน** 커-ㄴ라-쩨-ㄴ
		모공	**รูขุมขน** 루-쿰콘	향료가 들어 있지 않다	**ไม่ใส่น้ำหอม** 마이싸이남허-ㅁ
여드름	**สิว** 씨우	피부가 하얗다	**ผิวขาว** 피우카-우	색소가 들어 있지 않다	**ไม่ใส่สี** 마이싸이씨-

귀여운 태국산 잡화를 사고 싶어요.

빛나는 광택의 태국 실크부터 천연 재료로 만든 물건까지.
개성 넘치는 태국산 잡화 중에서 마음에 드는 것을 찾아보세요.

꼭 사고 싶은 잡화는 여기

시유 타일
กระเบื้องเคลือบ
끄라브-앙클르-압

신선한 장식 문양이 아름다운 고급 자기, 벤자롱 무늬와 표면의 가는
무늬가 특징인 셀라돈 도자기 모두 갖고 싶어!

셀라돈 도자기
เครื่องดินเผาศิลาดล
크르-앙딘파오씰라-돈

벤자롱 도자기
เครื่องดินเผาเบญจรงค์
크르-앙딘파오베-ㄴ짜롱

여성용 스카프 주세요.
ขอผ้าพันคอของผู้หญิง
커-파-판커-커-ㅇ푸-잉

에스닉 패브릭
(전통 직물)
ผ้าทอประจำเผ่า
파-마이타이

에스닉한 전통 무늬 직물 중
에는 평소에도 사용할 수 있
는 아이템이 많이 있다.

태국 실크
ผ้าไหมไทย
파-터-쁘라짬파오

바구니
ตะกร้า
따끄라-

빛깔이 선명한 느낌의 바
구니부터 섬세하게 짠 바
구니까지 다양하게 있다.

독특한 광택과 색 조합이 아름답다. 딱
1개를 꼼꼼하게 보고 고르자!

마음에 드는 잡화를 발견하면

망가지기 쉬운 물건이니 포장해 주세요.	**ห่อให้ด้วยเนื่องจากเป็นของแตกง่าย** 허-하이두-아이느-앙짜-ㄱ뻰커-ㅇ때-ㄱ응아-이 Please wrap this well because it is fragile.
한국으로 보내 주실 수 있나요?	**ส่งไปที่เกาหลีให้หน่อยได้ไหม** 쏭빠이티-까올리-하이너-이다이마이 Can you send it to Korea?
다른 색 있나요?	**มีสีอื่นไหม** 미-씨-으-ㄴ마이 Do you have one in different colors? 참고 P.61
이거 깨지기 쉽죠?	**อันนี้ แตกง่ายใช่ไหม** 안니-때-ㄱ응아-이차이마이 Is this fragile?
두 세트 주세요.	**ขอ 2 ชุด** 커-써-ㅇ춧 Two pairs, please. 참고 P.150
이거랑 똑같은 거 5개 주세요.	**ขอเหมือนกับอันนี้ 5 ชิ้น** 커-므-안깝안니-하-친 Can I have five of these? 참고 P.150
이거랑 스타일은 같은데 이것보다 사이즈가 더 큰[작은] 게 있나요?	**มีแบบเดียวกันแต่ไซส์ใหญ่ [เล็ก] กว่านี้ ไหม** 미-배-ㅂ디-야우깐때-싸이야이[렉]꽈-니-마이 Do you have this in bigger[smaller] size?
선물 포장해 주세요.	**ห่อของขวัญให้ด้วย** 허-커-ㅇ콴하이두-아이 Could you wrap this as a gift?
따로따로 포장해 주세요.	**ห่อแยกกัน** 허-얘-ㄱ깐 Could you wrap these individually?
종이봉투 좀 주실 수 있나요?	**ขอถุงกระดาษหน่อยได้ไหม** 커-퉁끄라다-ㅅ너-이다이마이 Can I have a paper bag?

활기 넘치는 시장에서 커뮤니케이션 ♪

지역 사람들의 생활을 만나 볼 수 있는 시장을 탐색하러 떠나 봅시다.
태국의 야시장도 둘러보고 쇼핑 이외에 즐길 거리도 한가득!

시장을 둘러볼 때의 포인트!

쇼핑에 정신 팔려서 여기저기 돌아다니다 지치지 않도록 합니다. 시장 안의 포장마차나 카페를 이용하면서 틈틈이 수분을 보충하고 휴식을 취하는 걸 잊지 마세요!

단골손님이에요.
ลูกค้าประจำ
루-ㄱ카-쁘라짬

어서 오세요.
ยินดีต้อนรับ
인디-떠-ㄴ랍

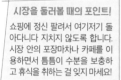

3개 이상 사면 깎아 드립니다!
ซื้อ 3 อันขึ้นไป ลด!
쓰-싸-ㅁ안큰빠이롯

(가격을) 이미 깎아 준 거야.
ลดแล้วนะ
롯래-우나

귀여워!
น่ารักจัง!
나-락짱

이거 유행하는 거야.
อันนี้กำลังฮิตนะ
안나-깜랑힛나

하나 주세요.
ขอ 1 อัน
커-능안

이 가격은 어때?
ราคาเท่านี้เป็นอย่างไร
라-카-타오나-뻰야-ㅇ라이

얼마예요?
เท่าไหร่
타오라이

68

방콕의 야시장

온눗 야시장

여성용 옷 가게가 대부분인 패션 시장. 현지 여성들과 관광객 모두에게 인기입니다.

시암 야시장

유행에 맞는 물건들이 많고 언제나 젊은이들의 활기가 넘치는 곳입니다.

시장에서 도전!

가격 흥정을 해 봅시다.

1 물건을 보여 달라고 합시다.

원하는 물건을 발견하면 먼저 상태를 체크합니다. 손으로 직접 만져 보고 확인해요.

2 가격 흥정

사려고 마음먹었다면 점원에게 말합시다. 계산기를 한 손으로 들고 가격 흥정 시작!

3 계산 디스카운트

희망 가격을 계산기로 보여 줍니다. 가격 차이가 있다면 정리해서 다시 흥정!

4 물건 획득!

5개 이상 사면 도매 가격에 판매하는 경우가 많습니다.

시장에서 쇼핑을 할 때 가격 흥정을 할 수도 있지만, 무리하게 깎아 달라고 하지는 맙시다. 파는 사람과 소통하는 재미로 가볍게 가격 흥정을 해 봅시다.

이 원피스 150바트로 깎아 주실 수 있어요?

ชุดวันพีชตัวนี้ ลดเหลือ 150 ได้ไหม
츳완피-ㅅ푸-아니-롯르-아능러-이하-씁다이마이
Could you make this dress 150 Baht?

오케이. 그래요.

โอเค ตกลง
오-케- 똑롱
OK, fine.

참고 P.150

시장	**ตลาด** 딸라-ㅅ

관광안내소	**ศูนย์บริการนักท่องเที่ยว** 쑤-ㄴ비-리까-ㄴ낙터-ㅇ티-야우	화장실	**ห้องน้ำ** 허-ㅇ남
안내도	**แผนผัง** 패-ㄴ팡	입구	**ทางเข้า** 타-ㅇ카-오
계산기	**เครื่องคิดเลข** 크르-앙킷레-ㄱ	출구	**ทางออก** 타-ㅇ어-ㄱ

슈퍼마켓, 시장에서 기념품을 즐겁게 찾아봅시다.

기념품을 사는 게 망설여진다면 슈퍼마켓이나 시장에 가 봅시다.
인스턴트 식품이나 간단한 화장품, 태국 분위기가 물씬 나는 기념품을 살 수 있습니다.

라면
บะหมี่กึ่ง
สำเร็จรูป
바미-끙쌈렛
루-ㅂ

가볍고 저렴한 기념품으로 딱! 똠
얌꿍 맛이 가장 대중적입니다.

컵라면
บะหมี่ถ้วย
바미-투-아이

부피가 조금 있지만 간편하게 먹
을 수 있기 때문에 직장 동료들에
게 기념품으로 제격입니다.

건조과일
ผลไม้แห้ง
폰라마이해-ㅇ

동남아시아 느낌의 다양한 과일
이 있습니다. 한국에서 보기 드문
맛을 고르는 것도 좋습니다.

고체 수프
ซุปก้อน
쑵꺼-ㄴ

똠얌꿍이나 똠카가이 등 태국의
맛을 간편하게 재현!

고체 커리
แกงกะหรี่
ก้อน
깨-ㅇ까리-꺼-ㄴ

그린, 옐로우, 레드커리를 비롯한
다채로운 맛이 출시되어 있습니
다.

스낵
ขนม
ขบเคี้ยว
카놈콥키-야우

종류가 다양한 스낵 과자 중에서
는 매콤한 맛을 추천합니다. 패키
지 상품도 좋습니다.

한마디 표현

얼마예요?
เท่าไหร่
타오라이

추천하는 것이 있나요?
มีอันไหนแนะนำบ้าง
미-안나이내남바-ㅇ

○○ 주세요.
ขอ~
커-

100그램 주세요.
ขอ 100 กรัม
커-능러-이끄람

영수증도 주세요.
ขอใบเสร็จด้วย
커-바이쎗두-아이

5개 주세요.
ขอ 5 ชิ้น
커-하-친

양을 줄여 주세요.
กรุณาลดปริมาณ
까루나-롯빠리마-ㄴ

양을 늘려 주세요.
กรุณาเพิ่มปริมาณ
까루나-프어-ㅁ빠리마-ㄴ

액젓
น้ำปลา
남쁠라-

태국을 대표하는 조미료. 볶음 요리를 할 때 소량을 넣으면 태국의 풍미를 느낄 수 있습니다.

간장
ซอสถั่ว
เหลือง
써-스투아르-앙

진간장과 맛이 비슷하지만 피시 소스와 같은 독특한 향이 없습니다.

허브밥
ข้าว
สมุนไพร
카-우싸문프라이

허브로 색을 낸 쌀. 로제라의 빨간 쌀은 지방 분해 효과도 있답니다.

백차티백
ถุงชาขาว
퉁차-카-우

재스민이 들어간 깊은 맛의 백차. 패키지도 고급스럽고 멋집니다.

망고스틴 껍질 비누
สบู่เปลือกมังคุด
싸부-쁠르-악망쿳

미백 효과가 있고 한국에서 사는 것보다 더 저렴하게 살 수 있습니다. 친구들에게 기념품으로 딱!

허브볼
ลูกประคบ
สมุนไพร
루-ㄱ쁘라콥싸문
프라이

고급 스파에서도 사용하고 있는, 살아있는 허브를 감싼 볼입니다.

포장을 부탁합시다

개별 포장해 주세요.	**กรุณาห่อทีละชิ้น** 까루나-허-티-라친 Could you wrap these individually?

봉지 <u>하나</u> 더 주세요.	**ขอถุงอีก 1 ใบ** 커-퉁이-ㄱ능바이 Can I have another bag, please?

참고 P.150

큰 봉지에 넣어 주세요.	**กรุณาใส่ถุงใบใหญ่** 까루나-싸이퉁바이야이 Could you put it in the large bag?

치앙마이에는 핸드메이드 잡화들이 한가득!

아름다운 수공예품이 넘쳐나는 치앙마이.
나를 위한 물건, 지인을 위한 기념품으로 마음에 드는 것을 찾아봅시다.

똑같은 거 2개 주세요.
ขอเหมือนกัน 2 อัน
커-므-안깐써- ㅇ안

인형
ตุ๊กตา
뚝까따-
태국 실크로 만든
귀여운 곰

바구니
ตะกร้า
따끄라-
등나무로 정성스럽게 엮어
만든 바구니

초 & 촛대
เทียน & เชิงเทียน
티-얀 & 츠어-ㅇ티-얀
동글동글한 모양에 귀여운
셀러돈 무늬의 코끼리

다른 색깔 있나요?
มีสีอื่นไหม
미-씨-으-ㄴ마이

핸드백
กระเป๋าถือ
끄라빠오 트-
컬러풀한 비즈가 포인트

치앙마이에서 쇼핑

밤마다 열리는 큰 규모의 나이트 플리마켓에서는 수공예품도 다양하게 팔아 기념품을 사기에 제격입니다. 가격을 비싸게 부르니 살 물건을 미리 정해 두고 가격을 깎는 것이 중요합니다.

찻주전자 & 찻잔
กาน้ำชา & ถ้วยชา
-깐남차- & -투-아이차-
아름다운 색의
셀러던 무늬

정말 아름다워요!
สวยงามมากเลยนะ!
쑤-아이응아-ㅁ
마-ㄱ르어-이나

손가방
กระเป๋าหิ้ว
끄라빠오히우
귀여운 핸드메이드
주머니

식탁보
ผ้าปูโต๊ะ
파-뿌-또
소박함이 매력적인
식탁보

가방
กระเป๋า
끄라빠오
내추럴한 소재로 성숙한
분위기가 난다.

망가지지 않게 포장해
주실 수 있나요?
กรุณาห่อเพื่อไม่ให้แตกได้ไหม
까루나-허-프-아마이하이
때-ㄱ다이마이

정이 넘치는 풍경, 수상시장으로

방콕은 옛날부터 '동양의 베니스'라고 불렸습니다.
그 시대의 풍경이 남아 있는 수상시장에 조금 빨리 일어나 가 보면 어떨까요?

What's 수상시장

운하에 물건을 쌓아 둔 배가 다니며, 뱃사공이 연안에 쌓아둔 물건을 팔러 다니는 시장. 태국어로는 ตลาดน้ำ(딸라-ㅅ남)이라고 하는데 직역하면 '물 시장'이라는 뜻입니다.

방콕에서 제일가는 번화한 시장
담넌사두억

ดำเนินสะดวก 담느어-ㄴ싸두-억

라마 4세 시대에 만들어진 운하에서 매일 아침 열리며, 방콕에서 제일 번화한 곳 중 하나이다. 아침 5시쯤부터 과일이나 야채, 공산품 등을 쌓은 작은 배가 지나다니고 7~9시쯤에는 더 활발해진다.

느긋한 분위기의 서민적 시장
딸링찬

ตลิ่งชัน 딸링찬

챠크브라 운하 연안에 있으며 옛날부터 소박한 분위기를 이어오던 곳이다. 여기는 작은 배로 물건을 팔러 오는 것이 아니라 계류하고 있는 작은 배에서 여러 물건들을 구매하는 스타일이다.

현지인에게 인기 있는 당일치기 관광지
암파와

อัมพวา 암파와-

요즘 현지인에게 인기 있는 관광지로 주말에는 많은 젊은이들이 몰려든다. 운하 연안에서 열리는 시장에는 물건 파는 배들도 왕래한다. 밤이 되면 반딧불이가 빛나는 모습을 볼 수 있는 보트투어도 인기다.

일반 상품
สินค้าทั่วไป 씬카-투아빠이

모자
หมวก 무-악

수상시장에서는
이런 물건을 살 수 있어요.

간식
ขนม 카놈

해산물
อาหารทะเล 씨-푸-스

생과일주스
น้ำผลไม้สด 남폰라마이쏫

과일
ผลไม้ 폰라마이

원 포 인 트 수상시장 쇼핑의 포인트

태국에서만 느낄 수 있는 묘미를 만끽할 수 있는 수상시장.
오고 가는 배를 보는 것만으로도 즐겁습니다. 가격은 부르는 게 값이에요!

❶ 가격을 흥정한다.

배를 멈추고 가격 흥정을 시작합니
다. 성공했다면 물건과 돈을 교환합
니다.

❷ 오전 중에 가자!

시장이 활기를 띠는 시간은 아침
7~9시쯤입니다. 정오가 지나면 해
산하는 분위기입니다.

❸ 주변의 가게도 체크

운하의 양옆을 거닐다 보면 쇼핑할
수 있는 곳과 식당이 있으므로 미리
체크하는 것도 좋아요.

주문 제작에 도전해 봅시다.

진입 장벽이 조금 높지만 주문 제작에 도전해 볼까요?
한국보다도 저렴하고 자신의 스타일대로 주문할 수 있는 점이 매력적입니다.

| 주문 제작에 도전 하면 좋을 물건은 여기 |

신발
รองเท้า
러-ㅇ타오

형태나 리본, 높이 등
자신에게 맞는 구두를
주문할 수 있다.

천
ผ้า
파-

먼저 옷감을 사고 그 후에
직조해 달라고 한다. 한국에
서 고가에 팔리는 커튼 등이
인기가 있다.

옷
เสื้อผ้า
쓰-아파-

태국 실크가 인기가 있다.
한국보다 저렴하게
제작할 수 있다.

장신구
เครื่องประดับ
크르-앙쁘라답

은이나 비즈 등 자신이
좋아하는 부속품을 골라
원하는 모양으로 만들 수 있다.

> 사이즈 오류나 배송 착
> 오 등도 자주 일어나므
> 로 주문할 때는 확실하
> 게 확인합시다. 발송할
> 때는 문의처에 꼼꼼히
> 물어보세요.

주문표를 활용합시다.

상품명 ชื่อสินค้า 츠-씬카-	수량 จำนวน 짬누-안	크기 ขนาด 카나-ㅅ
플랫슈즈 รองเท้าส้นแบน 러-ㅇ타오쏜배-ㄴ	컬레	_____ (__cm)
하이힐 รองเท้าส้นสูง 러-ㅇ타오쏜쑤-ㅇ	컬레	_____ (__cm)
부츠 รองเท้าบูท 러-ㅇ타오부-ㅅ	컬레	_____ (__cm)
코트 เสื้อโค้ท 쓰-아코-ㅅ	벌	_____ (__호)
목걸이 สร้อยคอ 써-이커-	개	_____ (__cm)
가방 กระเป๋า 끄라빠오	개	__cm×__cm ×__cm

상품명 ชื่อสินค้า 츠-씬카-	수량 จำนวน 짬누-안	크기 ขนาด 카나-ㅅ
식탁보 ผ้าปูโต๊ะ 파-뿌-또	매	__cm×__cm
베갯잇 ปลอกหมอน 쁠러-ㄱ머-ㄴ	매	__cm×__cm
침대보 ผ้าคลุมเตียง 파-클룸띠-양	매	침대 크기 __cm×__cm
소파 커버 ผ้าคลุมโซฟา 파-클룸쏘-퐈(f)-	매	__cm×__cm
커튼 ผ้าม่าน 파-마-ㄴ	매	__cm×__cm

1 디자인, 색, 소재를 고른다.
가게에 있는 샘플을 참고해 자신이 좋아하는 것을 고릅니다. 잡지 등을 가지고 가는 것도 좋아요.

2 치수 재기
사이즈를 잽니다. 측정이 끝난 후에 잘못 기입될 수도 있기 때문에 사이즈를 반드시 확인하세요.

3 완성
상품은 하루에서 한 달 정도 걸립니다. 배송받는 경우에는 문의처에 언제쯤 도착하는지 확실하게 확인하세요.

주문해 봅시다

▢ 해/만들어 주세요. Please make it ▢.
กรุณาทำ ▢ 까루나 탐 ▢

신발	รองเท้า 러-ㅇ타오
리본	โบว์ 보-
체크 무늬	ลายตาราง 라-이따-라-ㅇ
물방울무늬	ลายจุด 라-이쭛
호피 무늬	ลายเสือ 라-이쓰-아
단추	กระดุม 끄라둠
스팽글	เลื่อม 르-암
슬리퍼, 샌들	รองเท้าแตะ 러-ㅇ타오때
동물 무늬	ลายสัตว์ 라-이쌋
방수	กันน้ำ 깐남
웨지힐	ลิ่ม 림
캐주얼	ไม่เป็นทางการ 마이뻰타-ㅇ까-ㄴ
가죽	หนัง 낭
플랫	ส้นแบน 쏜배-ㄴ
높은 굽	ส้นสูง 쏜쑤-ㅇ
깔창	พื้นรองเท้า 프-ㄴ러-ㅇ타오

장신구	เครื่องประดับ 크르-앙쁘라답
목걸이	สร้อยคอ 써-이커-
귀걸이	ต่างหู 따-ㅇ후-
팔찌	สร้อยข้อมือ 써-이커-므-
걸이, 체인	สายคล้อง 싸-이클러-ㅇ
원석	หิน 힌
구슬, 비즈	ลูกปัด 루-ㄱ빳
끈	เชือก 츠-악

옷	เสื้อผ้า 쓰-아파-
소가죽	หนังวัว 낭우아
양가죽	หนังแกะ 낭깨
태국 실크	ผ้าไหมไทย 파-마이타이
코듀로이	ผ้าลูกฟูก 파-루-ㄱ푸(f)-ㄱ

천, 원단	ผ้า 파-
스판	ยืด 유으-ㅅ
주름	จีบระบาย 찌-ㅂ라바-이
벨벳	กำมะหยี่ 깜마이-
공단, 새틴	ซาติน 싸-띤
폴리에스테르	โพลีเอสเตอร์ 포-리-에-ㅅ뜨어-
줄무늬	ลายทาง 라-이타-ㅇ
스웨이드	หนังกลับ 낭끌랍
스티치, 자수	ปักเดินเส้น 빡드어-ㄴ쎄-ㄴ
불연성	ไม่ติดไฟ 마이띳퐈(f)이
햇빛 차단	กันแดด 깐대-ㅅ
인조 가죽	หนังเทียม 낭티-암
청바지	ยีนส์ 이-ㄴ

77

스파, 마사지로 아름다움을 유지하자 ♪

해외에서 재충전을 위해서는 마사지나 에스테틱을 빼놓을 수 없겠죠.
의사를 확실하게 전달한다면 평소보다 더 편안하게 쉴 수 있지요.

먼저 예약을 합시다

예약을 하려고 합니다.	อยากจะขอจองที่ 야-ㄱ짜커-쩌-ㅇ티- I'd like to make an appointment.
내일 오후 4시 2명이요.	พรุ่งนี้ 4 โมงเย็น 2 คน 프룽니-씨-모-ㅇ예-ㄴ써-ㅇ콘 For two people tomorrow at four o'clock, please. 참고 P.150 참고 P.152
60분짜리 전신 마사지를 하려고 합니다.	อยากจะนวดทั้งตัว 60 นาที 야-ㄱ짜누-앗탕뚜-아훅씹나-티- I'd like to have a full-body massage for sixty minutes. 참고 P.150
한국어를 할 수 있는 사람이 있나요?	มีคนพูดภาษาเกาหลีได้ไหม 미-콘푸-ㅅ파-싸-까올리-다이마이 Is there anyone who speaks Korean?
몇 시에 예약할 수 있나요?	จองได้ตอนกี่โมง 쩌-ㅇ다이떠-ㄴ끼-모-ㅇ What time can I make an appointment?
몇 시까지 도착해야 하나요?	ต้องไปถึงตอนกี่โมง 떠-ㅇ빠이틍떠-ㄴ끼-모-ㅇ What time should I be there?
한국어 메뉴판이 있나요?	มีเมนูภาษาเกาหลีไหม 미-메-누-파-싸-까올리-마이 Do you have a Korean menu?
가격표를 볼 수 있을까요?	ขอดูตารางราคาได้ไหม 커-두-따-라-ㅇ라-카-다이마이 Can I see the price list?
얼굴 마사지도 있나요?	มีนวดหน้าไหม 미-누-앗나-마이 Can I have a facial?
어떤 코스가 있나요?	มีคอร์สแบบไหนบ้าง 미-커-ㅅ배-ㅂ나이바-ㅇ What kind of packages do you have?

어떤 효과가 있나요?	**มีผลอย่างไรบ้าง** 미-폰야- ㅇ 라이바- ㅇ What kind of effects does it have?
네일아트도 할게요.	**ขอทำเล็บเพิ่มด้วย** 커-탐렙프어- ㅁ 두-아이 I'd like to have nails done too.
여자 마사지사로 부탁합니다.	**ขอช่างนวดผู้หญิง** 커-차- ㅇ 누-앗푸-잉 I'd like a female therapist.
같은 방에서 할 수 있나요?	**ขออยู่ห้องเดียวกันได้ไหม** 커-유-허- ㅇ 디-야우깐다이마이 Can we have it in the same room?
얼굴 팩도 포함되어 있는 건가요?	**รวมพอกหน้าด้วยหรือเปล่า** 루-암퍼- ㄱ 나-두-아이르-쁠라오 Is the facial pack included?
남자도 마사지를 받을 수 있나요?	**ผู้ชายนวดได้ไหม** 푸-차-이누-앗다이마이 Can males have a massage?
<u>타이 마사지</u>는 처음이에요.	**มานวดแผนไทยเป็นครั้งแรก** 마-누-앗패- ㄴ 타이뻰크랑래- ㄱ This is my first time to have Thai massage.

취소, 변경은 여기

예약을 미루고 싶어요.	**อยากจะเลื่อนจอง** 야- ㄱ 짜르-안쩌- ㅇ I'd like to change the appointment.
오후 4시에 예약한 <u>유나</u>인데요. 예약을 취소하려고요.	**ฉันยูนาที่จองไว้ตอน 4 โมง อยากจะขอยกเลิก** 찬유-나-티-쩌- ㅇ 와이떠- ㄴ 씨-모- ㅇ 야- ㄱ 짜커-욕르어- ㄱ I'm Yuna that made a four o'clock appointment, but I'd like to cancel it.

참고 P.152

도움이 되는 단어장 WORD		내일	**พรุ่งนี้** 프룽니-	오후	**บ่าย** 바-이
		모레	**มะรืนนี้** 마르-ㄴ니-	저녁	**ตอนเย็น** 떠- ㄴ 옌
오늘	**วันนี้** 완니-	아침	**เช้า** 차오	밤	**กลางคืน** 끌라- ㅇ 크- ㄴ

스파, 마사지로 아름다움을 유지하자 ♪

접수~시술

예약한 <u>유나</u>입니다.	**ฉันยุนาที่จองไว้** 찬유-나-티-쩌-ㅇ와이 I'm Yuna, I have an appointment.
예약은 안 했는데요, <u>2</u>명 자리가 있나요?	**ไม่ได้จองไว้ มีคิวสำหรับ 2 คนไหม** 마이다이쩌-ㅇ와이 미-키우쌈랍써-ㅇ 콘마이 We didn't make an appointment but can the two of us have a massage?
화장실 좀 써도 될까요?	**ขอใช้ห้องน้ำได้ไหม** 커-차이허-ㅇ남다이마이 May I use the restroom?
락커는 어디에 있나요?	**ล็อคเกอร์อยู่ที่ไหน** 러-ㄱ끄어-유-티-나이 Where is the locker?
옷은 어디서 벗을 수 있 나요?	**ถอดชุดได้ที่ไหน** 터-ㅅ춧다이티-나이 Where do I take off my clothes?

카운슬링(사전 문진표)에 대한 간단한 해설

시술 전에는 카운슬링(사전 문진표)이 들어간다. 카
운슬링은 당일 몸 상태와 받고 싶은 코스 등을 확인
한다. 임신 중이거나 알레르기가 있는 경우에는 미리
이야기해 두자.

알레르기
구체적으로 어떤
반응이 일어나는
지, 증상이 일어
났을 때 어떤 부
위에서 일어나는
지 등을 자세하
게 적는다.

피부 타입
본인 피부 타입
을 적는다(지성,
건성 등). 옆의 표
를 참고!

미리 말해 둡시다

생리 중입니다.	มีประจำเดือน 미-쁘라짬드-안
어깨가 결렸어요.	ไหล่ตึง 라이뜽
임신 중입니다.	กำลังท้องอยู่ 깜랑터-ㅇ유-

카운슬링(사전 문진표)

ชื่อ(이름) : ＿＿＿＿＿

วันเดือนปีเกิด (생년월일) :
＿＿＿＿＿

อายุ(나이) : ＿＿＿＿＿

ภูมิแพ้(알레르기) :
ม(있음) / ไม่ม(없음)

สภาพร่างกาย(신체 상태) :
ดี(좋음) / ไม่ดี (좋지 않음)

ประเภทผิว(피부 타입) :
＿＿＿＿＿

ปัญหาผิว(피부 문제) :
＿＿＿＿＿

도움이 되는 단어장 WORD

민감성 피부	ผิวแพ้ง่าย 피우패-응아-이	지성 피부	ผิวมัน 피우만
건성 피부	ผิวแห้ง 피우해-ㅇ	보통 피부	ผิวธรรมดา 피우탐마다-

기분이 좋아지기 위해 외워 두면 좋을 표현은 여기

여기는 건들지 마세요.	กรุณาอย่าแตะตรงนี้ 까루나-야-때뜨롱니- Please don't touch here.
좀 더 세게[살살] 해 주세요.	กรุณาทำให้แรง [เบา] อีกหน่อย 까루나-탐하이래- ㅇ [바오]이- ㄱ너-이 Could you make it stronger [weaker]?
이곳은 보지 마세요.	กรุณาอย่าดูตรงนี้ 까루나-야-두-뜨롱니- Please ignore this part.
이건 무슨 향인가요?	นี่คือกลิ่นอะไร 니-크-끌린아라이 What is this scent?
좋아요. / 아파요!	กำลังดี /เจ็บ! 깜랑디-/쩹 It's OK. / It hurts!
기분이 매우 좋아요.	รู้สึกดีมากๆ 루-쓱디-막마-ㄱ I feel good.
별로 좋지 않아요.	รู้สึกไม่ค่อยดี 루-쓱마이커-이디- I feel a little ill.
물 좀 주세요.	ขอน้ำหน่อย 커-남너-이 Some water, please.

끝나고 나서 한마디

좋아진 것 같아요.	รู้สึกดีขึ้นแล้ว 루-쓱디크-ㄴ래-우 It was very nice.
이 제품 좀 살 수 있을까요?	ขอซื้อเครื่องสำอางชิ้น นี้ ได้ไหม 커-쓰-크르-앙쌈아- ㅇ 친니-다이마이 Can I buy these cosmetics?

태국에는 여러 가지 종류의 스파가 있습니다.

여행의 피곤함을 풀고 예뻐지기 위해 스파로 힐링해 보세요.
태국에서는 세계에서 유명한 스파 마니아가 인정한 합리적인 스파도 즐길 수 있답니다.

스파 코스가 다양합니다

다양한 스파 코스 중에서
자신이 좋아하는 코스를
선택해 보세요.

허브볼 마사지
นวดด้วยลูกประคบสมุนไพร
누-앗두-아이루-ㄱ쁘라콥싸문프라이

몇 가지 종류의 허브를 천으로 싸
서 찐 버블볼로 마사지.

아로마 마사지
นวดอโรมา
누-앗아로-마-

아로마 오일을 이용한 마사지. 아
로마 향기는 진정 효과를 배로 볼
수 있게 해 준다.

타이 마사지
นวดแผนไทย
누-앗패-ㄴ타이

요가, 지압 등을 융합한 태국의 독
자적인 민간요법 마사지.

스톤 마사지
นวดหิน
누-앗힌

따뜻한 스톤을 몸에 올려 기분을
완화시켜 주는 마사지.

바디 스크럽
บอดี้ สครับ
버-디-싸크랍

오래된 각질층이나 모공의 더러운
성분을 빼내고 피부를 매끈하게
정리해 준다.

(기분이) 좋아요.
รู้สึกดี
루-쓱디-

스웨디시 마사지
นวดสวีดิช
누-앗싸위-딧

근육에 적당한 자극을 주어 혈행을
촉진시키는 오일 마사지.

아유르베다 마사지
นวดอายุรเวท
누-앗아-유라웨-ㅅ

고대 인도에서 전해 온 전통 의학을
기초로 한 마사지.

▌스파에 가기 전에 check!

예약
숍에 바로 가도 예약이
차 있는 경우도 있습니다.
사전 예약을 추천합니다.

숍으로
예약 15분 전에는 도착하
도록 합니다. 여유를 가지
고 출발합니다.

맡길 물건
귀중품은 시설 내의 보
관함에 맡기세요.

팁
테라피스트에게 팁을 줄
때는 1시간에 50~100B
정도가 적당합니다.

예산과 기분에 맞춰 숍을 예약합시다

기본
회화

마사지

쇼핑

뷰티

관광

엔터테인먼트

호텔

교통수단

기본
정보

단어장

╲독채가옥 스파╱

트리트먼트뿐만 아니라 인테
리어나 아름다운 정원도 감상
할 수 있어요.

╲호텔 스파╱

호텔 내부에 있는 고급 스파.
세계적으로 유명한 스파도 많
습니다.

╲마사지숍╱

저렴한 가격으로 예약도 불필
요합니다. 대부분의 숍에서 태
국 전통 마사지를 받을 수 있
습니다.

╲번화가의 스파╱

번화가에 위치한 스파숍에서
합리적인 트리트먼트를 받을
수 있습니다.

원포인트 아로마 오일의 종류

레몬그라스   Lemongrass

ตะไคร้
띠 그라이

살균력이 있어 모공을 축소시키는 작
용도 한다.

라벤더   Lavender

ลาเวนเดอร์
라-웨-ㄴ더어-

기분을 온화하게 하고 근육통 등 많
은 증상을 좋게 해 준다.

로즈메리   Rosemary

โรสแมรี่
로-ㅅ메-리-

근육을 부드럽게 한다. 시차 적응을
해소하고 싶을 때 효과적이다.

카모마일   Chamomille

คาโมมาย
카-모-마-이

답답함을 없애 줄 뿐만 아니라 항바
이러스 작용도 한다.

티트리   Teatree

ต้นชา
똔차-

청량감이 넘치는 상쾌한 향기. 살균
효과가 크다.

일랑일랑   Ylang Ylang

กระดังงา
끄라당응아-

이국적인 달달한 향기. 호르몬 분비에
도 효과가 있다.

생강   Ginger

ขิง
킹

한국에서도 대중적인 약재로 쓰이며
냉증과 혈행 촉진에 효과적이다.

베르가모트   Bergamot

มะกรูด
마끄루-ㅅ

고급스러운 감귤향은 진정 효과를 얻
고 싶은 사람에게 딱이다.

샌들우드   Sandalwood

แก่นจันทร์
깨-ㄴ짠

스킨 케어 및 만성 기관지염, 목 통증
등에 효과가 있다.

LOOK

⬚ 을 하고 싶습니다. อยากจะทำ ⬚ 야-ㄱ짜탐 ⬚ I'd like to do ⬚.	**เมนู** 메뉴 เมนู 메-누-	**อบไอน้ำ** 옵아이남 ● 【사우나】 **อาบน้ำนม** 아-ㅂ남놈 ● 【밀크 배스】

นวดหน้า 누-앗나-	นวดเท้า 누-앗타오	นวดหัว 누-앗후-아	
			(기분이) 좋아요. รู้สึกดี 루-쓱디
● 【얼굴 마사지】	● 【발 마사지】	● 【두피 마사지】	

แช่ตัวในอ่างดอกไม้ 채-뚜-아나이아-ㅇ더-ㄱ마이 【꽃잎 스파】	นวดมือ 누-앗므- 【손 마사지】	นวดฝ่าเท้า 누-앗퐈(f)-타오 【발바닥 마사지】	นวดตัว 누-앗뚜-아
อ่างจากุซซี่ 아-ㅇ짜-꿋씨- ● 【자쿠지 스파】	นวดไหล่ 누-앗라이 ● 【어깨 마사지】	กดจุด 꼿쭛 ● 【지압】	● 【전신 마사지】

สครับ ราคา 스크럽 재료 วัตถุดิบของสครับ 왓투딥키-ㅇ싸크랍	천연 소재로 만들어진 것 을 추천해요! 	**สมุนไพรไทย** 싸문프라이타이 레몬그라스 등의 허브는 몸을 충전시켜 준다. ● 【태국 허브】	**ข้าว** 카-우 윤기와 탄력을 높이는 천연 스 크럽 재료 ● 【쌀】

เกลือ 끌르-아 천연 미네랄이 함유되어 있어 피부가 촉촉해진다. ● 【소금】	มะละกอ 마라꺼- 피지의 좋은 점을 유지하면서 오래된 각질을 제거하여 수분 을 공급한다. ● 【파파야】	มะเขือเทศ 마크-아테-ㅅ 피지 흡수와 보습이 뛰어나 피부가 촉촉해진다. ● 【토마토】	มะขาม 마카-ㅁ 미용 효과에 좋은 과일산이 가득. 피부를 밝게 해 준다. ● 【타마린드】
สาหร่าย 싸-라-이 비타민E를 함유하고 있어서 건조한 피부에 좋다. ● 【해초】	มะพร้าว 마프라-우 손상된 피부를 리커버하고 균형을 잡아 준다. ● 【코코넛】	แตงกวา 때-ㅇ꽈- 새로운 세포 생성에 좋다. ● 【오이】	

LOOK

[   ] ~인 것 같아요.

รู้สึก [   ]

루-쓱 [   ]

I'm concerned about [   ].

상태
อาการ
아-까-ㄴ

รอยย่น
러-이욘
● 【주름】

ความหมองคล้ำ
콰-ㅁ머-ㅇ클람
● 【색소 침착】

สิว
씨우
● 【여드름】

หย่อนยาน
여-ㄴ야-ㄴ
● 【처지다】

แดดเผา
대-ㅅ파오
● 【햇볕에 타다】

แห้ง
해-ㅇ
● 【건조하다】

บวม
부-암
● 【붓다】

ผิวแห้ง
피우해-ㅇ
● 【피부가 건조하다】

ภูมิแพ้
푸-ㅁ패-
● 【알레르기】

การนอนหลับไม่เพียงพอ
까-ㄴ너-ㄴ랍마이피-양퍼-
● 【수면 부족】

อ่อนเพลีย
어-ㄴ플리-야
● 【피곤하다】

เจ็ตแล็ก
쩻랙
● 【시차】

ไหล่ตึง
라이뜽
● 【어깨가 결리다】

ขี้ หนาว
키-나-우
● 【냉증이 있다】

ความเครียด
콰-ㅁ크리-얏
● 【스트레스】

ปวดหัว
뿌-앗후-아
● 【두통】

ปวดเอว
뿌-앗에-우
● 【요통】

ท้องผูก
터-ㅇ푸-ㄱ
● 【변비】

LOOK

[   ] ~이 어디에 있나요?

[   ] อยู่ที่ไหน

[   ] 유-티-나이

Where is [   ].

สิ่งก่อสร้าง
씽꺼-싸-ㅇ
สิ่งก่อสร้าง

ประชาสัมพันธ์
쁘라차-쌈판
● 【접수대】

ล็อบบี้
러-ㅂ비-
● 【로비】

ห้องเปลี่ยนเสื้ อผ้า
허-ㅇ쁠리-얀쓰-아파-
● 【탈의실】

ห้องทำทรีตเมนต์
허-ㅇ탐트리-ㅅ메-ㄴ
● 【마사지실】

ซาวน่า
싸-우나-
● 【사우나】

ห้องพัก
허-ㅇ팍
● 【휴게실】

ล็อคเกอร์
러-ㄱ끄어-
● 【물품 보관 락커】

อ่างอาบน้ำ
아-ㅇ아-ㅂ남
● 【욕조】

ฝักบัวอาบน้ำ
퐉(f)부-아아-ㅂ남
● 【샤워기】

ห้องน้ำ
허-ㅇ남
● 【화장실】

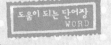

수건	ผ้าเช็ดตัว 파-쳇뚜-아	목욕 가운	เสื้ อคลุมอาบน้ำ 쓰-아클룸아-ㅂ남
실내용 슬리퍼	รองเท้าแตะใส่ในบ้าน 러-ㅇ타오때씨이나이바-ㄴ	일회용 팬티	กางเกงในกระดาษ 까-ㅇ께-ㅇ나이끄라다-ㅅ

85

네일숍에서 더 예뻐지자!

여성스러움을 한층 더 높이는 네일아트♪
한국보다도 합리적인 가격으로 손톱까지 예뻐질 수 있어요!

과감한 색을
골라도 예쁘다!

정말 예쁘다!
สวยมาก!
쑤-아이마-ㄱ

멋지다!
เจ๋ง!
쩨-ㅇ

정말 귀여워!
น่ารักจัง!
나-락짱

곰돌이도 귀여워!

> 먼저 예약을 합시다

네일 예약 좀 해 주세요.

ขอจองคิวทำเล็บ
커-쩌-ㅇ키우탐렙
I'd like to make a nail appointment.

어떤 코스가 있나요?

มีคอร์สแบบไหนบ้าง
미-커-ㅅ배-ㅂ나이바-ㅇ
What kind of packages do you have?

젤네일 연장을 하려고
합니다.

ขอต่อเล็บแบบเจล
커-떠-렙배-ㅂ쩨-ㄹ
I'd like to have gel nails done.

젤네일 연장한 것을 먼저
제거할 수 있을까요?

เอาเจลที่ต่อเล็บออกก่อนได้ไหม
아오쩨-ㄹ티-떠-렙어-ㄱ꺼-ㄴ다이마이
I'd like to remove gel nails first.

> 네일로 손톱을 가꿔 봅시다

손(네일)이랑 발(패디)
모두 할게요.

ขอทำทั้งมือและเท้าเลย
커-탐탕므-래타오르어-이
I'd like a manicure and pedicure.

샘플 책자를 좀 볼 수 있
을까요?

ขอดูหนังสือแบบได้ไหม
커-두-낭쓰-배-ㅂ다이마이
Could I see the design samples?

어떤 색이 있는지 좀 볼
게요.

ขอดูว่ามีสีแบบไหนบ้าง
커-두-와-미-씨-배-ㅂ나이바-ㅇ
Could I see the color variations?

86

이 디자인[색]으로 해 주세요.	กรุณาทำดีไซน์ [สี] นี้
	까루나-탐디-싸이[씨-]니-
	This design[color], please.

이것보다 짧게 자르지 말아 주세요.	อย่าตัดเล็บให้สั้นกว่านี้
	야-땃렙하이싼꽈-니-
	Don't make the nails any shorter.

손톱도 좀 잘라 주세요.	กรุณาตัดเล็บให้ด้วย
	까루나-땃렙하이두-아이
	Cut my nails short, please.

손톱을 둥글게 다듬어 주세요.	กรุณาตะไบเล็บให้โค้ง
	까루나-따바이렙하이코-ㅇ
	Could you round my nails out?

손톱이 잘 부러져요. 조심해 주세요.	เล็บหักง่าย กรุณาระวังด้วย
	렙학응아-이 까루나-라왕두-아이
	Please be careful because my nails are fragile.

이 손톱에 스톤을 붙여 주세요.	กรุณาติดเพชรที่เล็บนี้
	까루나-핏페-ㅅ티-렙니-
	Could you apply rhinestones to this nail?

이 손톱을 다시 해 주실 수 있나요?	กรุณาแก้นิ้วนี้ ใหม่
	까루나-깨-니우니-마이
	Could you do this nail again?

매니큐어가 마르는 데 시간이 얼마나 걸리나요?	ใช้เวลาเท่าไรยาทาเล็บจะแห้ง
	차이웨-ㄹ라-타오라이야-타-렙짜해-ㅇ
	How long does it take for the manicure to dry?

도움이 되는 단어장 WORD

	색 구성	แบบไล่สี 배-ㅂ라이씨-	타원형	รูปไข่ 루-ㅂ카이
	줄무늬	แบบลายเส้น 배-ㅂ라-이쎄-ㄴ	뾰족한 모양	แหลม 래-ㅁ
네일아트를 하다	ทำเล็บ 탐렙	반짝이	กากเพชร 까-ㄱ페-ㅅ	큐티클을 정리하다	กำจัดหนังบริเวณโคนเล็บ 깜짯낭버-리왠-ㄴ코-ㄴ렙
패디큐어를 하다	ทำเล็บเท้า 탐렙타오	스톤아트	เพชรแต่งเล็บ 페-ㅅ때-ㅇ렙	각질(껍질) 제거	ลอกผิว 러-ㄱ피우
젤네일 연장하다	ต่อเล็บแบบเจล 떠-렙배-ㅂ쩨-ㄹ	네일 피어싱	เจาะเล็บ 쩌렙	마사지	นวด 누-앗
네일아트	เพ้นท์เล็บ 페-ㄴ렙	네일 파일	ตะไบเล็บ 따바이렙	파라핀 왁스	พาราฟินแวกซ์ 파-라-퓐(f)왜-ㄱ
프렌치네일	แบบเฟรนช์ 배-ㅂ프(f)레-ㄴ	스퀘어	สี่เหลี่ยม 씨-리-얌	풋 스파	แช่เท้าในน้ำ 채-타오나이남

길거리 산책 & 관광을 빼놓을 수 없죠.

역사적인 건축물이나 문화 시설, 자연 등 볼거리가 한가득.
길거리 산책 & 관광을 시작해 볼까요?

길을 묻는 표현은 여기

(길) 좀 여쭤 보겠습니다.	ขอถามหน่อย 커-타-ㅁ너-이 Excuse me.
(저는) 왓포에 가려고 합니다.	ฉันจะไปวัดโพธิ์ 찬짜빠이왓포 I want to go to Wat Pho. 　　　참고 P.96
우회전하면 왼쪽에 있을 거예요.	เลี้ยวขวาแล้วจะอยู่ทางซ้ายมือ 리-야우콰-래-우짜유-타-ㅇ싸-이므- Turn right and you'll find it on your left.
저를 따라오세요.	กรุณาตามฉันมา 까루나-따-ㅁ찬마- Follow me, please.
이 주소를 따라 가고 싶어요.	ฉันอยากไปตามที่อยู่นี้ 찬야-ㄱ빠이따-ㅁ티-유-니- I'd like to go to this address.
이 지도에서 어디에 있나요?	ตามแผนที่นี้ อยู่ที่ไหน 따-ㅁ패-ㄴ티-니-유-티-나이 Where is it on this map?
저는 길을 잃었어요.	ฉันหลงทาง 찬롱타-ㅇ I'm lost.
여기가 어디인가요?	ที่นี่ที่ไหน 티-니-티-나이 Where am I?
여기가 무슨 거리인가요?	ที่นี่ถนนอะไร 티-니-타논아라이 What street is this?
가장 가까운 역이 어디에 있나요?	สถานีที่ใกล้ที่สุดอยู่ที่ไหน 싸타-니-티-끌라이티-쑷유-티-나이 Where is the nearest station?

길을 물을 때 쓸 수 있는 표현

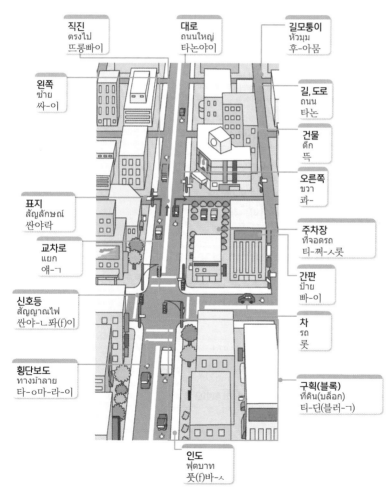

직진
ตรงไป
뜨롱빠이

대로
ถนนใหญ่
타논야이

길모퉁이
หัวมุม
후-아뭄

왼쪽
ซ้าย
싸-이

길, 도로
ถนน
타논

건물
ตึก
뜩

오른쪽
ขวา
콰-

표지
สัญลักษณ์
싼야락

주차장
ที่จอดรถ
티-쩌-ㅅ롯

교차로
แยก
얘-ㄱ

간판
ป้าย
빠-이

신호등
สัญญาณไฟ
싼야-ㄴ퐈(f)이

차
รถ
롯

횡단보도
ทางม้าลาย
타-ㅇ마-라-이

구획(블록)
ที่ดิน(บล็อก)
티-딘(블러-ㄱ)

인도
ฟุตบาท
풋(f)바-ㅅ

89

길거리 산책 & 관광을 빼놓을 수 없죠.

관광지나 미술관에서

오늘 아난다 사마콤 궁전이 열었나요?	**วันนี้ พระที่นั่งอนันตสมาคมเปิดไหม** 완니-프라티-낭아난따싸마-콤쁘엇마이 Is Ananta Samakhom Palace open today? 참고 P.96
열었어요. / 닫았어요.	เปิด / ปิด 쁘엇 / 삣 Yes, it is. / No, it isn't.
입장료가 얼마인가요?	ค่าเข้าชมเท่าไหร่ 카-카오촘타오라이 How much is the entrance fee?
인당 100바트입니다.	คนละ 100 บาท 콘라능러-이바-ㅅ 100 Baht per a person. 참고 P.150
성인 2명이요.	ผู้ใหญ่ 2 คน 푸-야이써-ㅇ콘 Two adults, please. 참고 P.150
몇 시까지 여나요?	เปิดถึงกี่โมง 쁘엇틍끼-모-ㅇ How late are you open?
한국어로 된 책자가 있나요?	มีแผ่นพับภาษาญี่ปุ่นไหม 미-패-ㄴ팝파-싸-까올리-마이 Do you have a Korean brochure?
물품 보관을 할 수 있나요?	รับฝากของไหม 랍퐈(f)-ㄱ커-ㅇ마이 Could you keep my luggage?
여기 어떤 것들이 있나요?	ที่นี่มีอะไรบ้าง 티-니-미-아라이바-ㅇ What do you show here?
유명한 작품이 있나요?	มีผลงานที่ขึ้นชื่อไหม 미-폰응아-ㄴ티-크-ㄴ츠-마이 Is there a famous piece?
내부 투어는 몇 시부터 시작인가요?	การเที่ยวชมภายในเริ่มตั้งแต่กี่โมง 까-ㄴ티-야우촘파-이나이르엄땅때-끼-모-ㅇ What time does the guided tour start?

90

저 건물은 이름이 무엇인가요?	อาคารนั้นมีชื่อเรียกว่าอะไร 아-카-ㄴ난미-츠-리-약와-아라이 What is the name of that building?
내부에 들어가서 볼 수 있나요?	เข้าไปดูด้านในได้ไหม 카오빠이두-다-카오빠이다이마이 Can I see inside?
들어갈 수 있나요?	เข้าไปได้ไหม 카오빠이다이마이 Can I go in?
출구[입구/비상구]는 어디에 있나요?	ทางออก [ทางเข้า / ทางหนีไฟ] อยู่ตรงไหน 타-ㅇ어-ㄱ[타-ㅇ카오/타-ㅇ니-퐈(f)이]유-뜨롱나이 Where is the exit [entrance / emergency exit]?
가장 가까운 화장실은 어디에 있나요?	ห้องน้ำที่ใกล้ที่สุดอยู่ที่ไหน 허-ㅇ남티-끌라이티-쏫유-티-나이 Where is the nearest restroom?
사진을 좀 찍어 주실 수 있나요?	ถ่ายรูปให้หน่อยได้ไหม 타-이루-ㅂ하이너-이다이마이 Could you take our picture?
여기를 누르시면 됩니다.	กดตรงนี้ 꼿뜨롱니- Press this, please.
사진[동영상]을 찍어도 될까요?	ถ่ายรูป [วิดีโอ] ได้ไหม 타-이루-ㅂ[위디-오-]다이마이 Can I take a picture[video]?
플래시를 켜도 될까요?	เปิดแฟลชได้ไหม 쁘엇플(f)래-ㅅ다이마이 Can I use flash?
몇 시부터 불이 켜지나요?	จะเปิดไฟประมาณกี่โมง 짜쁘엇퐈(f)이쁘라마-ㄴ끼-모-ㅇ What time does the illumination go on?

도움이 되는 단어장 WORD					
개장[폐장] 시간	เวลาเปิด [ปิด] 웰-라-쁘엇[삣]	사진 촬영 금지	ห้ามถ่ายรูป 하-ㅁ타-이루-ㅂ	입장 금지	ห้ามผ่าน 하-ㅁ파-ㄴ
		플래시 사용 금지	ห้ามใช้แฟลช 하-ㅁ차이플(f)래-ㅅ	관계자 외 출입금지	ห้ามเข้านอกจากผู้เกี่ยวข้อง 하-ㅁ카오너-ㄱ짜-ㄱ푸-끼-아우커-ㅇ
		스케치 금지	ห้ามวาดภาพ 하-ㅁ와-ㅅ파-ㅂ	자료실	ห้องเก็บเอกสาร 허-ㅇ껩에-ㄱ까싸-ㄴ

길거리 산책 & 관광을 빼놓을 수 없죠.

관광안내소를 이용해 봅시다

관광객 안내센터는 어디에 있나요?	**ศูนย์ข้อมูลการท่องเที่ยวอยู่ที่ไหน** 쑤-ㄴ커-무-ㄴ까-ㄴ터-ㅇ티-야우유-티-나이 Where is the tourist information center?
무료 배부용 지도가 있나요?	**มีแผนที่แจกฟรีไหม** 미-패-ㄴ티-째-ㄱ프(f)리-마이 Do you have a free map?
관광 책자 좀 주세요.	**ขอแผ่นพับการท่องเที่ยว** 커-패-ㄴ팝까-ㄴ터-ㅇ티-야우 Could I have a sightseeing brochure?
한국어 판이 있나요?	**มีฉบับภาษาเกาหลีไหม** 미-차밥파-싸-까올리-마이 Do you have one in Korean?
흥미로운 장소를 추천해 주실 수 있나요?	**ช่วยแนะนำสถานที่น่าสนใจหน่อยได้ไหม** 추-아이내남싸타-ㄴ티-나-쏜짜이너-이다이마이 Could you recommend some interesting places?
하루 만에 다녀올 수 있는 곳을 추천해주실 수 있나요?	**ช่วยแนะนำสถานที่ที่ไปเช้าเย็นกลับได้ไหม** 추-아이내남싸타-ㄴ티-티-빠이차오옌끌랍다이마이 Are there any places for a day trip?
경치가 아름다운 곳은 어디가 있나요?	**ที่ไหนทิวทัศน์สวยบ้าง** 티-나이티우탓쑤-아이바-ㅇ Which place has nice view?
거기는 오늘 열었나요?	**ที่ตรงนั้นวันนี้ เปิดไหม** 티-뜨롱난완니-쁘엇마이 Is it open today?
언제 휴무인가요?(닫나요?)	**หยุดวันไหน** 윳완나이 When do they close?
<u>화요일</u>이요. / 연중무휴예요.	**วันอังคาร / ไม่มีวันหยุด** 완앙카-ㄴ /마이미완윳 Tuesday. / They are open every day. 참고 P.151
저는 <u>태국 무용</u>을 보고 싶어요.	**ฉันอยากดูรำไทย** 찬야-ㄱ두-람타이 I'd like to see Thai dance.

그곳에 걸어서 갈 수 있나요?	ที่นั่นเดินไปได้ไหม 티-난드언빠이다이마이 Can I go there on foot?
여기서 먼가요?	ไกลจากที่นี่ไหม 끌라이짜-ㄱ 티-니-마이 Is it far from here?
가까워요. / 버스타고 10분 걸려요.	ใกล้ / ขึ้นรถบัสไป 10 นาที 끌라이 / 큰롯밧빠이씹나-티- It is near from here. / It is ten minutes by bus. 참고 P.150
여기서 걸어가면 몇 분 걸려요?	ถ้าเดินไปจากที่นี่ใช้เวลากี่นาที 타-드언빠이짜-ㄱ 티-니-차이웰-라-끼-나-티- How long will it take to walk from here?
가는 방법을 알려 주실 수 있나요?	ช่วยบอกวิธีไปหน่อยได้ไหม 추-아이버-ㄱ 위티-빠이너-이다이마이 Could you tell me how to get there?
MRT(지하철)로 갈 수 있나요?	ไปโดยรถไฟใต้ดินได้ไหม 빠이도-이롯퐈(f)이따이딘다이마이 Can I get there by subway?
이 지도로 설명해 주실 수 있나요?	ช่วยอธิบายแผนที่นี้ หน่อยได้ไหม 추-아이아티바-이패-ㄴ티-니-너-이다이마이 Could you tell me on this map?
표지판이 있나요?	มีสัญลักษณ์อะไรไหม 미-싼야락아라이마이 Are there any signs?
이 근처에 안내센터[파출소]가 있나요?	มีศูนย์ข้อมูล[ป้อมตำรวจ]อยู่ใกล้ที่นี่ไหม 미-쑤-ㄴ커-무-ㄴ[뻐-ㅁ땀루-앗]유-끌라이티-니-마이 Is there an information center[police station] near here?
한 번 더 말해 주실 수 있나요?	พูดอีกครั้งได้ไหม 푸-ㅅ이-ㄱ크랑다이마이 Could you repeat it again?
지도를 그려 주실 수 있나요?	เขียนแผนที่ให้ได้ไหม 키-얀패-ㄴ티-하이다이마이 Could you draw me a map?
이 근처에 공중 전화가 있나요?	มีโทรศัพท์สาธารณะอยู่ใกล้ที่นี่ไหม 미-토라쌉싸-타-라나유-끌라이티-니-마이 Is there a pay phone near here?

길거리 산책 & 관광을 빼놓을 수 없죠.

투어 프로그램을 구매하고 싶어요.	**ฉันอยากซื้อทัวร์** 찬야-ㄱ쓰-투아 I'd like to take a sightseeing tour.
관광 책자가 있나요?	**มีแผ่นพับทัวร์ไหม** 마-패-ㄴ팝투아마이 Do you have a tour brochure?
투어 프로그램을 추천해 주실 수 있나요?	**ช่วยแนะนำทัวร์ให้หน่อยได้ไหม** 추-아이내남투아하이너-이다이마이 Please recommend me some popular tours.
한국어를 하는 가이드가 있는 투어가 있나요?	**มีทัวร์ที่มีไกด์พูดภาษาเกาหลีได้ไหม** 미-투아티-미-까이푸-ㅅ파-싸-까올리-다이마이 Do you have a tour with a Korean guide?
수상시장에 가는 투어가 있나요?	**มีทัวร์ที่ไปตลาดน้ำไหม** 미-투아티-빠이딸라-ㅅ남마이 Is there a tour that visits the floating market? 참고 P.96
투어는 시간이 얼마나 걸리나요?	**ทัวร์ใช้เวลานานเท่าไหร่** 투아차이웰-라-나-ㄴ타오라이 How long is the tour?
몇 시에 출발하나요?	**ออกเดินทางกี่โมง** 어-ㄱ드언타-ㅇ끼-모-ㅇ What time does it start?
몇 시에 돌아오나요?	**กลับกี่โมง** 끌랍끼-모-ㅇ What time do we come back?
어디서 출발하나요?	**ออกจากที่ไหน** 어-ㄱ짜-ㄱ티-나이 Where do we leave from?
식사도 준비해 주시나요?	**มีอาหารเตรียมให้ไหม** 미아-하-ㄴ뜨리-얌하이마이 Are meals included?
비용은 얼마인가요?	**ค่าบริการเท่าไหร่** 카-버-리까-ㄴ타오라이 How much is it?

94

이걸로 할게요.	เลือกอันนี้
	르-악안니-
	I'll join this.

몇 명이 하시나요?	สำหรับกี่คน
	쌈랍끼-콘
	For how many people?

성인 2명입니다.	ผู้ใหญ่ 2 คน
	푸-야이써-ㅇ콘
	Two adults.	참고 P.150

4000바트입니다.	4000 บาท
	씨-판바-ㅅ
	It's 4000 Baht.	참고 P.150

아유타야에 가고 싶은데 시간이 얼마나 걸리나요?	ฉันอยากไปอยุธยาใช้เวลานานเท่าไหร่
	찬야-ㄱ빠이아유타야-차이웰-라-나-ㄴ타오라이
	How long will it take to get to Ayutthaya?	참고 P.96

여기에 몇 시에 돌아오나요?	จะกลับมาที่นี่กี่โมง
	짜끌랍마-티-니-끼-모-ㅇ
	By what time should I be back here?

몇 시에 도착하나요?	จะถึงกี่โมง
	짜틍끼-모-ㅇ
	How long does it take to get there?

가이드[운전기사]가 한 국어를 할 수 있나요?	ไกด์ [คนขับรถ] พูดภาษาเกาหลีได้ไหม
	까이[콘캅롯]푸-ㅅ파-싸-까올리-다이마이
	Does the guide[driver] speak Korean?

호텔로 오는 픽업 차량이 있나요?	มีรถรับส่งที่โรงแรมไหม
	미-롯랍쏭티-로-ㅇ래-ㅁ마이
	Do you have a courtesy bus to the hotel?

만날 장소와 시간을 말해 주세요.	ช่วยบอกสถานที่นัดพบและเวลาหน่อย
	추-아이버-ㄱ싸타-ㄴ티-낫폽래웰-라-너-이
	Please tell me where and when should we meet.

시간을 연장할 수 있나요?	ยืดเวลาได้ไหม
	유으-ㅅ웰-라-다이마이
	Can I extend?

5인용 차를 준비해 주세요.	ช่วยเตรียมรถสำหรับ 5 คนให้หน่อย
	추-아이뜨리-얌롯쌈랍하-콘하이너-이
	Could you arrange a car for five passengers?

LOOK

┌─────────┐ 에 가고 싶어요.

ฉันอยากไป ┌─────────┐

찬야-ㄱ빠이 ┌─────────┐

I'd like to go to ┌─────────┐.

방콕
กรุงเทพ
끄룽테-ㅂ

วัดพระแก้ว
왓프라깨-우

● 【에메랄드 사원(왓 프라깨우)】

อุโบสถ
우보-쏫

● 【불당(본당)】

พระแก้วมรกต
프라깨-
우머라꼿

● 【에메랄드 불상】

พระสุวรรณเจดีย์
프라쑤완-ㄴ
나쩨-디-

● 【프라쑤완나 불탑】

ปราสาทพระเทพบิดร
쁘라-싸-ㅅ
프라테-ㅂ
비더-ㄴ

● 【프라뎁비돈 궁전】

พระศรีรัตนเจดีย์
프라씨-
랏따나쩨-
디-

● 【프라시라타나 불탑】

พระวิหารยอด
프라위하-ㄴ
여-ㅅ

● 【프라 위한 엿】

พระราชวัง
프라라-ㅅ차왕

● 【왕궁】

วัดโพธิ์
왓포-

● 【보리수 사원(왓 포)】

พระนอน
프라너-ㄴ

● 【와불】

เจดีย์อมร
쩨-디-아머-ㄴ

● 【아먼 불탑】

ร้านนวด
라-ㄴ누-왓

● 【마사지숍】

วัดอรุณ
왓아룬

● 【새벽 사원(왓 아룬)】

วัดสุทัศน์
왓쑤탓

● 【왓 수탓】

บ้านจิมทอมป์สัน
바-ㄴ찜터-ㅁ싼

● 【짐 톰슨 하우스】

เซ็นทรัลเอ็มบาสซี
쎈탄엠바-ㅅ씨-

● 【센트럴 엠버시】

สยามดิสคัฟเวอรี่เซ็นเตอร์
싸야-ㅁ
딧캅워-리-
쎈뜨어-

● 【시암 디스커버리 센터】

สยามเซ็นเตอร์
싸야-ㅁ쎈뜨어-

● 【시암 센터】

สยามพารากอน
싸야-ㅁ파-라-꺼-ㄴ

● 【시암 파라곤】

เซ็นทรัลเวิลด์พลาซ่า
쎈탄워-ㄹ플라-싸-

● 【센트럴 월드 플라자】

ห้างมาบุญครอง
하-ㅇ마-분크러-ㅇ

● 【MBK 센터】

96

สยามสแควร์
싸야-ㅁ 싸쾌-

● 【시암 스퀘어】

ห้างเกสร
하-o께-써-ㄴ

● 【게이손 빌리지】

พระภูมิเอราวัณ
프라푸-ㅁ에-라-완

● 【에라완 사원】

พระแม่ลักษมี
프라매-
락싸미-

● 【락싸미 여신】

พระตรีมูรติ
프라뜨리-
무-라띠

● 【뜨리무라띠 신】

พระพิฆเนศ
프라픽
카네-ㅅ
● 【가네샤 신】

ตลาดประตูน้ำ
딸라-ㅅ쁘라뚜-남
● 【빠뚜남 시장】

วัดอินทรวิหาร
왓인트라위하-ㄴ

● 【왓 인트라위한】

พระบรมรูปทรงม้า
프라브롬루-ㅂ쏭마-

● 【라마 5세 동상】

พระที่นั่งอนันตสมาคม
프라티-냥아난따싸마-콤
● 【아난다 사마콤 궁전】

วังวิมานเมฆ
왕위마-ㄴ메-ㄱ
● 【비만멕 궁전】

สวนสัตว์ดุสิต
쑤-안쌋두씻
● 【두싯 동물원】

วัดเบญจมบพิตร
왓베-ㄴ짜마버-핏

● 【왓 벤차마보핏】

เทอร์มินอลทเวนตี้ วัน
트어-미너-ㄴ트웨-ㄴ띠-완

● 【터미널 21】

พิพิธภัณฑ์บ้านคำเที่ยง
피핏타판바-ㄴ캄티-양

● 【캄티앙 하우스 박물관】

สวนเบญจสิริ
쑤-안베-ㄴ짜씨리

● 【벤짜시리 공원】

เอ็มโพเรียม
엠포-리-얌

● 【엠포리엄】

วัดหัวลำโพง
왓후-아람포-o

● 【왓 후아람퐁】

ฟาร์มงู
퐈(f)-ㅁ응우-

● 【뱀 농장】

สวนลุมพินี
쑤-안룸피니-

● 【룸피니 공원】

ถนนคอนแวนต์
타논커-ㄴ왜-ㄴ

● 【컨벤트 로드】

ซอยละลายทรัพย์
써-이라라-이쌉

● 【라라이쌉 골목】

สีลมวิลเลจ
씨-롬윌레-ㅅ

● 【실롬 빌리지】

วัดยานนาวา
왓야-ㄴ나-와-

● 【왓 야나와】

LOOK

___ 이 어디에 있나요?	**ตลาดบางรัก** 딸라-ㅅ바-ㅇ락	**อาสนวิหารอัสสัมชัญ** 아-ㅅ싼나위하-ㄴ앗쌈찬
___ อยู่ที่ไหน 유-티-나이 Where is ___ ?	 ●【방락 시장】	 ●【어섬션 대성당】

วัดไตรมิตร 왓뜨라이밋	**เสาชิงช้า** 싸오칭차-	**สำเพ็ง** 쌈펭	**วัดราชบูรณะ** 왓라-ㅅ차부-라나
 ●【왓 트라이밋】	 ●【자이언트 스윙】	 ●【삼펭】	 ●【왓 차부라나】

치앙마이 เชียงใหม่ 치-앙마이	**วัดพระสิงห์** 왓프라씽	**วัดเชียงใหม่** 왓치-앙마이	**ประตูท่าแพ** 쁘라뚜-타-패-
	 ●【왓 프라싱】	 ●【왓 치앙마이】	 ●【타패 게이트】

ไนท์บาร์ซ่า 나잇바-싸-	**ถนนจรูญราษฎร์** 타논짜루-ㄴ라-ㅅ	**วัดสวนดอก** 왓쑤-안더-ㄱ	**วัดเจ็ดยอด** 왓쩻여-ㅅ
 ●【나이트 바자】	 ●【짜룬랏 거리】	 ●【왓 수안독】	●【왓 젯뇻】

ปางช้างแม่สา 빠-ㅇ차-ㅇ매-싸--	**หมู่บ้านชาวเขาเผ่าม้ง** 무-바-ㄴ차-우카오파오몽	**ประตูสวนดอก** 쁘라뚜-쑤-안더-ㄱ ●【쑤언덕 문】	수분 보충을 잊지 말고!
 ●【매싸 코끼리 캠프】	 ●【고산족 몽족 마을】	**วัดพระธาตุดอยสุเทพ** 왓프라타-ㅅ더-이쑤테-ㅂ ●【왓 프라탓도이수텝】	

수코타이 สุโขทัย 쑤코-타이	**วัดมหาธาตุ** 왓마하-타-ㅅ	**วัดตระพังทอง** 왓뜨라팡터-ㅇ	**อนุสาวรีย์พ่อขุนรามคำแหง** 아눗싸-와리-퍼-쿤라-ㅁ캄해-ㅇ
	 ●【왓 마하탓】	 ●【왓 트라팡텅】	 ●【람캄행대왕 승전기념비】

วัดสะพานหิน
왓싸파-ㄴ힌

● 【왓 사판힌】

วัดศรีชุม
왓씨-춤

● 【왓 시춤】

อยุธยา
아유타야-

พระราชวังบางปะอิน
프라라-ㅅ차왕바-ㅇ빠인

● 【방파인 궁전】

หมู่บ้านญี่ปุ่น
무-바-ㄴ이-뿐

● 【일본인 마을】

วัดใหญ่ชัยมงคล
왓야이차이몽콘

● 【왓 야이차이몽콘】

วัดมหาธาตุ
왓마하-타-ㅅ
● 【왓 마하탓】

วัดภูเขาทอง
왓푸-카오터-ㅇ
● 【왓 푸카오텅】

วัดโลกยสุธา
왓로-ㄱ까야쑤타-

● 【왓 로카야수타】

วัดพระศรีสรรเพชร
왓프라씨-싼페-ㅅ

● 【왓 프라시산펫】

ปางช้างอยุธยา
빠-ㅇ차-ㅇ아유타야-

● 【아유타야 코끼리 캠프】

길을 걷다
เดินถนน
드어-ㄴ타논

สถานี
싸타-니-

● 【역】

ที่แลกเงิน
티-래-ㄱ응어-ㄴ

● 【환전소】

เอทีเอ็ม
에-티-엠

● 【ATM】

ธนบัตร
타나밧

● 【지폐】

เหรียญ
리-얀

● 【동전】

โทรศัพท์สาธารณะ
토-라쌉싸-타-라나

● 【공중전화】

ภัตตาคาร
팟따-카-ㄴ

● 【레스토랑】

ศูนย์อาหาร
쑤-ㄴ아-하-ㄴ

● 【푸드코트】

ร้านอินเตอร์เน็ต
라-ㄴ인뜨어-넷

● 【인터넷 카페(PC방)】

โรงแรม
로-ㅇ래-ㅁ
● 【호텔】

ซุปเปอร์มาร์เก็ต
쑵뻐어-마-껫
● 【슈퍼마켓】

ร้านขายยา
라-ㄴ카-이야-

● 【약국】

สถานที่แนะนำการท่องเที่ยว
싸타-ㄴ티-내남까-ㄴ터-ㅇ티-야우
● 【여행안내소】

ร้านสะดวกซื้อ
라-ㄴ싸두-악쓰-
● 【편의점】

สุขา
쑤카-
● 【화장실】

태국의 인기 스팟, 3대 사원을 방문해 봅시다.

불교 국가인 태국은 역사적 가치가 높은 사원(절)과 불교 건축물이 많습니다.
불교의 힘이 느껴지는 신성한 곳들을 둘러봅시다.

에메랄드 사원(왓 프라깨우)
วัดพระแก้ว / 왓프라깨-우

에메랄드 색의 비취로 만들어진 불상인 '에메랄드 불상'을 본존으로 삼는, 1785년에 설립된 가장 격식 높은 태국 사원. 경내 전체가 섬세한 장식으로 꾸며져 있어 눈부신 빛깔이 눈길을 빼앗는다.

프라사라타나 불탑
พระศรีรัตนเจดีย์
프라씨-랏따나쩨-디-

부처님의 사리가 모셔져 있는 불탑. 외벽에는 황금색 타일이 빽빽하게 붙어 있다.

프라 위한 엿
พระวิหารยอด
프라위하-ㄴ여-ㅅ

힌두교 신화에도 등장하는 무지개의 신 나쿠(나가)를 모신 곳.

프라쑤완나 불탑
พระสุวรรณเจดีย์
프라쑤와-ㄴ나쩨-디-

라마 1세가 부모님을 위해 지은 불탑을 재건한 것. 눈부시게 아름다운 조각이 볼거리이다.

종루
หอระฆัง
허-라캉

라마 1세 때 방콕의 다른 사원에서 옮겨진 청동 종.

간다라 불상탑
หอพระคันธารราษฎร์
허-프라칸타-ㄴ라-ㅅ

간다라 양식의 불상이 안치되어 있다.

프라뎁비돈 궁전
ปราสาทพระเทพบิดร
쁘라싸-ㅅ프라테-ㅂ비더-ㄴ

라마 1세~8세의 국왕상을 안치한 곳으로 내부는 비공개.

불당(본당)
อุโบสถ / 우보-쏫

비취로 만들어진 본존(에베랄드 불상)이 안치되어 있다. 내부에는 벽화가 장식되어 있고 외부는 금박과 모자이크로 꾸며져 있다.

보리수 사원(왓 포)
วัดโพธิ์ / 왓포-

열반불과 태국식 마사지의 중심지로 알려진 유명한 사원. 46m에 이르는 열반불과 244개의 불상이 늘어선 위엄 있는 본당이 압권이다.

와불
พระนอน
프라너-ㄴ

길이 46m, 높이 15m의 거대 열반상. 벽돌과 회반죽으로 형태를 만들고, 금박으로 덮었다.

불당(본당)
อุโบสถ

입구의 8겹의 문에 장식된 나선세공 등 화려한 장식을 볼 수 있다.

아먼 불탑
เจดีย์อมร
쩨-디-아머-ㄴ

라마 1세~4세를 기리는 불탑.

새벽 사원(왓 아룬)
วัดอรุณ / 왓아룬

미시마 유키오의 소설 『새벽의 절』로 유명한 사원. 랜드마크인 높이 81m의 대불탑으로 힌두교의 성지를 그리고 있다.

인드라 신
พระอินทร์
프라인

에라완상에 탄 인드라 신.

원숭이
ยักษ์
링

원숭이 신.

꽃모양 유리 조각
เศษแก้วลายดอกไม้
쩨-ㅅ깨-우라-이더-ㄱ마이

도자기로 장식한 꽃들.

불당(본당)
อุโบสถ
우보-쏫

본존대좌에 라마 2세의 유골이 담겨져 있다.

대불탑
พระมหาเจดีย์
프라마하-쩨-디-

중국 도자기 그릇을 덮어 장식했으며, 탑 꼭대기에는 시바 신의 활이 모셔져 있다.

도깨비
ลิง
약

탑을 지지하고 있는 도깨비.

티켓을 사서 공연을 보러 가 봅시다.

여행의 즐거움 중 하나는 현지의 엔터테인먼트를 접해 보는 것입니다.
티켓을 예약하고 극장으로 향해 봅시다.

극장 매표소~극장 안

태국 전통 무용 공연을
보고 싶어요.

อยากดูรำไทย
야-ㄱ두-람타이
I'd like to watch Classical Thai dance.

태국 전통 무용 공연을
어디서 볼 수 있나요?

จะดูรำไทยได้ที่ไหน
짜두-람타이다이티-나이
Where can I watch Classical Thai dance?

예약해야 하나요?

ต้องจองไหม
떠-ㅇ쩌-ㅇ마이
Do I have to make a reservation?

여기서 표를 예매할 수
있나요?

จองตั๋วที่นี่ได้ไหม
쩌-ㅇ뚜아티-니-다이마이
Can I reserve a ticket here?

표가 있나요?

มีตั๋วแล้วหรือยัง
미-뚜-아래-우르-양
Are the tickets still available?

몇 분인가요?

กี่ท่าน
끼-타-ㄴ
For how many people?

성인 <u>2</u>명 어린이 <u>1</u>명이
요.

ผู้ใหญ่ 2 เด็ก 1
푸-야이써-ㅇ 덱능
Two adults and a child.

참고 P.150

가장 비싼[싼] 좌석은
얼마인가요?

ที่นั่งที่แพง [ถูก] ที่สุดเท่าไหร่
티-낭티-패-ㅇ[투-ㄱ]티-쑷타오라이
How much is the most expensive [cheapest] seat?

공연 시작이[공연 종료
가] 몇 시인가요?

การแสดงเริ่ม [การแสดงจบ] กี่โมง
까-ㄴ싸대-ㅇ르어-ㅁ[까-ㄴ싸대-ㅇ쫍]끼-모-ㅇ
What time does it start [end]?

이 좌석으로 안내해 주
세요.

ช่วยพาไปที่นั่งหน่อย
추-어이파-빠이티-낭너-이
Could you take me to the seat, please?

102

태국 무용이란?

전통 의상을 몸에 두른 채 무용수가 화려하게 춤추는 태국 무용. 잔잔히 울려 퍼지는 음악과 우아한 몸짓, 화려한 색의 의상이 보는 이들을 매료시킵니다. 그중에도 특히 손끝의 섬세한 움직임이 유연하고 아름다워 '손끝의 예술'이라고 표현합니다.

대표적인 태국 무용을 뽑으라고 한다면 '라마키엔'을 뽑습니다. 아유타야왕국의 라마왕이 마왕 토사칸에게 잡혀간 부인 시다를 구하는 장대한 모험 이야기로, 눈부신 의상을 두르고 등장인물들이 싸우는 신은 꼭 봐야 하는 장면입니다.

이곳을 CHECK!!

화려한 몸짓

느긋하게 흐르는 리듬과 움직임에서 우아한 매력을 느낄 수 있습니다. 특히 여자 무용수의 섬세한 손놀림에 마음이 사로잡힙니다.

전통악기의 음색

나무 가야금 '라나토'와 태고, 피리 등 전통 악기가 내는 독특한 리듬과 선율이 부드럽게 울립니다.

도움이 되는 단어장 WORD

콘서트	**คอนเสิร์ต** 커-ㄴ쓰어-ㅅ	**스타디움**	**สนามกีฬา** 싸나-ㅁ끼-ㄹ라-	**당일권**	**ตั๋ววันนี้** 뚜-아완니-
스포츠	**กีฬา** 끼-ㄹ라-	**극장**	**โรงละคร** 로-ㅇ라커-ㄴ	**지정석**	**ที่นั่งสำรอง** 티-낭쌈러-ㅇ
연극	**ละคร** 라커-ㄴ	**좌석**	**ที่นั่ง** 티-낭	**자유석**	**ที่นั่งที่ไม่ต้องจอง** 티-낭티-마이떠-ㅇ쩌-ㅇ
태국 전통 무용	**รำไทย** 람타이	**무대**	**ละครเวที** 라커-ㄴ웨-티-	**브로슈어**	**ใบปลิว** 바이쁠리우
		매표소	**ที่ขายตั๋ว** 티-카-이뚜-아	**매진**	**สินค้าหมด** 씬카-못
		예매권	**ตั๋วที่ขายล่วงหน้า** 뚜-아티-카-이루-앙나-	**취소**	**ยกเลิก** 욕르어-ㄱ

기본 회화

맛집

쇼핑

뷰티

관광

엔터테인먼트

호텔

교통수단

기본정보

단어장

태국에서만 느낄 수 있는 밤 문화

해가 지면 길거리는 낮과는 다른 활기가 넘쳐흐릅니다.
태국에서만 느낄 수 있는 밤 문화를 만끽하며 여행의 추억을 남겨요.

> 나가 봅시다

카바레 쇼를 보고 싶습니다.	**อยากดูคาบาเร่ต์โชว์** 야-ㄱ두-카-바-레-초- I'd like to see the transvestite shows.
무대와 가까운 좌석으로 하고 싶습니다.	**อยากได้ที่นั่งใกล้กับเวที** 야-ㄱ다이티-낭끌라이깝웨-티- Seat near the stage, please.
저녁 식사가 포함된 플랜이 있나요?	**อยากได้แพลนที่รวมอาหารเย็น** 야-ㄱ다이플래-ㄴ티-루-암아-하-ㄴ옌 Do you have any plans that include dinner?
사진 촬영 되나요?	**ถ่ายรูปได้ไหม** 타-이루-ㅂ다이마이 Can I take a picture?
쇼 시작[끝]이 몇 시인가요?	**โชว์เริ่ม [จบ] กี่โมง** 쵸-르어-ㅁ[쭙] 끼-모-ㅇ What time does the show start [end]?
픽업 서비스가 있나요?	**บริการรับส่งไหม** 버-리까-ㄴ랍쏭마이 Does it include a pickup service?
내일 무에타이 경기가 있나요?	**พรุ่งนี้ มีแข่งมวยไทยไหม** 프룽니-미-캐-ㅇ무-어이타이마이 Is there a Muay Thai match tomorrow?
링과 붙어 있는 좌석으로 하고 싶어요.	**อยากจองที่นั่งติดขอบเวที** 야-ㄱ쩌-ㅇ티-낭띳커-ㅂ웨-티- I'd like to reserve a seat at the ringside.
입장료가 얼마인가요?	**ค่าผ่านประตูเท่าไหร่** 카-파-ㄴ쁘라뚜-타오라이 How much is the admission?
예약을 취소하고 싶습니다.	**อยากยกเลิกที่จองไว้** 야-ㄱ욕르어-ㄱ티-쩌-ㅇ와이 I'm sorry, but I'd like to cancel my reservation.

이 근처에 바가 있나요?	ใกล้ๆนี้ มีบาร์ไหม
	끌라이끌라이니-미-바-마이
	Is there a bar nearby?

라이브로 노래를 불러 주는 가게가 있나요?	มีร้านที่ร้องเพลงสดไหม
	미-라-ㄴ티-러-ㅇ플레-ㅇ쏫마이
	Is there a place with live music?

두 사람 좌석이 있나요?	2 คนมีที่นั่งไหม
	써-ㅇ콘미-티-낭마이
	Can we get a table for two?

참고 P.150

예약 안 했어요.	ไม่ได้จองไว้
	마이다이쩌-ㅇ와이
	I don't have a reservation.

바깥 쪽 좌석으로 하고 싶어요.	อยากได้ที่นั่งตรงระเบียง
	야-ㄱ다이티-낭뜨롱라비-양
	I prefer an outside table.

메뉴 좀 주세요.	ขอเมนูด้วย
	커-메-누-두-어이
	Can I have a menu, please?

추천 음료는 무엇인가요?	เครื่องดื่มแนะนำคืออะไร
	크르-앙드-ㅁ내남크-아라이
	Could you recommend some drink?

밥 좀 더 주세요.	ขอเติมข้าวด้วย
	커-뜨어-ㅁ카-우두-어이
	Can I have another one, please?

논알코올 음료가 있나요?	มีเครื่องดื่มไม่มีแอลกอฮอล์ไหม
	미-크르-앙드-ㅁ마이미-애-ㄹ꺼-허-마이
	Do you have any soft drinks?

도움이 되는 단어장 WORD

		라이브 하우스	ไลฟ์เฮ้าส์	관람료	ค่าเข้าชม
			라이하오		카-카오촘
		클럽	คลับ	맥주	เบียร์
			클랍		비-야
카바레 쇼	โชว์คาบาเร่ต์	영화관	โรงภาพยนตร์	와인	ไวน์
	초-카-바-레-		로-ㅇ파-ㅂ파욘		와이
무에타이	มวยไทย	바	บาร์	칵테일	เครื่องดื่มค็อกเทล
	무-어이타이		바-		크르-앙드-ㅁ카-테-ㄹ
야시장	ตลาดนัดกลางคืน	입장료	ค่าผ่านประตู	위스키	วิสกี้
	딸라-ㅅ낫끌라-ㅇ크-ㄴ		카-파-ㄴ쁘라뚜-		위싸끼-

105

해변에 가면 실컷 놀고 싶어요.

한국에서 체험할 수 없는 액티비티를 즐기는 것도 여행의 매력.
초보자를 위한 투어를 신청하면 처음 하는 액티비티에도 도전할 수 있어요.

투어의 내용을 확인해 봅시다

액티비티 프로그램을 하고 싶습니다.	อยากได้โปรแกรมกิจกรรม 야-ㄱ다이쁘로-끄래-ㅁ낏짜깜 I'd like to apply for an activity.
액티비티에는 어떤 게 있나요?	มีกิจกรรมแบบไหนบ้าง 미-낏짜깜배-ㅂ나이바-ㅇ What kind of activities do you have?
그건 위험한가요?	นั่นอันตรายไหม 난안딸라-이마이 Is it dangerous?
액티비티 책자 좀 주세요.	ขอใบปลิวรายการกิจกรรมด้วย 커-바이쁘리우라-이까-ㄴ낏짜깜두어이 Can I have a brochure of the activity?
<u>스노클링</u>을 하고 싶어요.	อยากดำน้ำตื้น 야-ㄱ담남뜨-ㄴ I'd like to do schnorkeling.
몇 시에 시작[끝]인가요?	เริ่ม [จบ] กี่โมง 르어-ㅁ[쭙] 끼-모-ㅇ What time does it start [end]?
한국어를 할 수 있는 직원이 있나요?	มีสต๊าฟที่พูดภาษาเกาหลีได้ไหม 미싸따-ㅂ티-푸-ㅅ파-싸-까올리-다이마이 Is there anyone who speaks Korean?
장비를 빌려 주시나요?	มีอุปกรณ์ให้ยืมไหม 미-웁빠꺼-ㄴ하이유으-ㅁ마이 Could you lend me the equipment?
장비 대여료가 얼마인가요?	ค่าเช่าอุปกรณ์เท่าไหร่ 카-차오웁빠꺼-ㄴ타오라이 How much is it to rent the equipment?
이 액티비티에 참여하고 싶어요.	อยากร่วมกิจกรรมนี้ 야-ㄱ루-암낏짜깜니- I'd like to join this activity.

LOOK

□□□□ 에 가고 싶어요.
ฉันอยากไป □□□□
찬야-ㄱ빠이 □□□□
I'd like to go to □□□□

해변
ชายหาด
차-이하-ㅅ

เกาะสมุย
꺼싸무이

● 【코사무이섬】

พัทยา
팟타야

● 【파타야】

ภูเก็ต
푸-껫

● 【푸껫】

เกาะพีพี
꺼피-피-

● 【피피섬】

เกาะราชาใหญ่
꺼라-차-야이
● 【라차야이섬】

LOOK

□□□□ 을/를 하려 합니다.
อยากจะทำ □□□□
야-ㄱ짜탐 □□□□
I'd like to do □□□□

수상 스포츠
กีฬาทางน้ำ
끼-ㄹ라-타-ㅇ남

พาราเซลลิ่ง
파-라-쎄-ㄹ링

● 【패러세일링】

เจ็ตสกี
쩻싸끼-

● 【제트스키】

ซีวอคเกอร์
씨-워-ㄱ꺼-

● 【씨 워킹】

บานาน่าโบ๊ท
바-나-나-보-ㅅ

● 【바나나 보트】

ดำน้ำตื้น
담남뜨-ㄴ
● 【스노클링】

ดำน้ำ
담남

ล่องเรือแคนู
러-ㅇ르-아캐-누-
● 【카누 타기】

ตกปลา
똑쁠라-

● 【낚시】

● 【스쿠버 다이빙】

เล่นเซิร์ฟ
레-ㄴ쓰어-ㅍ(f)
● 【서핑】

ล่องเรือคายัค
러-ㅇ르-아카-약
● 【카약 타기】

107

태국의 깊은 밤을 즐겨 봅시다.

무에타이와 트랜스젠더 쇼는 태국의 밤을 즐기는 2대 엔터테인먼트.
잊을 수 없는 추억이 될 거예요.

무에타이

มวยไทย
무에타이 무-어이타이

아유타야왕조 시대에 맨손으로 적을 쓰러트리기 위한 무예로 탄생한 것이 무에타이의 기원입니다. 그 기술들이 남아 지금의 격투기가 되었습니다. 시합은 1라운드당 3분씩 총 5라운드로 이루어져 있습니다. 하루에 여러 번의 시합이 진행됩니다.

시합 전에 '와이쿨'이라는 춤을 추며 싸움의 신에게 무사와 승리를 기원합니다.

현지인과 함께 즐기는
룸피니 경기장 싸나-ㅁ무-어이룸피니-
สนามมวยลุมพินี 방콕 북부

현지 시민들에게도 인기인 서민적인 스타디움. 장내는 열기로 넘치고 링 위는 흥분의 도가니! 화, 금, 토요일에 개최.

역사 깊은 대규모 스타디움
랏차담넌 경기장 싸나-ㅁ무-어이라-ㅅ차담느어-ㄴ
สนามมวยราชดำเนิน 왕궁 주변

1945년에 설립되어 역사가 깊은, 태국에서 가장 유서 깊은 스타디움. 약 만 명을 수용할 수 있고 월, 수, 목, 일요일에 개최.

무에타이 관전 Q & A

Q 티켓은 어디서 사나요?

A 위의 두 스타디움에서는 거의 매일 시합이 열리므로 티켓은 스타디움의 매표소에서 직접 구입하거나 여행사나 호텔에서도 살 수 있습니다.

얍!

Q 좌석의 종류는?

A 링 주변, 2층석, 3층석이 있습니다. 2, 3층석에서는 현지인의 토토와 같은 스포츠 내기도 운영하고 있으므로 관전은 링 주변을 추천합니다.

굉장한 열기입니다!

댄서들과 기념 사진을 찍을 때는 팁이 필수입니다.

같이 사진 찍을 수 있을까요?
กรุณาถ่ายรูปด้วยกัน
까루나-타-이루-ㅂ두-아이깐

트랜스젠더 쇼

โชว์คาบาเร่ต์
카바레 쇼 쵸-카-바-레-

요즘 태국을 대표하는 최대 엔터테인먼트인 트랜스젠더 쇼. 아름다움과 유머가 넘치는 쇼가 매일 밤 각지에서 열립니다. 화려한 아름다움과 웃음이 가득한 현장을 느껴 보세요.

피날레는 화려하게. 다채로운 뮤지컬 형식은 꼭 봐야 합니다.

대대로 유명한 전용 시어터
맘보 매-ㅁ보-
แมมโบ้

`방콕 남부`

넓은 극장에 테이블 석이 준비되어 있다. 뮤지컬 쇼나 연극 등 호화로운 쇼가 열린다.

화려한 쇼를 가까이에서
칼립소/카바레 카-ㄹ립쏘-/카-바-레-
คาลิปโซ่/คาบาเร่ต์

`방콕 남부`

객석과 스테이지 간 거리가 가깝고 댄서와 관객이 하나가 되어 쇼를 즐길 수 있다.

태국의 트랜스젠더 문화 **Q** & **A**

Q 왜 트랜스젠더가 많나요?

A 제3의 성에 대해 태국이 관용적인 이유는 여러 설이 있지만 명확한 답이 있진 않습니다. 다만 현생의 모습에 고집하지 않는 종교관이 영향을 미쳤다고 알려져 있습니다. 태국에서는 '트랜스젠더'가 아닌 '레이디보이'라고 부릅니다.

Q 트랜스젠더 전용 화장실이 있다는 게 정말인가요?

A 전부는 아니지만 학교 등에서는 남성용, 여성용과 더불어 '레이디보이' 전용 화장실이 있습니다.

이 마크가 '레이디보이 전용 화장실' 입니다.

호텔에서 쾌적하게 지내고 싶어요.

여행을 더 재미있게 보내기 위해 호텔에서의 시간도 소중하게!
호텔에 있는 동안 자주 쓰는 표현들을 모아 봤습니다.

호텔 도착이 늦어질 것 같을 때

늦게 도착할 것 같습니다. 예약 상태를 유지해 주세요.

ฉันจะไปถึงช้ากรุณารักษาสถานะการจองให้ด้วย!
찬짜빠이틍차-까루나-락싸-싸타-나까-ㄴ쩌- ㅇ하이두-어이
I'll be arriving late, but please hold the reservation!

체크인을 해 봅시다

체크인해 주세요.

ขอเช็คอิน
커-첵인
Check in, please.

저는 인터넷으로 예약했습니다.

ฉันจองไว้แล้วทางอินเตอร์เน็ต
찬쩌- ㅇ와이래-우타- ㅇ인뜨어-넷
I made a reservation on the Internet.

뷰가 좋은 방으로 부탁드립니다.

ขอห้องที่ทิวทัศน์ดี
커-허- ㅇ티-티우탓디-
I'd like a room that has a nice view.

조식도 포함인가요?

รวมอาหารเช้าด้วยไหม
루-암아-하-ㄴ차오두-어이마이
Does that include breakfast?

트윈룸 맞지요?

ห้องทวินใช่ไหม
허- ㅇ트윈차이마이
It's twin room, right?

비흡연[흡연] 방으로 부탁드립니다.

ขอห้องปลอดบุหรี่ [สูบบุหรี่]
커-허- ㅇ쁠러-ㅅ부리-[쑵부리-]
I'd like a non-smoking[smoking] room.

귀중품을 맡아 주세요.

กรุณารับฝากของมีค่า
까루나-랍퐈(f)-ㄱ커- ㅇ미-카-
Could you store my valuables?

한국어를 할 수 있는 사람이 있나요?

มีคนพูดภาษาเกาหลีได้ไหม
미콘푸-ㅅ파-싸-까올리-다이마이
Is there anyone who speaks Korean?

조식은 몇 시부터 시작인가요?

อาหารเช้าเริ่มตั้งแต่กี่โมง
아-하-ㄴ차오르어-ㅁ땅때-끼-모-ㅇ
What time can I have breakfast?

체크아웃은 몇 시인가요?

เช็คเอาท์กี่โมง
첵아오끼-모-ㅇ
When is the check-out time?

호텔은 이렇게 되어 있습니다.

룸서비스
รูมเซอร์วิส
루-ㅁ써어-윗
객실에서 전화로 주문을 받아 음식이나 음료수를 제공하는 서비스

로비
ล็อบบี้
롭비-
현관이나 프런트에서 가까운 곳에 있어 일행을 기다리거나 간단한 휴식을 취할 수 있는 공간으로 투숙객들이 자유롭게 이용 가능한 공간

콘시어지
พนักงานต้อนรับ
파낙응아-ㄴ떠-ㄴ랍
투숙객을 응대하고 관광 정보를 제공하거나 투어 신청, 고객들의 요구 사항을 접수하는 곳

포터
พนักงานยกกระเป๋า
파낙응아-ㄴ욕끄라빠오
차를 타고 온 투숙객의 짐을 프런트로 운반해 준다.

프런트
พนักงานต้อนรับด้านหน้า
파낙응아-ㄴ떠-ㄴ랍다-ㄴ나-
체크인, 체크아웃, 정산, 환전 등의 접수 업무를 담당하고 귀중품 보관 등의 업무도 한다.

벨보이
พนักงานยกกระเป๋า
파낙응아-ㄴ욕끄라빠오
투숙객의 짐을 운반하거나 고객들을 방으로 안내하는 역할을 한다. 호텔에 따라 프런트의 업무를 함께하기도 한다.

보관소
ห้องฝากกระเป๋า
허-ㅇ퐈(f)-ㄱ끄라빠오
투숙객의 짐을 맡아 주는 역할을 한다. 체크인 전이나 체크아웃 후에 이용 가능하다.

제가 방으로 모셔다 드리겠습니다.
ฉันจะพาไปที่ห้อง
찬짜파-빠이티-허-ㅇ

제가 짐을 들어 드리겠습니다.
ฉันจะขนของให้
찬짜콘커-ㅇ하이

엘리베이터는 이쪽에 있습니다.
ลิฟท์อยู่ทางนี้
립(f)유-타-ㅇ니-

안녕하세요.
สวัสดี
싸왓디-

호텔에서 쾌적하게 지내고 싶어요.

샤워기를 트는 방법을 알려 주실 수 있나요?	**ช่วยสอนวิธีเปิดฝักบัวหน่อยได้ไหม** 추-어이써-ㄴ위티-쁘어-ㅅ팍(f)부아너-이다이마이 Could you tell me how to use the shower?
김 님, 제가 들어가도 될까요?	**คุณซาโต้ ให้ฉันเข้าไปได้ไหม** 쿤킴 하이찬카오빠이다이마이 Mr. Kim, may I come in?
들어오세요. / 잠시만 기다려 주세요.	**เข้ามาเลย / กรุณารอสักครู่** 카오마-르어-이 / 까루나-러-싹크루- Please come in. / One moment, please.
<u>415</u>호입니다.	**ห้อง 415** 허-ㅇ씨-능하- This is room 415. 참고 P.150
내일 아침 <u>6</u>시에 모닝 콜 해 주세요.	**พรุ่งนี้ 6 โมงเช้าช่วยโทรปลุกฉันด้วย** 프룽니-혹모ㅇ차오추-어이토-쁠룩찬두-어이 Please wake me up at six tomorrow morning. 참고 P.152
알겠습니다.	**ทราบแล้ว** 싸-ㅂ래-우 All right.
새 <u>수건</u> 좀 주세요.	**ขอผ้าเช็ดตัวผืนใหม่หน่อย** 커-파-쳇뚜아프-ㄴ마이너-이 Please bring me a new bath towel.
가능한 한 빨리요.	**ขอเร็วที่สุดเท่าที่จะเร็วได้** 커-레우티-쑷타오티-짜레우다이 As soon as possible, please.
알람시계[금고]를 사용하는 방법을 좀 알려 주세요.	**ช่วยสอนวิธีใช้นาฬิกาปลุก [กล่องเซฟตี้] หน่อย** 추-어이써-ㄴ위티-차이나-리까-쁠룩 [끌러-ㅇ쎄-ㅂ띠-] 너-이 Could you tell me how this alarm clock[safety box] works?
전기 콘센트를 못 찾겠어요.	**ฉันหาปลั๊กไฟฟ้าไม่เจอ** 찬하-쁠락퐈(f)이퐈(f)-마이쯔어- I can't find the outlet.
<u>드라이기</u>를 빌릴 수 있을까요?	**ฉันขอยืมไดร์เป่าผมหน่อยได้ไหม** 찬커-유으-ㅁ다이빠오폼너-이다이마이 Could I borrow a dryer?

호텔에서의 매너를 알아 둡시다.

1 방 바깥은 공공장소
파자마 등을 입고 방 바깥을 나서지 말 것. 엘리베이터에서 다른 사람과 같이 탔을 때는 가벼운 인사를 나누는 것이 예의입니다.

2 방 안에서도 매너를
큰 소리를 내거나 다른 투숙객에게 민폐를 끼치는 행동은 금물. 세탁물은 욕실 등에서 말립니다.

3 팁에 대해
태국에는 팁을 주는 문화가 있습니다. 벨보이 등에게 20B 정도를 건넵시다.

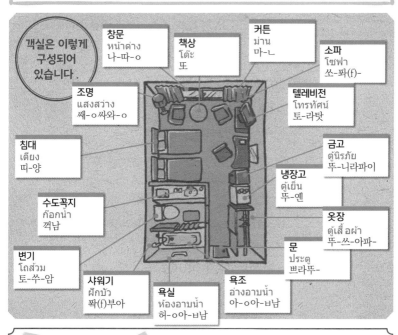

객실은 이렇게 구성되어 있습니다.

창문 หน้าต่าง 나-따-ㅇ
책상 โต๊ะ 또
커튼 ม่าน 마-ㄴ
소파 โซฟา 쏘-퐈(f)-
조명 แสงสว่าง 쌔-ㅇ싸와-ㅇ
텔레비전 โทรทัศน์ 토-라탓
침대 เตียง 띠-양
금고 ตู้นิรภัย 뚜-니라파이
냉장고 ตู้เย็น 뚜-옌
수도꼭지 ก๊อกน้ำ 꺽남
옷장 ตู้เสื้อผ้า 뚜-쓰-아파-
변기 โถส้วม 토-쑤-암
문 ประตู 쁘라뚜-
샤워기 ฝักบัว 퐉(f)부아
욕실 ห้องอาบน้ำ 허-ㅇ아-ㅂ남
욕조 อ่างอาบน้ำ 아-ㅇ아-ㅂ남

곤란한 일이 생겼을 때 바로 사용하는 표현

샤워기가 고장나다
ฝักบัวเสีย
퐉(f)부아씨-야

방을 바꿔 주세요.
กรุณาเปลี่ยนห้อง
까루나-쁠리-얀허-ㅇ

뜨거운 물이 나오지 않아요.
น้ำร้อนไม่ไหล
남러-ㄴ마이라이

변기가 내려가지 않아요.
ชักโครกไม่ทำงาน
착크로-ㄱ마이탐응아-ㄴ

불이 켜지지 않아요.
ไฟไม่ติด
퐈(f)이마이띳

옆방이 시끄러워요.
ข้างห้องเสียงดัง
카-ㅇ허-ㅇ씨-양당

조용해졌어요.
เงียบไปแล้ว
응이-얍빠이래우

기본회화 / 맛집 / 쇼핑 / 뷰티 / 관광 / 엔터테인먼트 / 호텔 / 교통수단 / 기본정보 / 단어장

113

호텔에서 쾌적하게 지내고 싶어요.

호텔 시설 및 서비스

룸서비스 부탁드립니다.

ขอรูมเซอร์วิส
커-루-ㅁ쓰어-윗
Room service, please.

무엇을 주문하고 싶으십니까?

ต้องการสั่งอะไร
떠-ㅇ까-ㄴ쌍아라이
What would you like to have?

피자랑 커피 주세요.

ขอพิซซ่ากับกาแฟ
커-핏싸-깝까-풰(f)-
I'd like a pizza and coffee.

얼음이랑 물 좀 주세요.

ขอน้ำแข็งกับน้ำหน่อย
커-남캥깝남너-이
Please bring me some ice cubes and water.

이불(담요) 좀 주세요.

ขอผ้าห่มหน่อย
커-파-홈너-이
Please bring me a blanket.

방 청소 좀 해 주세요.

ช่วยทำความสะอาดห้องให้หน่อย
추-어이탐콰-ㅁ싸아-ㅅ허-ㅇ하이너-이
The room isn't cleaned.

의사 좀 불러 주세요.

ช่วยเรียกหมอให้หน่อย
추-어이리-약머-하이너-이
Please call a doctor.

주차장을 사용하고 싶습니다.

ฉันต้องการใช้ที่จอดรถ
찬떠-ㅇ까-ㄴ차이티-쩌-ㅅ롯
I'd like to use the parking lot.

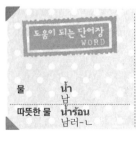
도움이 되는 단어장 WORD

베개	หมอน 머-ㄴ	수건	ผ้าเช็ดตัว 파-체뚜아
침대보	ผ้าปูที่นอน 파-뿌-티-너-ㄴ	물컵	แก้วน้ำ 깨-우남
샴푸	แชมพู 채-ㅁ푸-	드라이기	ไดร์เป่าผม 다이빠오폼
린스	ครีมนวดผม 크리-ㅁ누-앗폼	주전자	กาน้ำ 까-남
비누	สบู่ก้อน 싸부-꺼-ㄴ	재떨이	ที่เขี่ยบุหรี่ 티-키-야부리-

물	น้ำ 남
따뜻한 물	น้ำร้อน 남러-ㄴ

환전하고 싶습니다.	ฉันต้องการแลกเงิน
	찬떠-ㅇ까-ㄴ래-ㄱ응으어-ㄴ
	I'd like to exchange money.

식당이 어디 있나요?	ห้องอาหารอยู่ที่ไหน
	허-ㅇ아-하-ㄴ유-티-나이
	Where is the dining room?

몇 시까지[부터] 여나요?	เปิดถึง [ตั้งแต่] กี่โมง
	쁘어-ㅅ틍[땅때-]끼-모-ㅇ
	What time does it close[open]?

10시까지[부터]요.	ถึง [ตั้งแต่] 10 โมง
	틍[땅때-]씹모-ㅇ
	It's until[from] ten o'clock. 참고 P.150

예약해야 하나요?	จำเป็นต้องจองไหม
	짬뻬떠-ㅇ쩌-ㅇ마이
	Do I need a reservation?

조식용 식당이 있나요?	มีห้องอาหารสำหรับอาหารเช้าไหม
	미-허-ㅇ아-하-ㄴ쌈랍아-하-ㄴ차오마이
	Is there a cafeteria for breakfast?

객실에서 조식을 먹을 수 있나요?	ทานอาหารเช้าในห้องได้ไหม
	타-ㄴ아-하-ㄴ차오나이허-ㅇ다이마이
	Can we eat breakfast in the room?

내일 아침 8시까지 (음식을) 가져와 주세요.	ช่วยถือมาให้พรุ่งนี้ ตอน 8 โมงหน่อย
	추-어이트-마-하이프롱니-떠-ㄴ빼-ㅅ모-ㅇ너-이
	Please bring it at eight in the morning. 참고 P.150

짐을 잠시 맡길 수 있을까요?	ขอฝากของสักครู่ได้ไหม
	커-퐈(f)-ㄱ커-ㅇ싹크루-다이마이
	Could you store this baggage for a while?

가능합니다. 여기에 이름을 써 주세요.	ได้ กรุณาเขียนชื่อตรงนี้
	다이 까루나-키-얀츠-뜨롱니-
	Certainly. Please sign here.

항공 우편으로 이 편지를 보내 주세요.	ช่วยส่งจดหมายนี้ ทางอากาศให้หน่อย
	추-어이쏭쫏마-이니-타-ㅇ아-까-ㅅ하이너-이
	Please send this letter by air.

40바트입니다.	40 บาท
	씨-씹바-ㅅ
	It will be 40 Baht. 참고 P.150

호텔에서 쾌적하게 지내고 싶어요.

저는 한국에 팩스[우편]를 보내고 싶습니다.	ฉันต้องการส่งแฟกซ์ [เมล] ไปที่เกาหลี
	찬떠-ㅇ까-ㄴ쏭퐤(f)-ㄱ[메-ㄹ]빠이티-까올리-
	I'd like to send a fax[an e-mail] to Korea.

이 근처에 맛있는 레스토랑이 있나요?	มีภัตตาคารอร่อยๆอยู่ใกล้แถวนี้ ไหม
	미-팟따-카-ㄴ아러이아러-이유-끌라이태-우니-마이
	Do you know any good restaurants near here?

택시를 불러 주세요.	ช่วยเรียกแท็กซี่หน่อย
	추-어이리-약택씨-너-이
	Please get me a taxi.

호텔 주소가 적혀 있는 카드가 필요합니다.	ฉันต้องการการ์ดที่มีที่อยู่ของโรงแรมนี้
	찬떠-ㅇ까-ㄴ까-ㅅ티-미-티-유-커-ㅇ로-ㅇ래-머니-
	Could I have a card with the hotel's address?

저한테 온 메시지가 있나요?	มีข้อความถึงฉันไหม
	미-커-콰-ㅁ틍찬마이
	Are there any messages for me?

인터넷을 사용할 수 있나요?	ใช้อินเตอร์เน็ตได้ไหม
	차이인뜨어-넷다이마이
	Can I use the Internet?

<u>하루</u> 더 묵으려고 합니다.	ฉันต้องการอยู่ต่ออีก 1 วัน
	친띠-ㅇ까-ㄴ유-떠-이-ㄱ능완
	I'd like to stay one more day.

⌒ 트러블 발생 시 ⌒

객실 열쇠를 잃어버렸어요.	ฉันทำกุญแจห้องหาย
	찬탐꾼째-허-ㅇ하-이
	I lost the room key.

비상사태입니다. / 아무나 얼른 와 주세요.	เหตุด่วน / ใครก็ได้มาด่วน
	헤-ㅅ두-안 / 크라이꺼-다이마-두-안
	It's an emergency. / Could you send someone up now?

방에 없을 때 여권이 사라졌어요.	พาสปอร์ตหายตอนที่เปิดห้องไว้
	파-쓰뻐-ㅅ하-이떠-ㄴ티-쁘어-ㅅ허-ㅇ와이
	My passport was stolen from my room while I was out.

체크아웃을 합시다

체크아웃하려고 합니다.	ฉันต้องการเช็คเอาท์ 찬떠-ㅇ까-ㄴ첵아오 I'd like to check out, please.
<u>민수</u>는 <u>415호</u>에 있습니다.	มินซูอยู่ห้อง 415 민쑤-유-허-ㅇ씨-능하- It's Min Soo in room 415. 참고 P.150
계산이 잘못된 것 같습니다.	เหมือนว่าจะคิดเงินผิด 므-안와-짜킷응어-ㄴ핏 I think this is incorrect.
저는 룸서비스[미니 바]를 사용하지 않았습니다.	ฉันไม่ได้ใช้รูมเซอร์วิส [มินิบาร์] 찬마이다이차이루-ㅁ쓰어-윗[미니바-] I didn't order the room service[use the mini bar].
저는 장거리 전화를 사용하지 않았어요.	ฉันไม่ได้ใช้โทรศัพท์ทางไกล 찬마이다이차이토-라쌉타-ㅇ끌라이 I didn't make any long distance calls.
맡긴 짐을 돌려 주세요.	ขอของที่ฝากไว้คืนด้วย 커-커-ㅇ티-퐈(f)-ㄱ와이크-ㄴ두-어이 I'd like my valuables back, please.
방에 물건을 두고 온 걸 깜빡했습니다.	ฉันลืมของไว้ในห้อง 찬르-ㅁ커-ㅇ와이나이허-ㅇ I left something in my room.
신용카드로 결제하겠습니다.	ฉันต้องการใช้บัตรเครดิต 찬떠-ㅇ까-ㄴ차이밧크레-딧 I'd like to pay by a credit card.
이 신용카드 사용할 수 있나요?	บัตรเครดิตนี้ ใช้ได้ไหม 밧크레-딧니-차이다이마이 Do you accept this credit card?
현금으로 결제하겠습니다.	ฉันจะจ่ายด้วยเงินสด 찬짜짜-이두-어이응어-ㄴ쏫 I'd like to pay by cash.
감사합니다. 즐거웠습니다.	ขอบคุณ ฉันสนุกมาก 커-ㅂ쿤 찬싸눅마-ㄱ Thank you. I really enjoyed my stay.

입국 심사에 필요한
표현은 이렇습니다.

현지 공항에 도착하면 먼저 입국 심사를 하게 됩니다.
여권 등 필요한 것을 준비하는 것도 잊지 마세요!

입국 심사란?

외국인 카운터로 가서 필요 서류를 카운터에 제시합시다. 돌려받게 되는 출입국 카드의 절반 부분은 출국 시까지 잃어버리지 않도록 합니다.

입국 조사 시에 제출해야 하는 것들입니다.
● 여권
● 출입국 카드
● 세관 신고서
● 돌아갈 때의 항공권

세관에서는 이것
● 여권
● 세관 신고서

입국 카드와 세관 신고서는 기내에서 나누어 주므로 빠르게 작성해 둡시다.

여권 좀 확인하겠습니다.
ขอดูพาสปอร์ตหน่อย
커-두-파-쓰뻐-ㅅ너-이
May I see your passport, please?

방문 목적이 무엇인가요?
จุดประสงค์ในการมาคืออะไร
쭛쁘라쏭나이까-ㄴ마-크-아라이
What is the purpose of your visit?

관광입니다. / 비즈니스입니다.
ท่องเที่ยว / ทำงาน
터-ㅇ티-야우/탐응아-ㄴ
Sightseeing. / Business.

며칠 동안 머무르실 겁니까?
คุณจะอยู่กี่วัน
쿤짜유-끼-완
How long are you going to stay?

3일 정도요.
ประมาณ 3 วัน
쁘라마-ㄴ싸-ㅁ완
About three days.

참고 P.150

어디서 묵으십니까?
พักที่ไหน
팍티-나이
Where are you staying?

오리엔트 호텔입니다. / 친구 집입니다.
โรงแรมโอเรียนท์ / บ้านเพื่อน
로-ㅇ래-ㅁ오-리-얀/바-ㄴ프-안
Orient Hotel. / My friend's house.

입국 절차

1 도착	2 입국 심사	3 짐 찾기	4 세관	5 도착 로비
공항에 도착. 안내에 따라 입국 심사대로 이동한다.	외국인 카운터에 줄을 서서 입국 심사를 받는다.	항공사, 편명을 확인 하고 맡겼던 위탁 수 화물을 찾는다.	짐을 가지고 필요한 서류를 제출 하고 세관 검사대로 간다. 구매한 물건들의 가격이 면세 범위 아니 면 그대로 통과. 아닌 경우에는 반 드시 세관 절차를 거친다.	세관을 빠져나와 게이트를 나오면 도착 로비가 나온 다.

환승하는 경우

푸껫으로 가는 항공편 탑승 게이트가 어디에 있나요?

ทางเข้าเกทขึ้นเครื่องไป ภูเก็ต อยู่ที่ไหน

타-ㅇ카오께-ㅅ크-ㄴ크르-앙빠이푸-껫유-티-나이

Where is the boarding gate for Phuket?

위탁 수화물을 잃어 버린 경우

위탁수화물을 잃어버린 경우 에는 먼저 'LOST & FOUND' 카운터를 찾읍시다. 항공권과 수화물 표를 직원에게 보여 주 고 대처를 받읍시다. 바로 찾지 못한다면 짐을 숙박하는 호텔 에 보내 달라고 부탁합시다. 만 일을 대비해 여분의 속옷이나 세면도구, 화장품 등을 기내에 가지고 타는 것도 팁입니다.

제 캐리어가 아직 나오지 않았습니다.

กระเป๋าเดินทางของฉันยังไม่ออกมา

끄라빠오드어-ㄴ타-ㅇ커-ㅇ찬양마이어-ㄱ마-

My suitcase hasn't arrived yet.

찾으시면 호텔로 좀 보내 주십시오.

ถ้าเจอแล้วช่วยส่งไปที่โรงแรมให้หน่อย

타-쯔어-래-우추-어이쏭빠이티-로-ㅇ래-ㅁ하이너-이

Please deliver it to my hotel as soon as you've located it.

캐리어가 망가졌습니다.

กระเป๋าเดินทางเสียหาย

끄라빠오드어-ㄴ타-ㅇ씨-야하-이

My suitcase is damaged.

세관에서 수화
물에 대해 물어
볼 수도 있어요.

친구에게 줄 선물입니다. / 제 것입니다.

ของขวัญให้เพื่อน / ของฉัน

커-ㅇ콰-ㄴ하이프-안/커-ㅇ찬

A present for my friend. / My personal belongings.

도움이 되는 단어장 WORD		수하물 수취	รับสัมภาระ 랍쌈파-라	수하물 표	ใบรับของ 바이랍커-ㅇ
		세관	ศุลกากร 쑨라까-꺼-ㄴ	검역	กักกันโรค 깍깐로-ㄱ
도착/출발	เดินทางมาถึง/ออกเดินทาง 드어-ㄴ타-ㅇ마틍/어-ㄱ드어-ㄴ타-ㅇ	도착 로비	ล็อบบี้ ขาเข้า 럽비-카-카오	면세/과세	ปลอดภาษี/เสียภาษี 쁠러-ㅅ파-씨-/씨-아파-씨-
입국 심사	ตรวจคนเข้าเมือง 뜨루-앗콘카오므-앙	입국 카드	บัตรขาเข้า 밧카-카오	세관 신고	ประกาศศุลกากร 쁘라까-ㅅ쑨라까-꺼-ㄴ

119

기내에서 보다 쾌적하게 보내기 위해

기내
ภายในเครื่อง
파-이나이크르-앙

비행기에 올라타면 해외여행이 시작된 것입니다.
여행 가기 전에 표현들을 익혀 비행기 안에서부터 외국인 승무원에게 말을 걸어 봐요.

기내에서는?

기내에서 쾌적하게 보내기 위해서는 무엇이든 바로 승무원에게 말하는 것이 좋습니다.

기내에 가지고 타면 편리한 물건은?

- 슬리퍼
- 마스크
- 겉옷
- 귀마개
- 목베개
- 안대
- 상비약
- 콘텍트 렌즈 세정액&보존액

- 안약& 인공눈물
- 목캔디
- 물티슈
- 미스트
- 칫솔&치약
- 가이드북& 회화책
- 붓기 방지용 양말

> 액체류는 반입 제한이 있으므로 비행기에 가지고 타기 전에 반드시 확인하세요.

여기는 제 자리입니다.
นี่ที่นั่งของฉัน
니-티-낭커-ㅇ 찬
I think you are in my seat.

푸껫으로 가는 항공편으로 환승할 겁니다.
ฉันจะต่อเครื่องไป ภูเก็ต
찬짜떠-크르-앙빠이푸-껫
I`ll connect with another flight to Phuket.

몸이 좋지 않습니다(불편합니다).
ฉันรู้สึกไม่สบาย
찬루-쓱마이싸바-이
I feel sick.

모니터가 작동하지 않습니다.
หน้าจอไม่ทำงาน
나-쩌-마이탐응아-ㄴ
The monitor is not working.

이곳에 수하물을 놓을 수 있나요?
วางสัมภาระตรงนี้ ได้ไหม
와-ㅇ쌈파-라뜨롱니-다이마이
Can I put my baggage here?

제가 좌석을 기울여도 될까요?
ฉันเอนที่นั่งได้ไหม
찬에-ㄴ티-낭다이마이
Can I recline my seat?

화장실은 어디에 있나요?
สุขาอยู่ที่ไหน
쑤카-유-티-나이
Where is the restroom?

기내 방송을 알아들을 수 있어요!

안전벨트를 착용해 주십시오.
กรุณาคาดเข็มขัดนิรภัย
까루나-카-ㅅ켐캇니라파이
Please fasten your seat belts.

좌석으로 돌아가 주십시오.
กรุณากลับไปที่นั่ง
까루나-끌랍빠이티-낭
Please get back to your seat.

좌석을 원위치로 해 주십시오.
กรุณาปรับที่นั่งให้เหมือนเดิม
까루나-쁘랍티-낭하이므-안드어-ㅁ
Please put your seat back to its original position.

테이블을 원위치로 넣어 주십시오.
กรุณาเก็บโต๊ะเข้าที่เดิม
까루나-껩또카오티-드어-ㅁ
Please put your table back to its original positon.

뭔가 부탁하고 싶을 때는?

좌석에 있는 '승무원 호출' 버튼을 눌러 승무원을 부릅시다. 안전벨트 장착이라는 램프가 켜지지 않은 경우에는 스트레칭 삼아 자리에서 일어나 부탁해도 좋아요.

> 기내에서 술을 마시면 지상에 있을 때보다 더 빨리 취합니다. 너무 많이 마시지 않도록 주의합니다.

베개와 담요 좀 주세요.
ขอหมอนกับผ้าห่มหน่อย
커-머-ㄴ깝파-홈너-이
Could I have a pillow and a blanket?

추워요.[더워요.]
หนาว [ร้อน]
나-우[러-ㄴ]
I'm cold[hot].

오렌지 주스[맥주] 주세요.
ขอน้ำส้มคั้น [เบียร์]
커-남쏨칸[비-야]
Orange juice[Beer], please.

식사가 나올 때 깨우지 않으셔도 됩니다.
ไม่ต้องปลุกฉันช่วงรับประทานอาหารนะ
마이떠-ㅇ쁠룩찬추-앙랍쁘라타-ㄴ아-하-ㄴ나
Don't wake me up for the meal service.

정리해 주실 수 있나요?
ช่วยเก็บให้หน่อยได้ไหม
추-어이껩하이너-이다이마이
Could you take this away?

도움이 되는 단어장 WORD		창문 쪽 좌석	**ที่นั่งข้างหน้าต่าง** 티-낭카-ㅇ나-따-ㅇ	시차	**เวลาต่าง** 웨-ㄹ라-따-ㅇ
		복도 쪽 좌석	**ที่นั่งติดทางเดิน** 티-낭띳타-ㅇ드어-ㄴ	속이 메스껍다	**คลื่นไส้** 클르-ㄴ싸이
사용 중	**กำลังใช้งาน** 깜랑차이응아-ㄴ	좌석 번호	**หมายเลขที่นั่ง** 마-이레-ㄱ티-낭	비상구	**ทางฉุกเฉิน** 타-ㅇ축츠어-ㄴ
비었음	**ว่าง** 와-ㅇ	현지 시간	**เวลาท้องถิ่น** 웨-ㄹ라-터-ㅇ틴	멀미약	**ยาแก้เมา** 야-깨-마오

121

드디어
귀국 날입니다.

출발 약 2시간 전부터 체크인이 가능합니다.
혼잡해지거나 결항될 가능성을 고려하며 여유를 가지고 공항에 갑시다.

리컨펌

최근에는 리컨펌(예약 재확인)을 필요로 하지 않는 곳이 늘어나고 있지만 만약을 대비해 출발 전에 확인해 둡시다.

공항에 빨리 도착하기

경우에 따라서는 체크인 카운터에서 2시간 이상 기다리는 경우도 있으므로 여유를 가지고 공항에 갑시다. 버스나 택시를 이용하여 공항에 가려는 경우 도로 정체 등으로 시간에 맞춰 도착하지 못할 수도 있기 때문에 주의해야 합니다.

체크인

이용하는 항공사의 체크인 카운터에서 체크인을 합시다. 항공권과 여권을 제시하고 기내에 들고 갈 수 없는 짐은 위탁 수화물로 맡깁니다. 수화물 표는 꼭 챙깁시다.

비행편 예약을 확인하고 싶습니다.
ฉันต้องการยืนยันการจองเที่ยวบิน
찬떠-ㅇ까-ㄴ유으-ㄴ얀카-ㄴ쩌-ㅇ티-야우빈
I'd like to reconfirm my flight.

타이 항공 카운터는 어디에 있습니까?
เคาน์เตอร์ การบินไทย อยู่ที่ไหน
카오뜨어-까-ㄴ빈타이유-티-나이
Where is the Thai Airways International counter?

이름은 김민수입니다.
ชื่อ คิมมินซู
츠-킴민쑤-
My name is Kim Min Soo.

인천으로 가는 TG654입니다.
เที่ยวบิน TG654 ไปอินชอน
티-야우빈티-찌-혹하-씨-빠이인처-ㄴ
My flight number is TG 654 for Incheon.

참고 P.150

체크인하려고 합니다.
ขอเช็คอิน
커-첵인
Check in, please.

창문 쪽[복도 쪽] 좌석으로 주세요.
ขอที่นั่งข้างหน้าต่าง [ติดทางเดิน]
커-티-낭카-ㅇ나-따-ㅇ[띳타-ㅇ드어-ㄴ]
Window[Aisle] seat, please.

서둘러야 할 때는 ▶

죄송한데 비행기가 곧 출발하려고 합니다.
ขอโทษด้วย เครื่องจะออกแล้ว
커-토-ㅅ두어이 크르-앙짜어-ㄱ래-우
I'm sorry. My flight is leaving shortly.

출국 수속 절차

1 세관	2 체크인	3 보안 검사	4 출국 심사	5 출발 로비
부가가치세 환급 대상 물건을 산 경우에는 수속을 진행합니다.	항공사 카운터에서 체크인을 하고 짐을 맡깁니다.	짐을 검색대에서 검사하고 게이트를 통과하며 소지품 검사도 합니다.	여권과 탑승권, 출국 카드를 제출하고 출국 심사를 받습니다.	부가가치세 환급을 받는 경우에는 탑승 전에 환급 카운터에서 환급받습니다.

공항에서는 항상 시간을 신경 씁시다. 모르는 것이 있다면 바로 공항 직원에게 물어봅시다.

다른 항공편으로 바꿀 수 있을까요?
เปลี่ยนเป็นเที่ยวบินอื่นได้ไหม
쁠리-얀삔-야우빈으-ㄴ다이마이
Can I change the flight?

10번 게이트가 어디에 있나요?
เกทหมายเลข 10 อยู่ที่ไหน
께-ㅅ마-이레-ㄱ씹유-티-나이
Where is the gate 10?

참고 P.150

이 항공편은 시간에 맞춰서 출발하나요?
เที่ยวบินนี้ จะออกตามกำหนดการไหม
티-야우빈니-짜어-ㄱ따-ㅁ깜놋까-ㄴ마이
Will this flight leave on schedule?

얼마나 늦어지나요?
ช้าแค่ไหน
차-캐-나이
How long will it be delayed?

위탁 수화물 안에 깨지기 쉬운 물건이 있는 경우에는 관계자에게 미리 말해 주세요.

부서지기 쉬운 물건이 있습니다.
มีของแตกง่าย
미-커-ㅇ때-ㄱ응아-이
I have a fragile item.

위탁 수화물 맡기기

가위나 손톱깎이 등 칼 종류는 기내 반입이 금지되어 있으므로 위탁 수화물로 맡겨야 합니다. 액체류 반입에 제한 사항이 있기 때문에 화장품 또한 제한 대상입니다.

제가 이걸 들고 타겠습니다.
ฉันจะถือสิ่งนี้ ขึ้นเครื่อง
찬짜트-씽니-큰크르-앙
This is carry-on luggage.

제가 이 짐을 빼도 되나요?
ฉันเอาสัมภาระนี้ ออกได้ไหม
찬아오쌈파-라니-어-ㄱ다이마이
Can I take out my luggage?

공항에서 시내로 이동

| 기차 รถไฟ 롯퐈(f)이 | 택시 แท็กซี่ 택씨- | 버스 รถเมล์ 롯메- |

도착 후에는 잠깐 헤맬 수도 있습니다. 잘 모르겠다면 용기를 내서 사람들에게 물어봅시다.
문제없이 이동할 수 있다면 여행의 피로가 조금은 풀릴 겁니다.

시내로 향합시다

여기에서는 수완나품 국제공항에서 방콕 시내까지 가는 방법을 소개합니다.

> 고급 호텔이라면 셔틀 버스가 오는 경우도 있으므로 예약 전에 확인해 보세요.

에어포트 레일 링크

공항과 시내 중심부를 연결하는 고속철도 'SA Express'(특급)를 이용하면 약 15~25분, 'SA city Line'(완행)을 이용하면 약 30분이 걸려서 시내에 도착합니다.

출퇴근 시간대에는 붐빌 수 있습니다.

관광 안내소가 어디에 있나요?
สถานที่แนะนำการท่องเที่ยวอยู่ที่ไหน
싸타-ㄴ티-내남까-ㄴ터-ㅇ티-야우유-티-나이
Where is the tourist information center?

방콕 지도 좀 주세요.
ขอแผนที่ในกรุงเทพ
커-패-ㄴ티-나이끄룽테-ㅂ
Could I have the city map of Bangkok?

에어포트 레일 링크(공항철도)를 어디서 타나요?
ขึ้นแอร์พอร์ตลิงค์ได้ที่ไหน
큰애-퍼-ㅅ링다이티-나이
Where is the Airport Rail Link station?

매표소가 어디에 있나요?
ที่ขายตั๋วอยู่ที่ไหน
티-카-이뚜-아유-티-나이
Where is the ticket counter?

파야타이로 가는 표 1장 주세요.
ขอตั๋วไปพญาไท 1 ใบ
커-뚜-아빠이파야-타이능바이
One express ticket to the Phaya Thai, please.

참고 P.150

타는 곳이 어디에 있나요?
ที่ขึ้นอยู่ที่ไหน
티-큰유-티-나이
Where is the platform?

이거 급행 열차 맞나요?
นี่ใช่รถไฟสายด่วนไหม
니-차이롯퐈(f)이싸-이두-안마이
Is this the express train?

미터 택시

공항에서 타는 경우에는 미터
요금에 수수료가 붙습니다. 승
차 시에 직원이 택시 번호를 써
주는데 이는 나중에 클레임을
걸 때 사용되므로 운전기사에
게 넘겨 주지 않습니다.

고속도로 톨게이트 비용은 요
금소에서 내는 경우나 도착 시
내는 경우가 있습니다.

택시 타는 곳이 어디에 있나요?
ที่ขึ้นแท็กซี่อยู่ที่ไหน
티-큰택씨-유-티-나이
Where is the taxi stand?

이 호텔까지 가는 데 대략 얼마인가요?
ไปถึงโรงแรมนี้ ประมาณเท่าไหร่
빠이틍로-ㅇ래-ㅁ니-쁘라마-ㄴ타오라이
How much will it be to go it to this hotel?

이 호텔까지 가는 데 몇 시간 걸리나요?
ไปถึงโรงแรมนี้ ใช้เวลากี่ชั่วโมง
빠이틍로-ㅇ래-ㅁ니-차이웰-ㄹ라-끼-추-아모-ㅇ
How long does it take to get to this hotel?

이 주소대로 따라가 주세요.
ไปตามที่อยู่นี้
빠이따-ㅁ티-유-니-
To this address, please.

노선 버스

공항 내에 탑승하는 곳에서 노
선 버스를 이용할 수 있습니다.

공항 터미널 건물에서 타는 곳
까지 무료 셔틀 버스를 운행합
니다.

이 버스 시암에 가나요?
รถเมล์สายนี้ ไปสยามไหม
롯메-싸-이니-빠이싸야-ㅁ마이
Does this bus go to Siam?

다음 버스는 몇 시에 출발하나요?
รถเมล์สายถัดไปออกกี่โมง
롯메-싸-이탓빠이어-ㄱ끼-모-ㅇ
What time does the next bus leave?

시암에 도착하면 말씀해 주세요.
ถ้าถึงสยามกรุณาบอกด้วย
타-틍싸야-ㅁ까루나-버-ㄱ두-어이
Please tell me when we arrive at Siam.

125

대중교통을
타고 이동하기

 BTS (지상철)　BTS 비-티-에-ㅅ

 MRT (지하철)　MRT 에-ㅁ아-티-

BTS와 MRT를 이용하면 방콕 시내 관광이 더 편해집니다.
기본적인 사항만 알면 능숙하게 이용할 수 있답니다.

BTS(스카이트레인)

방콕 시내 관광에 가장 많이 활용되는 교통수단. 러시아워를 신경 쓰지 않고 이동할 수 있습니다. 운행 시간은 대체로 아침 6시부터 밤 12시까지이며 배차 간격은 2-8분 정도입니다.

역 입구의 표지판

티켓을 사자

1회권을 사는 경우에는 티켓 판매기에서 삽니다. 5B, 10B만 투입 가능한 경우가 많으므로 미리 준비해 둡니다. 1회권 이외에는 매표소에서 구매합니다.

개찰구 통과하기

개찰구 앞에서 티켓을 투입합니다. 티켓이 나오면 게이트가 열립니다. 바로 게이트가 닫히므로 빠르게 통과합시다.

충전식 카드는 개찰 상단에 있는 빨간 판넬에 터치하면 게이트가 열립니다.

승차~하차

전광판에서 행선지를 확인하고 승차합니다. 목적지에 하차하고 개찰구를 지나 밖으로 나옵니다. 1회권은 회수되지만 1일권은 다시 나오므로 꼭 개찰구에서 챙겨 갑니다.

운행 지도 좀 주세요.
ขอแผนที่การเดินทาง
커-패-ㄴ티-까-ㄴ드어-ㄴ타-ㅇ
Can I have a railway map?

기계에서 표가 안 나와요.
ตั๋วไม่ออกมาจากเครื่อง
뚜-아마이어-ㄱ마-짜-ㄱ크르-앙
The ticket isn't coming out from the machine.

돈 좀 (동전으로) 바꿔 주세요.
แลกเงินด้วย
래-ㄱ응으어-ㄴ두-어이
Can I exchange my money?

일일권 1매 주세요.
ขอตั๋ววัน 1 ใบ
커-뚜-아완능바이
An one-day ticket, please.

참고 P.150

이 곳에 가려면 어느 노선을 타야 하나요?
จะไปที่นี่ควรนั่งสายอะไร
짜빠이티-니-쿠-안낭싸-이아라이
Which line should I take to get here?

이 열차 실롬에 가나요?
รถไฟนี้ ไปสีลมไหม
롯퐈(f)이니-빠이씨-ㄹ롬마이
Does this train go to Silom?

다음 역이 시암 맞지요?
สถานีต่อไปสยามใช่ไหม
싸타-니-떠-빠이싸야-ㅁ차이마이
Is the next stop Siam?

BTS&MRT 이용 시 주의점
1. 역 구내에 화장실이 없다.
2. 역 구내, 차내에서 음식물 섭취나 흡연은 금지.
3. 승려(스님) 및 어린이, 노인에게 자리를 양보하는 것이 매너.

MRT(지하철)

BTS와 같이 방콕 시민의 발이다. 운행 시간은 대체로 아침 6시에서 밤 12시까지이며, 5~7분 간격으로 운행하고 있다.

역 입구의 표지판

여기서 가장 가까운 지하철(MRT) 역이 어디인가요?
จากที่นี่สถานีรถไฟใต้ดินไหนใกล้สุด
짜-ㄱ 티-니-싸타-니-롯퐈(f)이따이딘나이끌라이쑷
Where is the nearest MRT station?

창구(카운터)가 어디에 있나요?
เคาน์เตอร์อยู่ที่ไหน
카오뜨어-유-티-나이
Where is the ticket counter?

티켓을 사자

자동 발매기는 터치식이며 영어 표시로 바꾸는 것이 가능합니다.

차이나타운에 가려면 어디서 내려야 하나요?
ถ้าจะไปไชน่าทาวน์ควรลงที่ไหน
타-짜빠이차이나-타-우쿠-안롱티-나이
Where should I get off to get to Chinatown?

개찰구 통과하기

티켓을 읽는 부분에 터치. 게이트가 열리는 시간이 짧으므로 재빨리 통과합시다.

첫차[막차]는 언제 출발하나요?
ขบวนแรก [ขบวนสุดท้าย] ออกกี่โมง
카부-안래-ㄱ [카부-안쑷타-이]어-ㄱ끼-모-ㅇ
What time does the first [last] train leave?

승차~하차

차내에서는 태국어와 영어로 방송이 나옵니다. 하차하면 개찰구를 지나 바깥으로.

여기서 수쿰윗까지 얼마나 걸리나요?
จากนี้ถึงสุขุมวิทใช้เวลาเท่าไหร่
짜-ㄱ 니-틍쑤쿰윗차이웰-라-타오라이
How long does it take to get to Sukhumvit?

도움이 되는 단어장 WORD		창구	เคาน์เตอร์ 카-오뜨어-	출구	ทางออก 타-ㅇ어-ㄱ
		검표하다	ตรวจตั๋ว 뜨루-앗뚜-아	교통요금	ค่าโดยสาร 카-도-이싸-ㄴ
역	สถานี 싸타-니-	플랫폼	ชานชาลา 차-ㄴ차-르라	표	ตั๋ว 뚜-아
매표기	เครื่องขายตั๋ว 크르-앙카-이뚜-아	입구	ทางเข้า 타-ㅇ카오	환승	เปลี่ยนสายรถ 쁠리-얀싸-이롯

대중교통을
타고 이동하기

택시

แท็กซี่
택씨-

짐이 많은 경우에 편리한 택시.
승차 시에 행선지와 요금을 확인하고 안전하게 이용합시다.

태국의 택시

요금 미터기가 달린 택시와 가격 흥정이 필수인 택시 2종류가 있습니다. 관광객은 미터기가 달린 택시를 타는 것이 더 안전합니다.

지붕에 'TAXI-METER'라고 표시되어 있습니다.

택시를 잡자

승객을 기다리는 택시가 바가지를 씌우는 경우가 더 많으므로 돌아다니는 택시를 잡아서 타는 게 무난합니다. 팔목을 비스듬히 내려 손으로 팔락거리며 부르면 빈 차가 앞에 섭니다.

승차하기

행선지와 미터기를 사용하는지를 확인한 후 탑승합니다. 먼저 미터기를 가동하고 있는지 확인합니다. 작동하지 않는다고 지적해도 무시하거나 무리하게 가격 흥정을 하려고 한다면 그냥 그 자리에서 내립니다.

출발하기 전에 미터기가 작동하는지 확인을 합시다. 작동하지 않는다면 운전기사님에게 이야기합니다.

택시를 불러 주세요.
กรุณาเรียกแท็กซี่
까루나-리-약택씨-
Please get me a taxi.

이 호텔까지 가는 데에 택시비가 얼마 정도 나오나요?
ไปถึงโรงแรมนี้ ค่าแท็กซี่ประมาณเท่าไหร่
빠이틍로-ㅇ래-ㅁ니-카-택씨-쁘라마-ㄴ타오라이
How much will it be to go to this hotel?

시간이 얼마 정도 걸리나요?
ใช้เวลาประมาณเท่าไหร่
차이웰-ㄹ라-쁘라마-ㄴ타오라이
How long will it take?

이 주소[여기]로 가 주세요.
ช่วยพาไปที่อยู่นี้ [ที่นี่]
추-어이파-빠이티-유-니-[티-니-]
Take me to this address [here], please.

트렁크에 짐을 보관해 주세요.
กรุณาเก็บสัมภาระไว้ในที่เก็บ
까루나-껩쌈파-라와이나이티-껩
Please put my luggage in the trunk.

빨리요.
เร็วๆ!
레우-레우
Please hurry!

미터기가 안 움직이네요.
มิเตอร์ไม่ขยับ
미뜨어-마이카얍
The meter isn't working.

'툭툭'이란?

좌석이 붙어 있는 오토바이로 요금은 흥정을 통해 지불합니다. 요금이 엄청 저렴한 경우에는 마음대로 기념품 가게 등에 끌고 가는 경우도 있습니다. 택시와 마찬가지로 야간에 여자 혼자 타는 것은 위험합니다.

목적지를 지나가거나 정체가 심해 내리고 싶을 경우에는 택시기사님께 말합시다.

여기서 세워 주세요.

กรุณาจอดที่นี่

까루나-쩌-ㅅ티-니-

Can you stop here?

여기서 잠시만 기다려 주세요.

รอที่นี่แป๊บนึง

러-티-니-뺍능

Can you wait here for a while?

하차하기

목적지에 도착하면 미터기에 찍힌 요금을 지불하고 내립니다. 팁을 낼 필요는 없지만 10B 이하의 거스름돈은 제멋대로 팁으로 가져가는 경우도 있습니다.

얼마인가요?

เท่าไหร่

타오라이

How much is it?

영수증[잔돈]도 주세요.

ขอใบเสร็จ [เงินทอน] ด้วย

커-바이쎗[응으어-ㄴ터-ㄴ]두-어이

Could I have a receipt[change], please?

미터기에 나와 있는 것과 가격이 달라요.

ราคาต่างกับที่มิเตอร์

라-카-따-ㅇ깝티-미뜨어-

The fare is different from the meter.

택시 이용 시 주의점

1. 심야에는 여자 혼자 타는 것을 피합니다.

2. 트러블이 생겼을 때는 택시 등록 번호를 알아 둡니다.

3. 택시기사 중에서 길을 잘 모르는 사람도 있기 때문에 가는 도중에 길을 잘

못 들지 않도록 확인합니다.

4. 택시기사가 거스름돈을 가지고 있지 않은 경우가 많으므로 500B나 1000B 등 고액의 지폐는 내지 않는 것이 좋습니다.

대중교통을
타고 이동하기

시민들의 발이 되어 주는 버스는 관광객에게는 타는 법이 조금 어려울 수도 있어요. 하지만 현명하게 이용하면 저렴한 요금을 내고 효과적으로 이용할 수 있어요.

노선과 운행 시간

노선의 수는 방콕 시내만 해도 200여 개에 달합니다. 운행 시간은 노선에 따라 다르네 정해진 시간만 운행하는 노선, 24시간 운행 노선, 러시아워 때 쾌속 운행하는 노선 등 다양합니다.

주요 버스 종류

승차 거리에 따라 요금이 다른 에어컨 버스와 요금이 일률적인 논에어컨 버스가 있습니다.

에어컨 버스

승차 전에

서점이나 호텔, 역 등에서 파는 노선도(50B 정도)로 목적지에 가는 버스 번호를 확인합시다.

승차하기

버스 정류장에서 타고 싶은 버스가 오면 운전기사에게 신호를 보냅니다. 정확한 시간에 도착하지 않는 경우가 많으므로 여유롭게 정류장에 도착해 기다려야 합니다.

버스 노선도 좀 주세요.
ขอแผนที่การเดินรถของรถเมล์
커-패-ㄴ티-까-ㄴ드어-ㄴ롯커-ㅇ롯메-
Can I have a bus route map?

한국어로 된 노선도가 있나요?
มีแผนที่การเดินทางภาษาเกาหลีไหม
미-패-ㄴ티-까-ㄴ드어-ㄴ타-ㅇ파-싸-까올리-마이
Do you have a route map in Korean?

빠뚜남 시장에 가려면 몇 번 버스를 타야 하나요?
ไปตลาดประตูน้ำขึ้นรถเมล์สายอะไร
빠이딸라-ㅅ쁘라뚜-남큰롯메-싸-이아라이
Which line should I take to get Talat Pratunam?

왓 프라깨우에 가는 버스 정류장이 어디에 있나요?
ป้ายรถเมล์ที่จะไปวัดพระแก้วอยู่ที่ไหน
빠-이롯메-티-짜빠이왓프라깨-우유-티-나이
Where is the bus stop for Wat Phrakaeo?

이 버스 차이나 타운에 가나요?
รถเมล์สายนี้ไปไชน่าทาวน์ไหม
롯메-싸-이니-빠이차이나-타-우마이
Does this bus go to Chinatown?

요금이 얼마인가요?
ค่าโดยสารราคาเท่าไหร่
카-도이싸-ㄴ라-카-타오라이
How much is the fare?

왕궁에 가려면 어디서 버스를 타야 하나요?
ไปพระบรมมหาราชวังขึ้นรถที่ไหน
빠이프라바롬마하-라-ㅅ차왕크ㄴ롯티-나이
Where should I get on to get to Grand Palace?

버스 이용 시 주의할 점
1. 복잡한 버스 안에서 소매치기에 주의합니다.
2. 러시아워 시간대나 비가 많이 오는 날에는
교통체증이 심하므로 2~3배 정도의 시간이 더
걸립니다.

하차하기
내릴 곳이 가까워지면 천장이나 벽의 버저를 누릅니다.

수쿰윗에 도착하면 말씀해 주세요.
ถึงสุขุมวิทแล้วกรุณาบอกด้วย
틍쑤쿰윗래-우까루나-버-ㄱ두-어이
Please tell me when we arrive at Sukhumvit.

버스를 잘못 탔어요.
ขึ้นรถเมล์ผิดสายเสียแล้ว
큰롯메-핏싸-이씨-야래-우
I took the wrong bus.

내려 주세요.
อยากจะลงรถ
야-ㄱ짜롱롯
Would you let me off?

여기서 [다음에] 내립니다.
จะลงที่นี่ [ถัดไป]
짜롱티-니-[탓빠이]
I'll get off here [next].

돌아가는 버스 정류장은 어디에 있나요?
ป้ายรถเมล์ขากลับอยู่ที่ไหน
빠-이롯메-카-끌랍유-티-나이
Where is the bus stop for going back?

	에어컨 버스	รถเมล์ปรับอากาศ 롯메-쁘랍아까-ㅅ	좌석	ที่นั่ง 티-낭
	일반 버스	รถเมล์ธรรมดา 롯메-탐마-다-	교통요금	ค่าโดยสาร 카-도이싸-ㄴ
노선도	แผนที่การเดินทาง 패-ㄴ티-까-ㄴ드어-ㄴ타-ㅇ	버스 정류장	ป้ายรถเมล์ 빠-이롯메-	하차벨	กริ่งกดลงรถ 끌링꼿롱롯
노선 번호	หมายเลขเส้นทาง 마-이레-ㄱ쎄-ㄴ타-ㅇ	운전기사	คนขับรถ 콘캅롯	차가 막히다	รถติด 롯띳

환전은
이렇게 하세요

화폐와 환전 อัตรา การแลกเปลี่ยน
앗뜨라-까-ㄴ래-ㄱ쁠리-얀

여행지에서 가장 중요한 것이 바로 돈이죠. 시장 같은 곳에서는 카드를 사용하지 못하는 가게가 많아 현금을 준비해야 합니다. 입국하면 먼저 공항을 나와 호텔에서 휴식을 취하면서 사용할 돈을 준비해 봅시다.

화폐

1000B
500B

태국의 화폐는 '바트(B)'와 그 아래 단위인 '섯땅(S)'입니다. 1B=100S입니다. 자주 사용되는 지폐는 1000B, 500B, 100B, 50B, 20B이며, 동전은 10B, 5B, 2B, 1B, 50S, 25S입니다.

100B
50B
20B

지폐 디자인이 닮았으므로 계산할 때 잘못 내는 경우가 없도록 주의합시다.

10B
5B
2B
1B
50S
25S

환전에 대해

한국에서 환전하기보다는 현지에서 환전하는 것을 추천합니다. 공항이나 호텔, 은행, 번화가의 환전소 등에서 환전이 가능합니다. 환전을 하면 그 자리에서 금액을 확인하고 환전 명세서를 보관해 둡시다.

원화로 10000바트를 바꾸고 싶습니다.
ต้องการแลกเปลี่ยนเงินวอนเป็น 10000 บาท
떠-ㅇ까-ㄴ래-ㄱ쁠리-얀응으어-ㄴ워-ㄴ삔능믄바-ㅅ
I'd like to buy 10000 Baht with won. 참고 P.150

어떻게 할까요?
ทำอย่างไร
탐야-ㅇ라이
How would you like it?

500바트짜리 지폐 10장이랑 100바트짜리 지폐 50장으로 주세요.
ขอธนบัตร 500 บาท 10 ใบและธนบัตร 100 บาท 50 ใบ
커-타나밧하-러-이바-ㅅ씹바이래타나밧능러-이바-ㅅ하-씹바이
I'd like ten 500 Baht bills and fifty 100 Baht bills. 참고 P.150

바트로 바꾸고 싶습니다.
ฉันต้องการแลกเป็นเงินบาท
찬떠-ㅇ까-ㄴ래-ㄱ삔응으어-ㄴ바-ㅅ
Can you change this into Baht?

여행자용 수표를 현금으로 바꿔 주세요.
กรุณาแลกเช็คเดินทางเป็นเงินสด
까루나-래-ㄱ 첵드어-ㄴ타-ㅇ 뻰응으어-ㄴ쏫
I'd like to cash this traveler's check.

일반적으로 번화가의 환전소, 은행, 공항, 호텔 순으로 환급률이 안 좋습니다.

이 지폐를 동전으로 바꿔 주세요.
กรุณาแลกธนบัตรนี้ เป็นเหรียญ
까루나-래-ㄱ 타나밧니-뻰리-얀
Please change this bill into coins.

계산이 틀린 것 같아요.
ฉันคิดว่าคำนวณผิด
찬킷와-캄누-안핏
I think this is incorrect.

영수증 좀 주세요.
ขอใบเสร็จหน่อย
커-바이쎄너-이
Could I have the receipt?

500바트짜리 지폐 (10장) 주세요.
ขอธนบัตร 500 บาท(10ใบ)
커-타나밧하-러-이바-ㅅ(씹바이)
(Ten) 500 B, please.

참고 P.150

동전도 주세요.
ขอเหรียญด้วย
커-리-얀두-어이
Could I have some coins?

신용카드로 현금 서비스 이용을 ?

국제 브랜드의 신용카드나 그 제휴 신용카드를 사용하면 길거리 여기저기에서 볼 수 있는 ATM기에서 현금 서비스 이용이 가능합니다. 필요한 금액만 인출할 수 있기 때문에 여유 현금이 없어도 걱정이 없습니다.

이용 제한, 이용 조건 등을 출발 전에 확인해 둡시다.

1. 신용카드를 넣고 언어를 선택한다.

2. '비밀번호를 눌러 주세요'

4개의 비밀번호(PIN)를 입력.

3. '인출 내용을 선택해 주세요'

출금을 원하는 경우에는 'WITHDRAWAL'를 선택.

4. '인출 구좌를 선택해 주세요'

현금 서비스는 'CREDIT'을, 국제 현금카드에서 구좌를 인출하는 경우에는 'SAVING'을 선택.

편지나 소포를 보내 봅시다.

우편 및 배송
ไปรษณีย์ การส่งมอบ
쁘라이싸니- 까-ㄴ쏭머-ㅂ

해외에서 편지로 여행의 기분을 전하세요.
사 두었던 기념품을 소포로 보내면 가벼운 몸으로 여행을 할 수 있겠죠.

편지나 엽서 보내기

호텔의 프런트에 부탁하거나 우체국 또는 우편 서비스를 대행하는 대리점으로 갑시다. 대리점은 BTS 역이나 쇼핑센터 등에 있습니다.

태국의 우편 시스템

엽서나 봉투 서류를 국제우편으로 보내는 경우, 1주일 정도 걸리지만 태국의 우편 시스템 사정이 좋지 않아 제때 도착하지 않는 경우도 종종 있습니다.

태국의 우체통

투입구의 왼쪽은 시외, 오른쪽은 시내 우편입니다. 집하를 자주 안 하는 경우도 있기 때문에 주의합니다.

우표를 어디서 살 수 있나요?
ซื้อแสตมป์ได้ที่ไหน
쓰-싸때-ㅁ다이티-나이
Where can I buy some stamps?

우체국[우체통]이 어디에 있나요?
ที่ทำการไปรษณีย์ [ตู้จดหมาย] อยู่ที่ไหน
티-탐까-ㄴ쁘라이싸니-[뚜-쫏마-이]유-티-나이
Where is the post office[mailbox]?

저는 이 물건을 한국에 보내고 싶습니다.
ฉันอยากส่งสิ่งนี้ ไปที่เกาหลี
찬야-ㄱ쏭씽니-빠이티-까올리-
I'd like to send this to Korea.

며칠 정도 걸릴까요?
ใช้เวลาประมาณกี่วัน
차이웰-ㄹ라-쁘라마-ㄴ끼-완
How long does it take to get there?

EMS로 보내 주세요.
กรุณาส่งแบบEMS
까루나-쏭배-ㅂ이-에-ㅁ에-ㅅ
Can you send it by express?

한국까지 배송비가 얼마인가요?
ค่าส่งไปที่เกาหลีเท่าไร
카-쏭빠이티-까올리-타오라이
How much is the postage to Korea?

항공편은 350바트, 선편은 150바트입니다.
ทางอากาศ 350 บาท ทางเรือ 150 บาท
타-ㅇ아-까-ㅅ싸-ㅁ러-이하-씹바-ㅅ 타-ㅇ르-아능러-이하-씹바-ㅅ
350 Baht for air, and 150 Baht for ship.

참고 P.150

134

집 배송

항공편, 배편은 20kg까지, EMS (국제비즈니스편)는 30kg까지 보낼 수 있습니다. 항공편이나 배편은 도착까지 시간이 걸리기 때문에 요금을 조금 더 내더라도 EMS를 추천합니다. 빠르게 한국에 도착하고 전표 번호로 배송 상태를 확인할 수 있습니다.

국제 택배

요금이 많이 들지만 전화 한 통으로 집하를 하러 와 줍니다. DHL이나 FedEX 등의 대형 택배 회사를 이용할 수 있습니다.

한국에 물건을 보내고 싶습니다.
อยากจะส่งของไปที่กาหลี
야-ㄱ 짜쏭커-ㅇ 빠이티-까올리-
I'd like to send a package to Korea.

박스와 테이프 좀 주실 수 있을까요?
ขอกล่องกับเทปได้ไหม
커-끌러-ㅇ 깝테-ㅂ 다이마이
Could I have a box and a tape?

송장 쓰는 방법을 알려 주세요.
กรุณาบอกวิธีเขียนใบส่งของ
까루나-버-ㄱ 위티-키-얀바이쏭커-ㅇ
Could you tell me how to write an invoice?

부서지기 쉬운 물건이 들어 있어요.
มีของแตกง่ายอยู่
미-커-ㅇ 때-ㄱ 응아-이유-
There is a fragile item in here.

주소 쓰는 방법

● 엽서나 편지의 경우

보내는 사람은 한국어라도 OK! 한국의 주소를 써도 좋습니다.

POST CARD

HONG GIL DONG
Orient Hotel
Bangkok, Thailand

우표(우체국이나 호텔에서 살 수 있다)

서울특별시 종로구 세종대로 1

주소는 한국어로 써도 OK.

REPUBLIC of KOREA

나라 이름은 대문자로 쓰기

대문자로 쓰기 (항공편이란 의미)

AIR MAIL

도움이 되는 단어장
WORD

우표	แสตมป์ 싸때-ㅁ	파손 주의	ระวังแตก 라왕때-ㄱ
봉한 서신	จดหมายปิดผนึก 쫏마-이삣파늑	취급 시 주의사항	ข้อระวังในการใช้งาน 커-라왕나이까-ㄴ차이응아-ㄴ
우편 엽서	ไปรษณียบัตร 쁘라이싸니야밧	인쇄물	สิ่งพิมพ์ 씽핌	소포	พัสดุ 팟싸두

전화를 걸어 봅시다.

전화 โทรศัพท์
토라쌉

레스토랑이나 에스테틱 등의 예약은 물론 긴급 상황에 전화를 쓸 수 있으면 편리하고 든든합니다. 숙박하고 있는 호텔이나 한국 대사관의 번호를 알아 두면 안심이 됩니다.

전화기를 찾아봅시다.

국제전화기는 국제 통화 전용의 노란색 공중전화나 호텔의 방에서 걸 수 있습니다.

> **공중 전화가 어디에 있나요?**
> โทรศัพท์สาธารณะอยู่ที่ไหน
> 토라쌉싸-타-라나유-티-나이
> Where is the pay phone?

전화를 걸어 봅시다.

※국제전화
○다이얼 직통 전화

·일반 전화
서울 02-1234-5678에 걸 때
호텔에서부터 걸 때,
호텔의 외선번호
　　　　한국의 국가 번호

●-001-82-2-1234-5678
　↑　　↑
국제전화　지역 번호에서 첫
식별 번호　0을 빼고 누른다

·휴대전화
010-1234-5678로 걸 때
호텔에서부터 걸 때,
호텔의 외선번호
　　　　한국의 국가번호

●-001-82-10-1234-5678
　↑　　↑
국제전화　010에서 첫 0을 빼
식별 번호　고 누른다.

○국제 전화 회사 서비스를 이용하기
신용 카드나 전용 카드를 사용해 한국으로 국제 다이얼 통화를 이용할 수 있습니다.

※ 국내 전화
시외 통화든 시내 통화든 시외 국번을 먼저 누릅니다.

> **여보세요. 쉐라톤 호텔 맞나요?**
> ฮัลโหล โรงแรมเชอราตันหรือเปล่า
> 한로- 로-ㅇ래-ㅁ츠어-라-딴르-쁠라오
> Hello. Is this the Sheraton Hotel?

> **1102호 김민수 씨 좀 바꿔 주세요.**
> รบกวนขอสายคุณคิมมินซูห้อง 1102
> 롭꾸-안커-싸-이쿤킴민쑤-허-ㅇ능쑤-ㄴ써-ㅇ
> May I speak to Mr. Kim Min Soo in room 1102?
> 참고 P.150

> **잠시만 기다려 주세요.**
> กรุณารอสักครู่
> 까루나-러-싹크루-
> Just a moment, please.

> **메시지를 남길 수 있을까요?**
> ฝากข้อความไว้ได้ไหม
> 퐈(f)-ㄱ커-쾀-ㅁ와이다이마이
> Can I leave a message?

> **그럼 다시 전화하겠습니다.**
> แล้วจะโทรมาใหม่
> 래-우짜토-마-마이
> I'll call again later.

> **박민지가 전화했다고 전해 주세요.**
> กรุณาบอกว่าปาร์คมินจีโทรมา
> 까루나-버-ㄱ와-빠-ㄱ민찌-토-마-
> Please tell her that Park Min Jee called.

국제전화 회사의 식별 번호

KDDI(001), 소프트뱅크 텔레콤(0061), NTT 커뮤니케이션(0033)으로 마이라인플러스에 등록하고 있는 경우에는 생략할 수 있습니다.

한국에서 태국으로 국제전화를 거는 방법은?

한국에서 태국의
0-2123-4567
로 거는 경우

국제전화 회사의 식별 번호
태국의 국가 번호
●-010-66-2123-4567
국제전화 식별 번호
첫 0을 뺀 상대방의 번호

전화를 할 때는 메모지를 준비합시다.

조금 천천히 말해 주세요.
กรุณาพูดช้าลงหน่อย
까루나-푸-ㅅ차-롱너-이
Could you speak more slowly?

죄송합니다. 잘못 걸었습니다.
ขอโทษ โทรผิดเบอร์
커-토-ㅅ 토-핏브어-
I'm sorry. I have the wrong number.

휴대전화를 이용할 때

한국의 스마트폰을 해외로밍으로 사용하는 것도 가능하지만 고액의 사용료가 부담스러운 경우에는 현지에서 휴대폰을 렌탈한 다음, 프리페이드식 SIM 카드를 삽입해 이용하는 것도 추천합니다.

또 WIFI가 사용 가능한 곳에서는 WIFI가 내장된 휴대폰이나 PC로 스카이프 등의 인터넷 전화 서비스를 이용하는 것도 좋습니다. 한국에서 구매한 휴대폰을 사용하는 경우 해외로밍을 꼭 꺼 두어야 합니다.

휴대폰을 좀 빌리고 싶습니다.
อยากจะขอยืมโทรศัพท์มือถือ
야-ㄱ짜커-유으-ㅁ토-라쌉므-트-
I'd like to rent a cell phone.

국제 전화 카드 500바트짜리 주세요.
ขอบัตรโทรศัพท์ระหว่างประเทศ 500 บาท
커-바-ㅅ토-라쌉라와-ㅇ쁘라테-ㅅ하-러-이바-ㅅ
I'd like a 500 Baht international phone card.

한국에 콜렉트콜로 전화를 걸고 싶습니다.
อยากจะโทรแบบเก็บเงินปลายทางไปที่เกาหลี
야-ㄱ짜ㅊ-배-ㅂ껩응어-ㄴ쁠라-이타-ㅇ빠이티-까올리-
I'd like to make a collect call to Korea.

이 전화기를 써도 될까요?
ขอใช้โทรศัพท์เครื่องนี้ ได้ไหม
커-차이토-라쌉크르-앙니-다이마이
Can I make a call from this phone?

한국어를 할 수 있는 사람이 있나요?
มีคนพูดภาษาเกาหลีได้ไหม
미-콘푸-ㅅ파-싸-까올리-다이마이
Is there anyone who speaks Korean?

137

인터넷을 사용해 봅시다.

인터넷 인เตอร์เน็ต
อินเตอร์เน็ต
อินเทอร์-넷

현지에서 정보를 얻을 때는 물론이고, 통신수단으로도
여행지에서 인터넷을 이용하는 것을 빠뜨릴 순 없죠!

인터넷을 이용하려면?

호텔의 객실이나 비즈니스 센터,
번화가의 PC방 등을 이용할 수
있습니다. 호텔에서는 고객의 이
용료를 내야 하는 경우도 있으므
로 이용 전에 확인해야 합니다.

스마트폰은 전원을 켜기만 해
도 자동으로 데이터를 전송하
는 경우가 있어 모르는 사이에
고액의 요금을 내야 할 수가 있
으므로 설정을 반드시 주의해
서 합니다.

이 호텔에서 인터넷을 사용할 수 있나요?
ที่โรงแรมนี้ ใช้อินเตอร์เน็ตได้ไหม
티-로-ㅇ래-ㅁ니-차이인뜨어-넷다이마이
Can I use the Internet in this hotel?

이 주변에 인터넷 카페(PC방)가 있나요?
มีร้านอินเตอร์เน็ตอยู่แถวๆนี้ ไหม
미-라-ㄴ인뜨어-넷유-태우태우-니-마이
Is there an Internet café around here?

개인 컴퓨터를 연결해서 사용할 수 있나요?
ใช้คอมตัวเองเชื่อมต่อได้ไหม
차이커-ㅁ뚜-아에-ㅇ츠-암떠-다이마이
Can I use my own PC?

1시간에 얼마인가요?
1 ชั่วโมงราคาเท่าไหร่
능추-아모-ㅇ라-카-타오라이   참고 P.152
How much is it for an hour?

이 모니터 한국어도 되나요?
มอนิเตอร์นี้ แสดงภาษาเกาหลีได้หรือเปล่า
머-니뜨어-니-싸대-ㅇ파-싸-까올리-다이르-쁠라오
Can this PC display Korean characters?

와이파이가 무료인가요?
มีไวไฟฟรีไหม
미-와이퐈(f)이프(f)리-마이
Do you have a free WiFi service?

와이파이 공유기를 빌리고 싶습니다.
อยากจะขอยืมเร้าท์เตอร์ไวไฟ
야-ㄱ짜커-유으-ㅁ라오뜨어-와이퐈(f)이
I'd like to rent a WiFi router.

138

태국의 PC방

요금은 1분에 1B를 받는 곳이 가장 기본적인 PC 방입니다. 방콕이나 푸껫 등 관광지에서 한국어 입력이 가능한 기종을 준비해 둔 곳이 많지만 만약을 대비해 들어가기 전에 확인합니다.

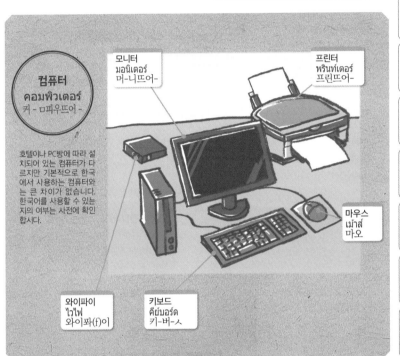

컴퓨터
คอมพิวเตอร์
커-ㅁ피우뜨어-

호텔이나 PC방에 따라 설치되어 있는 컴퓨터가 다르지만 기본적으로 한국에서 사용하는 컴퓨터와는 큰 차이가 없습니다. 한국어를 사용할 수 있는지의 여부는 사전에 확인합시다.

모니터
มอนิเตอร์
머-니뜨어-

프린터
พริ้นท์เตอร์
프린뜨어-

마우스
เม้าส์
마오

와이파이
ไวไฟ
와이퐈(f)이

키보드
คีย์บอร์ด
키-버-ㅅ

문제 발생 시 바로 사용할 수 있는 표현

LAN[와이파이]이 잘 안 되는 것 같아요. 좀 봐 주실 수 있을까요?

แลน [ไวไฟ] ไม่ค่อยดี รบกวนดูให้หน่อยได้ไหม
래-ㄴ[와이퐈(f)이]마이커-이디- 롭꾸-안두-하이너-이다이마이

마우스 상태가 안 좋아요.

อาการของเม้าส์ไม่ดี
아-까-ㄴ커-ㅇ마오마이디-

- - - - - - - - - - - - - - - -

멈춰 버렸어요.

ค้างไปแล้ว
카-ㅇ빠이래-우

139

긴급 상황·트러블에 대비하자.

여행지에서는 어떤 일이 일어날지 모릅니다.
심각한 문제를 피하기 위해서도 꼭 알아 둡시다.

도움을 요청할 때

도와주세요!
ช่วยด้วย!
추-어이두-어이
Help me!

그만하세요!
หยุดนะ!
윳나
Stop it!

같이 좀 와 주세요!
มาด้วยกันหน่อย!
마-두-어이깐너-이
Come with me!

들으세요!
ฟังสิ!
퐝(f)씨
Listen!

경찰 불러 주세요!
เรียกตำรวจ!
리-약땀루-앗
Call the police!

도둑이야!
ขโมย!
카모-이
Thief!

저 남자[여자]를 잡아요!
จับผู้ชาย [ผู้หญิง] คนนั้นเลย!
짭푸-차-이[푸-잉]콘난르어-이
Catch that man[woman]!

아무나 괜찮아요!
ใครก็ได้!
크라이꺼-다이
Somebody!

가지고 있는 돈이 없어요.
ไม่มีเงินติดตัวเลย
마이미-응어어-ㄴ띳뚜아르어-이
I don't have any money.

이게 다예요.
มีอยู่เท่านี้
미-유-타오니-
That's all.

살려 주세요!
อย่าฆ่าฉันนะ!
야-카-찬나
Don't kill me!

나가세요!
ออกไป!
어-ㄱ빠이
Get out!

의사를 불러 주세요.
กรุณาเรียกหมอ
까루나-리-약머-
Call a doctor.

경고할 때

움직이지 마!
อย่าขยับนะ!
야-카얍나
Don't move!

조용히 해!
เงียบซะ!
응이-얍싸
Be quiet!

멈춰!
หยุด!
윳
Stop!

손 들어!
ยกมือขึ้น!
욕므-큰
Hands up!

돈 내놔!
ส่งเงินมา!
쏭응으어-ㄴ마-
Give me the money!

숨어!
ซ่อนตัวซะ!
써-ㄴ뚜아싸
Hide!

짐 내놔!
ส่งสัมภาระมา!
쏭쌈파-라마-
Give me the luggage!

분실, 도난 시

여권을 잃어버렸어요.
ฉันทำพาสปอร์ตหาย
찬탐파-쓰뻐-ㅅ하-이
I lost my passport.

여기로 전화해 주세요.
กรุณาโทรมาที่นี่
까루나-토-마-티-니-
Call here.

가방[지갑]을 도둑맞았어요.
กระเป๋า [กระเป๋าเงิน] ถูกขโมยไป
끄라빠오[끄라빠오응으어-ㄴ]투-ㄱ카모-이빠이
I had my bag [wallet] stolen.

한국어를 할 수 있는 사람이 있나요?
มีคนพูดภาษาเกาหลีได้ไหม
미-콘푸-ㅅ파-싸-까올리-다이마이
Is there anyone who speaks Korean?

대한민국 대사관이 어디에 있나요?
สถานทูตเกาหลีอยู่ที่ไหน
싸타-ㄴ투-ㅅ까올리-유-티-나이
Where is the Korean embassy?

긴급 상황·트러블에 대비하자.

트러블에 대처하기 위해

경찰에 신고하고 싶어요.
อยากจะแจ้งตำรวจ
야-ㄱ짜쩨-ㅇ땀루-앗
I'd like to report it to the police.

신고서를 적어 주세요.
กรุณาเขียนใบแจ้งความ
까루나-키-얀바이쩨-ㅇ콰-ㅁ
Could you make out a report of the theft?

짐이 안 보여요.
หาสัมภาระไม่เจอ
하-쌈파-라마이쯔어-
I can't find my baggage.

어디에 놓고 잊어버렸는지 기억이 안 나요.
จำไม่ได้ว่าวางลืมไว้ที่ไหน
쌈마이다이와-와-ㅇ르-ㅁ와이티-나이
I'm not sure where I lost it.

어디에 가서 신고할 수 있죠?
ไปแจ้งได้ที่ไหน
빠이쩨-ㅇ다이티-나이
Where should I report to?

분실물 신고 센터에 신고하세요.
กรุณาแจ้งที่จุดรับแจ้งของหาย
까루나-쩨-ㅇ티-쫏랍쩨-ㅇ커-ㅇ하-이
Please report to lost-and-found over there.

찾으면 바로 제 호텔로 알려 주세요.

กรุณาแจ้งไปที่โรงแรมของฉันทันทีที่หาเจอ

까루나-째-ㅇ빠이티-로-ㅇ래-ㅁ커-ㅇ찬탄티-티-하-쯔어-

Please call my hotel as soon as you find it.

택시에 가방을 놓고 내렸어요.

ลืมกระเป๋าไว้ในรถแท็กซี่

르-ㅁ끄라빠오와이나이롯택씨-

I left my bag in the taxi.

여기에 놔둔 카메라가 사라졌어요.

กล้องที่วางไว้ตรงนี้ หายไป

끌러-ㅇ티-와-ㅇ와이뜨롱니-하-이빠이

I left my camera here and now it's gone.

도움이 되는 단어장 WORD		전화	โทรศัพท์ 토-라쌉	대한민국 대사관	สถานทูตเกาหลี 싸타-ㄴ투-ㅅ까올리-
		돈	เงิน 응으어-ㄴ	여권	พาสปอร์ด 파-쓰뻐-ㅅ
경찰	ตำรวจ 땀루-앗	주소	ที่อยู่ 티-유-	소매치기	นักล้วงกระเป๋า 나루-앙끄라빠오
구급차	รถพยาบาล 롯파야-바-ㄴ	여행자 수표	เช็คเดินทาง 첵드어-ㄴ타-ㅇ	도둑	ขโมย 카모-이
유실	การทำหาย 까-ㄴ탐하-이	신용카드	บัตรเครดิต 밧크레-딧	운전면허증	ใบขับขี่ 바이캅키-

memo

신용카드를 잃어버렸을 때 연락처

항공사

호텔

해외여행 보험

한국어가 가능한 의료 기관

143

긴급 상황·트러블에 대비하자.

아픈 기운, 부상

몸 상태가 별로 안 좋아요.
รู้สึกไม่ค่อยดี
루-쓱마이커-이디-
I feel sick.

머리가 아파요.
ปวดหัว
뿌-앗후-아
I have a headache.

머리가 어지러워요.
รู้สึกเวียนหัว
루-쓱위-얀후-아
I feel dizzy.

속이 메스꺼워요.
รู้สึกคลื่นไส้
루-쓱클르-ㄴ싸이
I feel nauseous.

열이 있는 것 같아요.
รู้สึกเหมือนจะเป็นไข้
루-쓱므-안짜뻰카이
I think I have a fever.

배가 아파요.
ปวดท้อง
뿌-앗터-ㅇ
I have a stomachache.

저는 B형입니다.
ฉันหมู่เลือดB
찬무-르-앗비-
My blood type is B.

혈액형을 읽는 방법은 · · ·			
A형	หมู่เลือดA 무-르-앗에-	O형	หมู่เลือดO 무-르-앗오-
B형	หมู่เลือดB 무-르-앗비-	AB형	หมู่เลือดAB 무-르-앗에-비-

진단서를 떼 주세요.
ขอใบรับรองแพทย์ด้วย
커-바이랍러-ㅇ패-ㅅ두-아이
Can I have a medical certificate?

이가 아파요.
ปวดฟัน
뿌-앗퐌(f)
I have a toothache.

발목을 삐었어요.
ข้อเท้าเคล็ด
커-타오클렛
I sprained my ankle.

팔이 부러진 것 같아요.
ดูเหมือนว่าแขนจะหัก
두-므-안와-캐-ㄴ짜학
I think I broke my arm.

손을 데였어요.
ไฟลวกมือ
퐈(f)이루-악므-
I burned my hand.

칼에 손가락이 베였어요.
ฉันทำมีดบาดนิ้ว
찬탐미-ㅅ바-ㅅ니우
I cut my finger with a knife.

머리	หัว 후-아	이	ฟัน 판(f)
관자놀이	ขมับ 카맙	턱	คาง 카-ㅇ
이마	หน้าผาก 나-파-ㄱ	목, 목구멍	คอ 커-
볼	แก้ม 깨-ㅁ		
눈	ตา 따-		
귀	หู 후-		
코	จมูก 짜무-ㄱ		

┌─────────────┐
│ ....가 아파요. │
│ .... เจ็บ / ปวด │
│ .... 쩹/뿌-앗 │
└─────────────┘

다리	ขา 카-	어깨	ไหล่ 라이
허벅지	ต้นขา 똔카-	가슴	อก 옥
무릎	หัวเข่า 후-아카오	배	ท้อง 터-ㅇ
정강이	หน้าแข้ง 나-캐-ㅇ	팔	แขน 캐-ㄴ
장딴지	น่อง 너-ㅇ	팔꿈치	ข้อศอก 커-써-ㄱ
발목	ข้อเท้า 커-타오	손	มือ 므-
발가락	นิ้วเท้า 니우타오	손목	ข้อมือ 커-므-
발뒤꿈치	ส้นเท้า 쏜타오	손가락	นิ้ว 니우
		손톱	เล็บ 렙
		등	หลัง 랑
		겨드랑이	รักแร้ 락래-
		피부	ผิว 피우
		아랫배	ท้องน้อย 터-ㅇ너-이
		명치	ลิ้นปี่ 린삐-
		배꼽	สะดือ 싸크-
		허리	เอว 에-우
		엉덩이	ก้น 꼰
		생식기	อวัยวะเพศ 아와이와페-ㅅ

도움이 되는 단어장 WORD	시차	เจ็ตแล็ก 쩻랙	출혈	เลือดออก 르-앗어-ㄱ
	감기	หวัด 왓	오한	อาการหนาวสั่น 아-까-ㄴ나-우싼
설사 ท้องร่วง 터-ㅇ루-앙	골절	กระดูกหัก 끄라두-ㄱ학	칼에 베인 상처	แผลถูกมีดบาด 플래-투-ㄱ미-ㅅ바-ㅅ
수면 부족 นอนไม่พอ 너-ㄴ마이퍼-	가렵다	คัน 칸	약	ยา 야-

145

한국을 소개해 봅시다.

여행지에서 친해진 외국 사람들에게 태국어로 한국을 소개해 봅시다.

는 한국에서 매우 인기 있는 요리입니다.

เป็นอาหารที่มีชื่อเสียงในเกาหลี

뻰아-하-ㄴ티-미-츠-씨-양나이까올리-

Point 여행지에서 현지인들이 한국에 대해 물어볼 수 있어요. 그럴 땐 조금이라도 한국을 소개해 준다면 좋아할 거예요. 먼저 음식부터!

김밥 คิมบับ 킴밥　김밥은 밥 위에 각종 재료를 얹어서 김으로 말아서 먹는 음식입니다.

คิมบับเป็นอาหารที่ใส่ส่วนผสมหลากหลายอย่างลงบนข้าวและห่อด้วยสาหร่าย

킴밥뻰아-하-ㄴ티-싸이쑤-안파쏨라-ㄱ라-이야-ㅇ롱본카-우래허-두-아이싸-라-이

불고기 บูลโกกิ 분꼬-끼　간장과 설탕으로 만든 소스에 소고기와 각종 야채를 볶아서 만든 음식입니다.

อาหารที่ผัดเนื้อวัวกับผักต่างๆในซอสที่ทำจากซีอิ๊วกับน้ำตาล

아-하-ㄴ티-팢느-아우-아깝팍땅따-ㅇ나이써-ㅅ티-탐짜-ㄱ씨-이우깝남똑

비빔밥 บิบิมบับ 비빔밥　밥 위에 다양한 재료를 올리고 고추장 소스와 함께 비벼 먹는, 색이 다채로운 음식입니다.

อาหารที่ใส่ส่วนผสมหลากหลายอย่ งลงบนข้าวและคลุกกับน้ำพริกเกาหลีทำให้มีสีหลากหลาย

아-하-ㄴ티-싸이쑤-안파쏨라-ㄱ라-이야-ㅇ롱본카-우래클룩깝남프릭까올리-탐하이미-씨-라-ㄱ라-이

김치 กิมจิ 김찌　채소를 소금에 절인 뒤 여러 가지 양념에 버무린 한국의 가장 대표적인 음식입니다.

อาหารประจำชาติของชาวเกาหลี หลังจากการแช่ผักในเกลือจะนำมายำพร้อมเครื่องปรุงต่างๆ

아-하-ㄴ쁘라짬차-ㅅ커-ㅇ차-우까올리-랑짜-ㄱ깐채-파나이끌르-아짜남마-얌프라-ㅁ크르-앙쁘룽땅따-ㅇ

삼계탕 ซัมเกทัง 쌈께탕　닭과 인삼을 함께 오래 끓여서 먹는 한국 전통 음식입니다.

อาหารโบราณของเกาหลีที่ต้มไก่กับโสมเป็นเวลานาน

아-하-ㄴ보-라-ㄴ커-ㅇ까올리-티-똠까이깝쏘-ㅁ뻰웨-ㄴ라-나-ㄴ

146

___ 는 한국에서 매우 인기 있는 관광지입니다.

___ เป็นสถานที่ท่องเที่ยวที่มีชื่อเสียงในเกาหลี

뻰싸타-ㄴ티터-ㅇ티-야우티-미-츠-씨-양나이까올리-

Point 한국의 지명과 관광지는 대부분 한국어 발음 그대로 알려 줘도 괜찮기 때문에 소개하기 편합니다. 소개할 곳이 어떤 곳인지를 먼저 알아 두어야겠죠?

명동 เมียงดง 미-양동- 명동은 서울의 대표적인 쇼핑 거리로, 다양한 상점들이 있습니다.

เมียงดงเป็นถนนช้อปปิ้งสัญลักษณ์ของกรุงโซลที่มีร้านค้าหลากหลาย
미양동뻰타논처-ㅂ뼁싼야락커-ㅇ꾼쏘-ㄴ티-미-라-ㄴ카-라-ㄱ라-이

한강 공원 สวนสาธารณะแม่น้ำฮัน 쑤-안싸-타-라나매-남한 한강은 서울에 있는 큰 강으로, 공원에서 다양한 체험을 할 수 있습니다.

แม่น้ำฮันเป็นแม่น้ำขนาดใหญ่ที่โซลโดยสามารถทำกิจกรรมต่างๆบริเวณสวนได้
매-남한뻰매-남카나-ㅅ야이티-쏘-ㄴ도-이싸-마-ㅅ탐끼짜깜땅따-ㅇ버리웨-ㄴ쑤-안다이

인사동 อินซาดง 인싸-동 서울에서 가장 한국적인 모습을 가지고 있는 곳입니다.

สถานที่มีความเป็นเกาหลีมากที่สุดในโซล
싸타-ㄴ티-미-콰-ㅁ뻰까올리-마-ㄱ티-쑷나이쏘-ㄴ

제주도 เกาะเจจู 꺼쩨-주- 한국에서 가장 큰 섬으로, 다양한 문화 활동을 할 수 있습니다.

เกาะที่ใหญ่ที่สุดในเกาหลี สามารถทำกิจกรรมทางวัฒนธรรมต่างๆได้
꺼티-야이티-쑷나이까올리- 싸-마-ㅅ탐끼짜깜따-ㅇ왓타나탐땀따-ㅇ다이

부산 ปูซาน 부-싸-ㄴ 한국에서 두 번째로 큰 도시로, 바다를 즐길 수 있습니다.

เมืองใหญ่เป็นอันดับที่สองของเกาหลีที่สามารถเพลิดเพลินกับทะเลได้
므-앙야이뻰안답티써-ㅇ커-ㅇ까올리-티-싸-마-ㅅ플르어-ㅅ플르어-ㄴ깝탈레-다이

한국을 소개해 봅시다.

□□□□ 는 한국의 전통 문화입니다.

□□□□ เป็นประเพณีวัฒนธรรมของเกาหลี

:·····: 뻰쁘라페-니-왓타나탐커-ㅇ까올리-

Point 전통 문화를 소개하는 것은 조금 어려울 수도 있지만 제스처로 설명해 주면서 상대방에게 알려 준다면 더 좋아하겠죠.

한복 ฮันบก 한복 한국의 전통적인 의상으로 남자는 저고리와 바지, 여자는 저고리와 치마를 입습니다.

เครื่องแต่งกายย้อนยุคของเกาหลี ผู้ชายใส่ชอโกรีกับกางเกงและผู้หญิงใส่ชอ
크르-앙때-ㅇ까-이여-ㄴ육커-ㅇ까올리- 푸-차-이싸이처-꼬-리-깝까-ㅇ께-ㅇ래푸-잉싸
โกรีกับกระโปรง
이처-꼬-리-깝끄라쁘로-ㅇ

사물놀이 ซามุลโนรี 싸-문노-리- 북, 장구, 징, 꽹과리로 하는 전통 음악 놀이입니다.

การเล่นเครื่องดนตรีที่ประกอบด้วยพุก ชังกู ชิง และแกวงกวารี
까-ㄴ레-ㄴ크르-앙돈뜨리-티-쁘라꺼-ㅂ두-아이푹 창꾸- 칭 래꽤-ㅇ꽈-리-

판소리 พันโซรี 판쏘-리- 노래와 이야기로 이루어진 한국의 민속 음악입니다.

ดนตรีพื้นเมืองเกาหลีที่ขับร้องเรื่องเล่าเป็นเพลง
돈뜨리-프-ㄴ므-앙까올리-티-캅러-ㅇ르-앙라오뻰플레-ㅇ

태권도 เทควันโด 태콴도- 손과 발을 이용한 한국의 전통 무예입니다.

ศิลปะการต่อสู้ดั้งเดิมของเกาหลีที่ใช้มือและเท้า
씰라빠까-ㄴ떠-쑤-당드어-ㅁ커-ㅇ까올리-티-차이므-래타오

한글 ฮันกึล 한끈 한국어 문자 체계입니다.

ฮันกึลเป็นระบบการเขียนของภาษาเกาหลี
한끈뻰라봅까-ㄴ키-얀커-ㅇ파-싸-까올리-

148

한국의 인구는 5200 만 정도입니다.

ประชากรเกาหลีมีประมาณ52ล้านคน

쁘라차-꺼-ㄴ까올리-미-쁘라마-ㄴ하씹써-ㅇ라-ㄴ콘

The population of Korea is about 52 million.

참고 P.150

한국의 수도는 서울입 니다.

เมืองหลวงของประเทศเกาหลีคือกรุงโซล

므-앙루-앙커-ㅇ쁘라테-ㅅ까올리-크-끄룽쏘-ㄴ

The capital of Korea is Seoul.

여름이 되면, 한국에는 비가 많이 내립니다.

เมื่อฤดูร้อนมาถึง ฝนตกบ่อยๆในประเทศเกาหลี

므-아르두-러-ㄴ마-틍 폰(f)똑버이버-이나이쁘라테-ㅅ까올리-

During the summer time, it rains a lot in Korea.

남산 서울 타워는 한국 의 관광 명소입니다.

นัมซานทาวเวอร์เป็นสถานที่ท่องเที่ยวของประเทศเกาหลี

남싸-ㄴ타-우워-뻰싸타-ㄴ티-터-ㅇ티-야우커-ㅇ쁘라테-ㅅ까올리-

Namsan Seoul Tower is a tourist attraction in Korea.

BTS는 한국의 유명한 아이돌 그룹입니다.

BTSเป็นกลุ่มไอดอลที่มีชื่อเสียงของเกาหลี

BTS뻰끌룸아이더-ㄴ티-미-츠-씨-양커-ㅇ까올리-

BTS is a famous Korean Idol group.

한글은 세종대왕이 만든 한 국 고유의 글자입니다.

ฮันกึลเป็นอักษรที่เป็นเอกลักษณ์ของเกาหลีที่พระเจ้าเซจงมหาราชสร้างขึ้น

한끈뻰악써-ㄴ티-뻰에-ㄱ까락сан-ㅇ까올리-티-프라짜오쎄-종마하-라-ㅅ싸-ㅇ큰

Hangeul is an intrinsic Korean writing system created by King Sejong

---

서울은 산이 많아서 등 산을 즐길 수 있습니다.

โซลมีภูเขาเยอะและปีนเขาได้

쏘-ㄴ미-푸-카오여래삐-ㄴ카오다이

Seoul is surrounded by a mountainous landscape that allows hiking experience.

한국은 전 세계에서 유 일한 분단 국가입니다.

ประเทศเกาหลีเป็นประเทศที่ถูกแบ่งแยกที่เดียวในโลก

쁘라테-ㅅ까올리-뻰쁘라테-ㅅ티-투-ㄱ배-ㅇ-ㄱ티-디-야우나이로-ㄱ

Korea is the only divided country in the world.

김치는 발효 식품으로, 다 양한 종류가 있습니다.

กิมจิเป็นอาหารหมักและมีหลากหลายชนิด

낌찌뻰아-하-ㄴ막래미-라-ㄱ라-이차닛

Kimchi is a fermented food, and there are numerous kinds.

대중교통 환승을 무료 로 이용할 수 있습니다.

สามารถเปลี่ยนสายขนส่งมวลชนฟรีได้

싸-마-ㅅ쁠리-얀싸-이콘쏭무-안촌프(f)리-다이

Transferring Public transportation is free.

한국은 어디에서나 인터넷 을 이용할 수 있습니다.

ในประเทศเกาหลีใช้อินเทอร์เน็ตได้ทุกที่

나이쁘라테-ㅅ까올리-차이인트어-넷다이툭티-

Internet access is possible anywhere in Korea.

한국에서는 늦은 시간까지 음식점이 열려 있습니다.

ในประเทศเกาหลีร้านอาหารเปิดจนถึงดึก

나이쁘라테-ㅅ까올리-라-ㄴ아-하-ㄴ쁘어-ㅅ쫀틍득

In Korea, the restaurants are open late at night.

기본 단어를 자유자재로 써 봅시다.

숫자, 월, 요일이나 시간 등 어떤 상황에도 필요한 기본적인 단어는
사전에 알아 두면 여행지에서 아주 편리합니다.

숫자

0	1	2	3	4
ศูนย์	หนึ่ง	สอง	สาม	สี่
쑤-ㄴ	능	써-ㅇ	싸-ㅁ	씨-
5	**6**	**7**	**8**	**9**
ห้า	หก	เจ็ด	แปด	เก้า
하-	혹	쩻	빼-ㅅ	까오
10	**11**	**12**	**13**	**14**
สิบ	สิบเอ็ด	สิบสอง	สิบสาม	สิบสี่
씹	씹엣	씹써-ㅇ	씹싸-ㅁ	씹씨-
15	**16**	**17**	**18**	**19**
สิบห้า	สิบหก	สิบเจ็ด	สิบแปด	สิบเก้า
씹하-	씹혹	씹쩻	씹빼-ㅅ	씹까오
20	**21**	**22**	**30**	**40**
ยี่สิบ	ยี่สิบเอ็ด	ยี่สิบสอง	สามสิบ	สี่สิบ
이-씹	이씹엣	이씹써-ㅇ	싸-ㅁ씹	씨-씹
50	**60**	**70**	**80**	**90**
ห้าสิบ	หกสิบ	เจ็ดสิบ	แปดสิบ	เก้าสิบ
하-씹	혹씹	쩻씹	빼-ㅅ씹	까오씹
100	**1000**	**10000**	**10만**	**100만**
หนึ่งร้อย	หนึ่งพัน	หนึ่งหมื่น	หนึ่งแสน	หนึ่งล้าน
능러-이	능판	능므-ㄴ	능쌔-ㄴ	능라-ㄴ
억	**0.1**	**1/4**	**2배**	**3배**
ร้อยล้าน	ศูนย์จุดหนึ่ง	หนึ่งส่วนสี่	สองเท่า	สามเท่า
러-이라-ㄴ	쑤-ㄴ쭛능	능쑤-안씨-	써-ㅇ타오	싸-ㅁ타오
~의 1위	**~의 2위**	**~의 3위**		
อันดับ1ของ	อันดับ2ของ	อันดับ3ของ		
안답능커-ㅇ	안답써-ㅇ커-ㅇ	안답싸-ㅁ커-ㅇ		

태국어 숫자의 기본사항

◆ 한국어와 마찬가지로 11-19는 '10과 1', '10과 2'의 순서로 읽고 20~90은 '2와 10', '3과 10'의 순서로 읽습니다.

◆ '11', '21' 등의 말미에 오는 '1'은 '능'이 아닌 '엣'이라고 읽습니다.

◆ '20'은 '이-씹'이라고 읽습니다.

월, 계절

1월	2월	3월	4월
เดือนมกราคม	เดือนกุมภาพันธ์	เดือนมีนาคม	เดือนเมษายน
드-안마까라-콤	드-안꿈파-판	드-안미-나-콤	드-안메-싸-욘

5월	6월	7월	8월
เดือนพฤษภาคม	เดือนมิถุนายน	เดือนกรกฎาคม	เดือนสิงหาคม
드-안프룻싸파-콤	드-안미투나-욘	드-안까라까다-콤	드-안씽하-콤

9월	10월	11월	12월
เดือนกันยายน	เดือนตุลาคม	เดือนพฤศจิกายน	เดือนธันวาคม
드-안깐야-욘	드-안뚤라-콤	드-안프룻싸찌까-욘	드-안탄와-콤

봄	여름	가을	겨울
ฤดูใบไม้ผลิ	ฤดูร้อน	ฤดูใบไม้ร่วง	ฤดูหนาว
르두-바이마이플리	르두-러-ㄴ	르두-바이마이루-앙	르두-나-우

건기	하기	우기	
ฤดูแล้ง	ฤดูร้อน	ฤดูฝน	
르두-래-ㅇ	르두-러-ㄴ	르두-폰(f)	

한국에 2월 9일에 돌아 올 것이다.	จะกลับเกาหลีวันที่ 9 เดือนกุมภาพันธ์ 짜끌랍까올리-완티-까오드-안꿈파-판 I'm going back to Korea on February 9 th.

요일

일요일	월요일	화요일	수요일	목요일	금요일	토요일
วันอาทิตย์	วันจันทร์	วันอังคาร	วันพุธ	วันพฤหัส	วันศุกร์	วันเสาร์
완아-팃	완짠	완앙카-ㄴ	완풋	완파르핫	완쑥	완싸오

평일		휴일		공휴일	
วันธรรมดา		วันหยุด		วันหยุดราชการ	
완탐마다-		완윳		완윳라-ㅅ차까-ㄴ	

오늘[내일/어제]은 무슨 요일인가요?	วันนี้ [พรุ่งนี้ / เมื่อวาน] วันอะไร 완니-[프룽니-/므-아와-ㄴ]완아라이 What day is today [is tomorrow / was yesterday]?

기본 단어를 자유자재로 써 봅시다.

때

아침	낮	저녁	밤	오전
เช้า	กลางวัน	เย็น	กลางคืน	เช้า
차오	끌라-ㅇ완	옌	끌라-ㅇ크-ㄴ	차오
오후	**어제**	**오늘**	**내일**	**모레**
บ่าย	เมื่อวาน	วันนี้	พรุ่งนี้	มะรืนนี้
바-이	므-아와-ㄴ	완니-	프룽니-	마르-ㄴ니-

1일 전(하루 전)	2일 후(이틀 후)	1시간	30분
1วันที่แล้ว	อีก2วัน	1ชั่วโมง	30นาที
능완티-래-우	이-ㄱ써-ㅇ완	능추-아모-ㅇ	싸-ㅁ씹나-티-

시간

시	분	30분	~분 전[후]
ชั่วโมง	นาที	ครึ่งชั่วโมง	~นาทีที่แล้ว[ให้หลัง]
추-아모-ㅇ	나-티-	크릉추-아모-ㅇ	~나-티-티-래-우[하이랑]

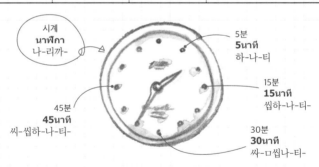

시계
นาฬิกา
나-리까-

5분
5นาที
하-나티

15분
15นาที
씹하-나-티-

45분
45นาที
씨-씹하-나-티-

30분
30นาที
싸-ㅁ씹나-티-

지금 몇 시인가요?	ตอนนี้ กี่โมง
	떠-ㄴ니-끼-모-ㅇ
	What time is it now?

몇 시에 시작하나요?	จะเริ่มตอนกี่โมง
	짜르어-ㅁ떠-ㄴ끼-모-ㅇ
	What time does it start?

8시 20분	8 โมง 20 นาที 빼-ㅅ모-ㅇ이-씹나-티- eight twenty	어제 11시	11 โมงของเมื่อวาน 씹엣모-ㅇ커-ㅇ므-아와-ㄴ at eleven yesterday
9시 반	9 โมงครึ่ง 까오모-ㅇ크릉 nine thirty	9시 55분(10시 5분 전)	อีก 5 นาที 10 โมง 이-ㄱ하-나-티-씹모-ㅇ five to ten
오전 11시	11 โมงเช้า 씹엣모-ㅇ차오 11 a.m.	15분 후	15 นาทีให้หลัง 씹하-나-티-하이랑 fifteen minutes later

측량 단위의 차이

○길이

미터	인치	피트	야드	마일
1	39.37	3.28	1.094	0.00062
0.025	1	0.083	0.028	0.0000158
0.305	12	1	0.333	0.000189
0.914	36	3	1	0.00057
1609.3	63360	5280	1760	1

○무게

그램	킬로그램	온스	파운드
1	0.001	0.035	0.002
1000	1	35.274	2.205
28.3495	0.028	1	0.0625
453.59	0.453	16	1

○부피

cc	리터	쿼터	갤런
1	0.001	0.0011	0.00026
1000	1	1.056	0.264
946.36	0.946	1	0.25
3785.4	3.785	4	1

○속도

킬로	마일	노트	킬로	마일	노트
10	6.2	5.4	60	37.3	32.4
20	12.4	10.8	70	43.5	37.8
30	18.6	16.2	80	49.7	43.2
40	24.9	21.6	90	55.9	48.6
50	31.1	27.0	100	62.1	54.0

태국어는 '자음'과 '모음', '성조'로 구성되어 있습니다. 왼쪽에서 오른쪽으로 읽지만 모음이 자음의 오른쪽이나 왼쪽, 위나 아래에 올 수 있기 때문에 초보자는 단어를 변별하기가 어려울 수 있습니다. 먼저 표를 보고 태국어의 문자를 배워 봅시다.

Lesson1 태국어 표

태국어의 자음은 42글자입니다. 음절의 처음에 오는 경우와 마지막에 오는 경우에 발음 방법이 달라집니다. 발음은 대부분 한국어와 비슷하지만 숨을 내쉬지 않고 발음하는 '무기음'과 숨을 내뱉으면서 발음하는 '유기음'은 좀처럼 구분하기가 어렵습니다. 여러 번 들어서 익숙해집시다.

태국 문자	발음(음절의 처음/끝)	읽는 방법	태국 문자	발음(음절의 처음/끝)	읽는 방법	태국 문자	발음(음절의 처음/끝)	읽는 방법
ก	[k-/-k]	꺼-까이 / 꺼-까이	ณ	[n-/-n]	너-넨 / 너-네-ㄴ	ว	[w-/-u]	워-왠 / 워-왜-ㄴ
ข	[kh-/-k]	커-카이 / 커-카이	ด	[d-/-t]	더-덱 / 더-덱	ศ	[s-/-t]	써-싸라 / 써-싸-ㄹ라
ค	[kh-/-k]	커-콰이 / 커-콰-이	ต	[t-/-t]	떠-따오 / 떠-따오	ษ	[s-/-t]	써-르씨 / 써-르씨-
ฆ	[kh-/-k]	커-라캉 / 커-라캉	ถ	[th-/-t]	터-퉁 / 터-퉁	ส	[s-/-t]	써-쓰아 / 써-쓰-아
ง	[ŋ-/-ŋ]	응어-응우- / 응어-응우-	ท	[th-/-t]	터-타한 / 터-타하-ㄴ	ห	[h-/-]	허-힙 / 허-히-ㅂ
จ	[c-/-t]	쩌-짠 / 쩌-짜-ㄴ	ธ	[th-/-t]	터-퉁 / 터-퉁	ฬ	[l-/-n]	러-쭐라- / 러-쭐라-
ฉ	[ch-/-]	처-칭 / 처-칭	น	[n-/-n]	너-누 / 너-누-	อ	[-/-ɔ]	어-앙 / 어-아-ㅇ
ช	[ch-/-t]	처-창 / 처-차-ㅇ	บ	[b-/-p]	버-바이마이 / 버-바이마이	ฮ	[h-/-]	허-녹훅 / 허-녹후-ㄱ
ซ	[s-/-t]	써-쏘- / 써-쏘 -	ป	[p-/-p]	뻐-쁠라 / 뻐-쁠라-			
ฌ	[ch-/-t]	처-츠어- / 처-츠어-	ผ	[ph-/-]	퍼- / 퍼-			
ญ	[y-/-n]	여-잉 / 여-잉	ฝ	[f-/-]	풔-화- / 풔(f)-퐈(f)-			
ฎ	[d-/-t]	더-차다- / 더-차다-	พ	[ph-/-p]	퍼-판 / 퍼-파-ㄴ			
ฏ	[t-/-t]	떠-빠딱 / 떠-빠딱	ฟ	[f-/-p]	풔-환 / 풔(f)-퐌(f)			
ฐ	[th-/-t]	터-탄- / 터-타-ㄴ	ภ	[ph-/-p]	퍼-쌈파오 / 퍼-쌈파오			
ฑ	[th-/-t]	터-몬토 / 터-몬토-	ม	[m-/-m]	머-마- / 머-마			
ฒ	[th-/-t]	터-푸타오 / 터-푸타오	ย	[y-/-i]	여-약 / 여-약			
			ร	[r-/-n]	러-르아 / 러-르-아			
			ล	[l-/-n]	러-링 / 러-링			

태국어의 모음에는 단모음, 장모음, 복합 모음이 있습니다.

※표 안의 '-' 또는 'a'는 자음자의 위치를 표시한 것입니다.

단모음	읽는 방법
- ะ	아
อิ	이
อึ	으
อุ	우
เ - ะ	에
แ - ะ	애
โ - ะ	오
เ - าะ	어
เ - อะ	으어
เอียะ	이야
เอือะ	으아
อัวะ	우어
ไ -	아이
ใ -	아이
เ - า	아오
-ำ	암

장모음	읽는 방법
- า	아-
อี	이-
อื	으-
อู	우-
เ -	에-
แ -	애-
โ -	오-
- อ	어-
เ - อ	으어-
เอีย	이-야
เอือ	으-어
อัว	우-어

복합 모음	읽는 방법
- าย	아-이
- ุย	우이
เ - ย	으어-이
โ - ย	오-이
- อย	어-이
- วย	우어-이
เอือย	으-아이
- าว	아-우
- ิว	이우
เ - ว	에-우
แ - ว	애-우
เอียว	이야-우

성조 표기에 따라 발음되는 성조(p.156 참조)가 다릅니다.

ก่า	제1성조(＼)		ก๊า	제3성조(／)
กัน	제2성조(＾)		ก๋า	제4성조(∨)
			กณ์	묵음 기호
			ๆ	반복 기호: 마이야목

155

쓱싹 **태국어 강좌**

태국어는 문자가 생소하여 어렵다고 느끼는 사람이 많습니다. 하지만 격 변화나 동사의 활용 등이 없고, 어순을 외워 버리면 의외로 간단합니다.

발성이나 듣기가 좀처럼 늘지 않아도 상대에게 자신의 의사를 전달하려고 하는 감정만 잘 드러낸다면 본심이 전달될 겁니다.

1. 성조에 대해

태국어에는 성조가 5종류 있습니다.

평성…보통의 음 높이로 평탄하게 발음합니다.
저성(\ )… 평성보다 낮게 평탄하게 발음합니다.
하성(^)… 평성보다 높은 곳에서 아래로 내리며 발음합니다.
고성(/)… 하성의 처음 높이에서 위로 올리며 발음합니다.
상성(∨)… 저성 높이에서 천천히 끌어올리며 발음합니다.

※ 표기가 같아도 성조가 다르면 뜻이 다르니 꼭 주의합니다.   예) ม̌า- (개) / ม́า- (말)

2. 태국 문자

태국 문자는 모음과 자음의 조합과 성조 기호 등으로 구성되어 있습니다. 모음은 자음의 오른쪽, 위, 아래, 왼쪽에 위치하거나 좌우와 위에서 자음을 둘러싸듯이 위치합니다 (p.154, 155 참조).

ม [ㅁ] + ำ [아-] = มา [마-]   오다
ร [ㄹ] + เ-ีย [이-야] + น = เรียน [리-얀]   배우다

3. 먼저 편리한 '의문문'입니다.

누군가에게 무언가를 부탁하고 싶을 때 편리하게 사용할 수 있는 의문사를 알아 둡시다.

무엇	อะไร 아라이	이렇게 사용합니다.	이것은 무엇인가요? 예 อันนี้ คืออะไร 안니-크-아라이
누구	ใคร 크라이		그 사람은 누구인가요? 예 คนนั้นใคร 콘난크라이
왜	ทำไม 탐마이		왜 닫았죠? 예 ทำไมปิดล่ะ 탐마이삣라
어디	ที่ไหน 티-나이		화장실이 어디에 있나요? 예 ห้องน้ำอยู่ที่ไหน 허-ㅇ남유-티-나이

| 어떻게 | อย่างไร
양응아이 | ·········▷ | 그곳에 어떻게 가나요? |
| | | | 예 จะไปที่นั่นได้อย่างไร
짜빠이티-난다이양응아이 |

| 언제 | เมื่อไหร่
므-아라이 | ·········▷ | 언제 여나요? |
| | | | 예 เปิดเมื่อไหร่
쁘엇므-아라이 |

4. 3가지 기본 문장을 외워 둡시다.

긍정문, 의문문, 부정문 기본 문장을 마스터하면 기본적인 회화 표현을 할 수 있습니다.

1. ~입니다.

1. 어순은 영어와 같습니다.
「주어เขา(그는) +be동사เป็น(~이다) +보어คนเกาหลี(한국인)」

예 เขาเป็นคนเกาหลี (그는 한국 사람입니다.)
카오뻰콘까올리-

ฉันจะไป (나는 갈 것이다.)
찬짜빠이

2. ~입니까?

หรือเปล่า(르-쁠라오)를 문말에 놓습니다.

예 คุณเป็นคนเกาหลีหรือเปล่า
(당신은 한국 사람인가요?)
쿤뻰콘까올리르-쁠라오

ไปเมืองไทยหรือเปล่า
(태국에 가나요?)
빠이므-앙타이르-쁠라오

3. ~아닙니다.

부정문은 ไม่ใช่(마이차이)나 ไม่(마이)를 부정하고 싶은 단어의 앞에 놓습니다.

예 ไม่ใช่คนไทย(태국인이 아니다.)
마이차이콘타이

ไม่ไป (안 가다.)
마이빠이

5. 말하기에 도전해 봅시다.

전하고 싶은 내용의 뉘앙스를 표현하거나, 의미를 추가하거나, 악센트를 넣어 봅시다.

| ได้ไหม
다이마이 | ~가능한가요?(해도 되나요?) | | อยากได้
야-ㄱ다이 | ~가 갖고 싶어요. |

예 นั่งตรงนี้ ได้ไหม (여기에 앉아도 되나요?)
낭뜨롱니-다이마이

예 อยากได้อันนี้ ค่ะ (이거 갖고 싶어요.)
야-ㄱ다이안니-카

【표현】 정중한 표현 / 남성형과 여성형

한국어의 '~입니다', '~예요'에 해당하는 정중한 표현은 태국어로는 ครับ(크랍), ค่ะ(카)로 표현합니다. ครับ(크랍)은 남성, ค่ะ(카)는 여성이 사용합니다. 이 표현들은 단독으로 사용하는 경우 '네'라는 긍정의 의미가 됩니다. 태국어에는 자신을 지칭하는 1인칭에도 남성형과 여성형이 따로 나뉘어 있어 남성은 ผม(폼), 여성은 ดิฉัน (디찬)으로 표현합니다.

단어장

Korean ⟶ Thai

ㄱ			
가게 점원	**พนักงานของร้าน** 파낙응아-ㄴ커-ㅇ라-ㄴ	가스	**ก๊าซ** 까-ㅅ
가격	**ราคา** 라-카-	가스 누출	**ก๊าซรั่ว** 까-ㅅ루-아
가격표	**ตารางราคา/ ป้ายราคา** 따-라-ㅇ라-카- / 빠-이라-카-	가위	**กรรไกร** 깐끄라이
가구	**เครื่องเรือน** 크르-앙르-안	가을	**ฤดูใบไม้ร่วง** 르두-바이마이루-앙
가구점	**ร้านเครื่องเรือน** 라-ㄴ크르-앙르-안	가이드	**ทัวร์ที่มีไกด์** 투아티미-까이
가까이에 있다	**อยู่ใกล้ๆ** 유-끌라이끌라이	가이드북	**คู่มือนำเที่ยว** 쿠-므-남티-야우
가난하다	**จน / ขาดแคลน** 쫀/카-ㅅ클래-ㄴ	가이드 비용	**ค่านำเที่ยว** 카-남티-야우
가드	**ผู้เฝ้ายาม** 푸-퐈(f)-오야-ㅁ	가장 크다	**ใหญ่สุด** 야이쑷
가득 차다, 빽빽하다	**แน่น** 내-ㄴ	가족	**ครอบครัว** 크러-ㅂ크루-아
가로등	**แสงสยามค่ำคืน** 쌔-ㅇ씨-야-ㅁ캄크-ㄴ	가죽 옷	**เสื้อหนัง** 쓰-아낭
가루	**ผง** 퐁	가죽제품	**เครื่องหนัง** 크르-앙낭
가방	**กระเป๋า** 끄라빠오	각종	**ต่างๆ** 땅따-ㅇ
가볍다	**เบา** 바오	간식	**ขนมขบเคี้ยว** 카놈콥키-야우
가수	**นักร้อง** 낙러-ㅇ	간장	**ซอสถั่วเหลือง** 써-ㅅ투-아르-앙
		간지럽다	**คัน** 칸
		간판	**ป้ายกระดาน** 빠-이끄라다-ㄴ
간호사	**พยาบาล** 파야-바-ㄴ
갈아타다(차)	**ต่อรถ** 떠-롯
갈아타다 (호선)	**เปลี่ยนสาย** 쁠리-얀싸-이
감기	**หวัด** 왓
감기약	**ยาแก้หวัด** 야-깨-왓
감독관, 관리인	**ผู้ควบคุม** 푸-쿠압쿰
감동	**ความประทับใจ** 콰-ㅁ쁘라탑짜이
감사하다	**ขอบคุณ** 커-ㅂ쿤
감자	**มันฝรั่ง** 만퐈(f)랑
감칠맛, 풍미	**รสอร่อย** 롯아러-이
강	**แม่น้ำ** 매-남
강하다, 짙다	**เข้ม / จัด** 케-ㅁ/짯
같다	**เหมือนกัน** 므-안깐
같이	**ร่วมกัน** 루-암깐
갚다, 배상하다	**ชดใช้** 촛차이
개	**หมา** 마-

개구리	**กบ** 꼽	건설하다, 만들다	**สร้าง** 싸-ㅇ	경보, 사이렌	**สัญญาณเตือน** 싼야-ㄴ뜨-안
개인용	**ใช้ส่วนตัว** 차이쑤-안뚜-아	건성 피부	**ผิวแห้ง** 피우해-ㅇ	경비원	**พนักงานรักษาความปลอดภัย** 파낙응아-ㄴ락싸-콰-ㅁ쁠러-ㅅ파이
거리	**ระยะทาง / ถนน** 라야타-ㅇ / 타논	건조하다, 마르다	**แห้ง** 해-ㅇ		
거리 지도	**แผนที่ถนน** 패-ㄴ티-타논	건축가	**สถาปนิก** 싸타-빠닉	경쟁하다	**แข่งขัน** 캐-ㅇ칸
거북이	**เต่า** 따오	건축학	**สถาปัตยกรรม** 싸타-빳따야깜	경제	**เศรษฐกิจ** 쎄-ㅅ타낏
거울	**กระจกเงา** 끄라쪽응아오	걷다	**เดิน** 드어-ㄴ	경찰	**ตำรวจ** 땀루-앗
거절하다	**ปฏิเสธ** 빠띠쎄-ㅅ	검다	**ดำ** 담	경찰서	**สถานีตำรวจ** 싸타-니땀루-앗
거주하다	**อยู่อาศัย / พักอาศัย** 유-아-싸이 / 팍아-싸이	검사, 점검	**การตรวจสอบ** 까-ㄴ뜨루-앗써-ㅂ	계단	**บันได** 반다이
		검사하다	**ตรวจสอบ** 뜨루-앗써-ㅂ	계란	**ไข่** 카이
거짓말	**การโกหก / การหลอกลวง** 까-ㄴ꼬-혹 / 까-ㄴ러-ㄱ루-앙	검역하다	**กักกันโรค** 깍깐로-ㄱ	계란프라이	**ไข่ดาว** 카이다-우
		겉옷	**เสื้อคลุม** 쓰-아클룸	계산기	**เครื่องคิดเลข** 크르-앙킷레-ㄱ
건강	**สุขภาพ** 쑤카파-ㅂ	게임기	**ตู้เกมส์** 뚜-께-ㅁ	계산하다	**คำนวณ** 캄누-안
건강검진서	**ใบรับรองแพทย์** 바이랍러-ㅇ패-ㅅ	겨울	**ฤดูหนาว** 르두-나-우	계약, 약속하다	**สัญญา** 싼야-
건강하다	**แข็งแรง** 캥래-ㅇ	겨자, 머스타드	**มัสตาร์ด** 맛싸따-ㅅ	계약금	**เงินดาวน์** 응으어-ㄴ다-우
건물	**ตึก** 뜩	결정하다	**ตัดสิน** 땃씬	계약서	**หนังสือสัญญา** 낭쓰-싼야-
건물 도면, 지도	**แผนที่ในอาคาร** 패-ㄴ티-나이아-카-ㄴ	결혼하다	**แต่งงาน** 때-ㅇ응아-ㄴ	계절	**ฤดู** 르두-
건물 오픈 시간	**เวลาเปิดอาคาร** 웨-ㄹ라쁘어-ㅅ아-카-ㄴ	경기	**เกมการแข่งขัน** 께-ㅁ까-ㄴ캐-ㅇ칸	계좌	**บัญชี** 반치-
건배	**ชนแก้ว** 촌깨-우	경로	**ทางเดิน** 타-ㅇ드어-ㄴ	계좌번호	**เลขบัญชีธนาคาร** 레-ㄱ반치-타나-카-ㄴ

159

한국어	태국어	발음
계획	แผนการ	패-ㄴ까-ㄴ
고개를 들다	เงยหน้า	응으어-이나-
고객	ลูกค้า	루-ㄱ카-
고급, 깊이	ระดับสูง	라답쑤-ㅇ
고등학생	นักเรียนมัธยมปลาย	낙리-얀마타윰쁠라-이
고래	ปลาวาฬ	쁠라-와-ㄴ
고르다	เลือก	르-악
고무	ยาง	야-ㅇ
고무액	น้ำยาง	남야-ㅇ
고속도로	ทางด่วน	타-ㅇ두-안
고양이	แมว	매-우
고요하다, 조용하다	เงียบ	응이얍
고원	ที่ราบสูง	티-라-ㅂ쑤-ㅇ
고장나다, 파손되다	เสีย / ชำรุด	씨-야/촘룻
고질병, 만성병	โรคเรื้อรัง	로-ㄱ르-아랑
고층빌딩	ตึกสูง	뜩쑤-ㅇ
고향	บ้านเกิด	바-ㄴ끄ㅓ-ㅅ
고혈압	ความดันโลหิตสูง	콰-ㅁ단로-힛쑤-ㅇ
(재주가) 곡예같다, 익스트림하다	ผาดโผน / เอ็กซ์ตรีม	파-ㅅ포-ㄴ / 엑뜨리-ㅁ
골동품	ของเก่า / ของโบราณ	카-ㅇ까오/카-ㅇ보-라ㄴ
골동품점	ร้านขายของโบราณ	라-ㄴ카이카-ㅇ보-라-ㄴ
골절	กระดูกหัก	끄라두-ㄱ학
골프	กอล์ฟ	꺼-ㅂ(f)
골프공	ลูกกอล์ฟ	루-ㄱ꺼-ㅂ(f)
골프장	สนามกอล์ฟ	싸나-ㅁ꺼-ㅂ(f)
공격적이다	ก้าวร้าว	까-우라-우
공공의, 공립	สาธารณะ	싸-타-라나
공공전화박스	ตู้โทรศัพท์	뚜-토-라쌉
공과금, 공공요금	ค่าใช้จ่ายสาธารณูปโภค	카-차이씨-다-라누-빠포-ㄱ
공백, 빈칸	ช่องว่าง	처-ㅇ와-ㅇ
공복이다	ท้องว่าง	터-ㅇ와-ㅇ
공사하다	ก่อสร้าง	꺼-싸-ㅇ
공실, 빈방	ห้องว่าง	허-ㅇ와-ㅇ
공연	การแสดง	까-ㄴ싸대-ㅇ
공연 중	ขณะแสดง	카나싸대-ㅇ
공예품	งานฝีมือ	응아-피(f)-므-
공용 샤워실	ห้องอาบน้ำรวม	허-ㅇ아-ㅂ남루-암
공용 화장실	ห้องน้ำรวม	허-ㅇ남루-암
공원	สวน / สวนสาธารณะ	쑤-안 / 쑤-안싸-타-라나
공작새	นกยูง	녹유-ㅇ
공장	โรงงาน	로-ㅇ응아-ㄴ
공중전화	โทรศัพท์สาธารณะ	토-라쌉싸-타-라나
공중화장실	ห้องน้ำสาธารณะ	허-ㅇ남싸-타-라나
공항	สนามบิน	싸나-ㅁ빈
공항 세금	ภาษีสนามบิน	파-씨-싸나-ㅁ빈
공해	มลพิษ	몬라핏
과로	ทำงานมากเกินไป	탐응아-ㄴ마-ㄱ끄ㅓ-ㄴ빠이
과일	ผลไม้	폰라마이
과일주스	น้ำผลไม้	남폰라마이
과자	ขนม	카놈
과학	วิทยาศาสตร์	위타야-싸-ㅅ
관객석	ที่นั่งผู้ชม	티-낭푸-촘
관계자, 담당자	เจ้าหน้าที่	짜오나-티-

관광, 여행	การท่องเที่ยว 까-ㄴ터-ㅇ티-야우
관광버스	รถบัสท่องเที่ยว 롯밧터-ㅇ티-야우
관광지	สถานที่ท่องเที่ยว 싸타-ㄴ티-터-ㅇ티-야우
관광하다	ท่องเที่ยว 터-ㅇ티-야우
관리인	ผู้ควบคุม 푸-쿠압쿰
관리하다, 감독하다	ควบคุม 쿠압쿰
광고(하다)	โฆษณา 코-싸나-
괜찮다	ไม่เป็นไร 마이뻰라이
교과서	หนังสือเรียน 낭쓰-리-얀
교수님, 선생님	อาจารย์ 아-짜-ㄴ
교실	ห้องเรียน 허-ㅇ리-얀
교외	ชานเมือง 차-ㄴ므-앙
교육	การศึกษา 까-ㄴ쓱싸-
교차하다, 마주하다	บรรจบกัน 바-ㄴ쫍깐
교체하다	สลับ / เปลี่ยนกัน 쌀랍/쁠리-얀깐
교통비	ค่าเดินทาง 카-드어-ㄴ타-ㅇ
교통사고	อุบัติเหตุทางจราจร 우밧띠헤-ㅅ타-ㅇ 짜 라-쩌-ㄴ
교통체증	การจราจรติดขัด 까-ㄴ짜라-쩌-ㄴ띳캇

교통카드 세트	ชุดบัตรโดยสาร 춧밧도-이싸-ㄴ
교환	การแลกเปลี่ยน 까-ㄴ래-ㄱ쁠리-얀
교환대	แผงสวิตช์ 패-ㅇ싸윗
교환하다	แลกเปลี่ยน 래-ㄱ쁠리-얀
교회	โบสถ์คริสต์ 보-ㅅ크릿
구경하다	เที่ยวชม 티-야우촘
구급차	รถพยาบาล 롯파야-바-ㄴ
구내전화, 인터폰	โทรศัพท์ภายใน 토-라쌉파-이나이
구멍	รู 루-
구명조끼	เสื้อชูชีพ 쓰-아추-치-ㅂ
구토	ถุงอาเจียน 아-찌-얀
구토용 봉지	ถุงอาเจียร 퉁아-찌-얀
구토하다	อาเจียน 아-찌-얀
국가(國歌)	เพลงชาติ 플레-ㅇ차-ㅅ
국가, 국토	รัฐ 랏(랏타)
국경	ชายแดน 차-이대-ㄴ
국기	ธงชาติ 통차-ㅅ
국내	ในประเทศ 나이쁘라테-ㅅ

국내선	เส้นทางภายใน ประเทศ 쎄-ㄴ타-ㅇ파-이나이 쁘라테-ㅅ
국내전화	โทรศัพท์ภายใน ประเทศ 토-라쌉파-이나이 쁘 라테-ㅅ
국립	แห่งชาติ 해-ㅇ차-ㅅ
국립공원	อุทยานแห่งชาติ 우타야-ㄴ해-ㅇ차-ㅅ
국산 맥주	เบียร์ผลิตในประเทศ 비-야팔릿나이쁘라테-ㅅ
국적	สัญชาติ 싼차-ㅅ
국제	ระหว่างประเทศ 라와-ㅇ쁘라테-ㅅ
국제면허증	ใบอนุญาตขับรถ ระหว่างประเทศ 바이아누야-ㅅ캅롯유 와-ㅇ쁘라테-ㅅ
국제선	เส้นทางระหว่าง ประเทศ 쎄-ㄴ타-ㅇ라와-ㅇ쁘 라테-ㅅ
국제전화	โทรศัพท์ระหว่าง ประเทศ 토-라쌉라와-ㅇ 쁘라 테-ㅅ
국회의사당	รัฐสภา 랏타싸파-
굴뚝	ปล่องควัน 쁠러-ㅇ콴
궁금하다	น่าสงสัย 나-쏭싸이
귀걸이	ต่างหู 따-ㅇ후-

161

귀금속	로나즈미카 / อัญมณี 로-하미-카- / 안야마니	근무 시간 기록표	เครื่องตอกบัตร / ทางเข้า 크르-엉떠-ㄱ밧 / 타-ㅇ카오	기념일	วันครบรอบ 완크롭러-ㅂ
				기념품, 선물	ของฝาก 커-ㅇ퐈(f)-ㄱ
귀엽다	น่ารัก 나-락	근육	กล้ามเนื้อ 끌라-ㅁ느-아		
				기념품점	ร้านขายของฝาก 라-ㄴ카이커-ㅇ퐈(f)-ㄱ
귀중품	สิ่งของมีค่า 씽커-ㅇ미-카-	금	ทอง 터-ㅇ		
				기다리다	รอ 러-
규정, 규칙	ข้อบังคับ 커-방캅	금고	กล่องเซฟตี้ 끌러-ㅇ쎄-ㅂ띠-		
				기둥 / 받침돌	เสา / ตอม่อ 싸오/떠-머-
그램	กรัม 끄람	금연	ปลอดบุหรี่ 쁠러-ㅅ부리-		
				기록	การจดบันทึก 까-ㄴ쫏반특
그렇게 비싸 진 않다/ 그렇게 가격 이 높진 않다	ไม่ค่อยแพง / ไม่ค่อยสูง 마이커-이패-ㅇ / 마이커-이쑤-ㅇ	금연석	ที่นั่งปลอดบุหรี่ 티-낭쁠러-ㅅ부리-		
				기록하다	บันทึก / จด 반특 / 쫏
		금연차	รถปลอดบุหรี่ 롯쁠러-ㅅ부리-		
				기름	น้ำมัน 남만
그룹 투어	กรุ๊ปทัวร์ 끄룹투-아	금지하다	ห้าม 하-ㅁ		
				기부하다, 봉사하다	บริจาค 버리짜-ㄱ
그릇, 용기	ภาชนะ 파-차나	급하다	เร่งด่วน 레-ㅇ두-안		
				기분이 안 좋 다	รู้สึกไม่ดี 루-쓱마이디-
그리다	วาด 와-ㅅ	급하다, 빠르다	ด่วน 두-안		
				기쁘다	ดีใจ 디-짜이
그림, 사진	รูปภาพ / ภาพ 루-ㅂ파-ㅂ / 피-ㅂ	기간	ช่วง / ระยะ 추-앙/라야		
				기술	เทคโนโลยี 테-ㅋ노-로-이-
그림, 영상, 모양	ภาพ 파-ㅂ	기간	ช่วงเวลา 추-앙웨-ㄹ라-		
				기술자	เทคนิเชียน 테-ㅋ니치-얀
		기계	เครื่องจักร 크르-앙짝		
그림책	หนังสือภาพ 낭쓰-파-ㅂ			기억하다	จำ 짬
		기관지염	หลอดลมอักเสบ 러-ㅅ롬악쎄-ㅂ		
그물	ตาข่าย 따-카-이			기억할 수 있다	จำได้ 짬다이
		기내 수화물, 휴대 수화물	สัมภาระที่ถือขึ้นเครื่อง 쌈파-라티-트-ㅋ크르-앙		
그을(리)다	รมควัน 롬콴			기원, 발단	แหล่ง 래-ㅇ
		기내식	อาหารในเที่ยวบิน 아-하-ㄴ나이티-야우빈		
그저께	เมื่อวานซืน 므-아와-ㄴ쓰-ㄴ			기차 첫 번째 칸	ขบวนหน้าสุด 카부-안나-
		기념 우표	แสตมป์ที่ระลึก 싸때-ㅁ티-라륵		
				기차	รถไฟ 롯퐈(f)이
극장	โรงละคร 로-ㅇ라커-ㄴ	기념비	อนุสาวรีย์ 아눗싸-와리-		
				기차역	สถานีรถไฟ 싸타-니-롯퐈(f)이

한국어	태국어	발음		한국어	태국어	발음		한국어	태국어	발음
기찻길	ทางรถไฟ	타-ㅇ롯퐈(f)이		꿈	ความฝัน	콰-ㅁ퐌(f)		날카롭다	แหลม	래-ㅁ
기침하다	ไอ	아이		끓이다, 삶다	ต้ม	똠		남녀	ชายหญิง	차-이잉
기타	กีต้าร์	끼-따-		끝나다	จบ	쫍		남성용	สำหรับผู้ชาย	쌈랍푸-차-이
기회	โอกาส	오-까-ㅅ		**ㄴ**				남자	ผู้ชาย	푸-차-이
긴팔	แขนยาว	캐-ㄴ야-우		나가다	ออก	어-ㄱ		남자 아이	เด็กผู้ชาย	덱푸-차-이
길	เส้นทาง	쎄-ㄴ타-ㅇ		나라, 국가	ประเทศ	쁘라테-ㅅ		남쪽	ใต้ / ทิศใต้	따이 / 팃따이
길다	ยาว	야-우		나룻배	เรือข้ามฟาก	르-아카-ㅁ퐉(f)-ㄱ		남편	สามี	싸-미-
길을 잃다	หลงทาง	롱타-ㅇ		나무 막대	ท่อนไม้	터-ㄴ마이		내년	ปีหน้า	삐-나-
깃발	ธง	통		나쁘다	ไม่ดี	마이디-		내리다	ลง	롱
깨끗하다	สะอาด	싸아-ㅅ		나열하다	จัดหมวดหมู่	짣무-앗무-		내벽	ฝาผนัง	퐈(f)-파낭
깨지기 쉬운 물건	ของแตกง่าย / ของเปราะบาง	커-ㅇ때-ㄱ응아-이 / 커-ㅇ쁘라바-ㅇ		나이	อายุ	아-유		내일	พรุ่งนี้	프룽니-
깨지다	แตก / เปราะ	때-ㄱ/쁘러		나이트클럽	ไนท์คลับ	나이클랍		내일 오후	บ่ายวันพรุ่งนี้	바-이완프룽니-
껌	หมากฝรั่ง	마-ㄱ퐈(f)랑		나일론	ไนล่อน	나이러-ㄴ		내일 저녁	เย็นวันพรุ่งนี้	옌완프룽니-
꽃	ดอกไม้	더-ㄱ마이		나중에 후회하다	เสียใจภายหลัง	씨-야짜이파-이랑		냄비	หม้อ	머-
꽃병	แจกัน	째-깐		낙하산	ร่มกระโดด	롬끄라도-ㅅ		냄새가 나다	เหม็น / ได้กลิ่น	멘/다이끌린
꽃집	ร้านขายดอกไม้	라-ㄴ카-이더-ㄱ마이		난로	เครื่องทำความร้อน	크르-앙탐콰-ㅁ러-ㄴ		냅킨	ผ้าเช็ดปาก	파-쳇빠-ㄱ
꽉 끼다	แน่น / คับ	내-ㄴ/캅		날	วัน	완		냉장고	ตู้เย็น	뚜-옌
꿀	น้ำผึ้ง	남픙		날씨	อากาศ	아-까-ㅅ		네일아트를 하다	แต่งเล็บ	때-ㅇ렙
				날짜	วันที่	완티-		넥타이	เนคไท	네-ㄱ타이

기본 회화 · 맛집 · 쇼핑 · 뷰티 · 관광 · 엔터테인먼트 · 호텔 · 교통수단 · 기본 정보 · 단어장

163

노란색	สีเหลือง 씨-르-앙		놓아 두다	วางไว้ 와-ㅇ와이		다시	อีกครั้ง 이-ㄱ크랑
노래	เพลง 플레-ㅇ		뇌	สมอง 싸머-ㅇ		다음달	เดือนหน้า 드-안나-
노래방	คาราโอเกะ 카-라-오-께		뇌진탕	สมองกระทบ กระเทือน 싸머-ㅇ끄라톱끄라 트-안		다음주	สัปดาห์หน้า 쌉다-나-
노래 부르다	ร้องเพลง 러-ㅇ플레-ㅇ					다이아몬드	เพชร 페-ㅅ
노인	ผู้สูงอายุ 푸-쑤-ㅇ아-유		뇌출혈	เส้นเลือดในสมองแตก 쎄-ㄴ르-앗나이싸머-ㅇ때-ㄱ		다이어트	ลดน้ำหนัก 롯남낙
노점	ร้านแผงลอย 라-ㄴ패-ㅇ러-이		누르다	กด 꼿		다인실, 룸셰어	แชร์รูม 채-루-ㅁ
녹색	เขียว 키-야우		눈	หิมะ 히마		단어	คำ / คำศัพท์ 캄 / 캄쌉
놀다	เล่น 레-ㄴ		눈물	น้ำตา 남따-		단품요리	อาหารจานเดียว 아-하-ㄴ짜-ㄴ디-야우
놀라다	ตกใจ 똑짜이		눈이 내리다	หิมะตก 히마똑		닫다	ปิด 삣
놀이터 / 놀이공원	สนามเด็กเล่น / สวนสนุก 싸나-ㅁ덱레-ㄴ / 쑤-안싸눅		뉴스	ข่าว 카-우		달다	หวาน 와-ㄴ
			뉴스매거진	นิตยสารข่าว 니따야싸-ㄴ카-우		달력	ปฏิทิน 빠띠틴
농담하다	ล้อเล่น 러-레-ㄴ		느슨하다	หลวม 루-암		닭고기	เนื้อไก่ 느-아까이
농부	เกษตรกร 까쎄-ㅅ뜨라꺼-ㄴ		늦게 도착하 다	มาถึงช้า 마-틍차-		담배	บุหรี่ 부리-
농업, 농사	เกษตรกรรม / การเกษตร 까쎄-ㅅ뜨라깜/ 까-ㄴ까쎄-ㅅ		늦다	สาย 싸-이		담배를 태우다	สูบบุหรี่ 쑤-ㅂ부리-
			 			담요	ผ้าห่ม 파-홈
높다	สูง 쑤-ㅇ		**ㄷ**			답하다	ตอบ 떠-ㅂ
높은 습도	ความชื้นสูง 콰-ㅁ츠-ㄴ쑤-ㅇ		다도, 차 우려 내기	การชงชา 까-ㄴ총차-		당기다	ดึง 등
높은 인기를 얻는 투어	ทัวร์ที่ได้รับความ นิยมสูง 투-아 티-다이 랍 콰- ㅁ니욤쑤-ㅇ		다리	สะพาน 싸파-ㄴ		당뇨병	โรคเบาหวาน 로-ㄱ바오와-ㄴ
			다리미	เตารีด 따오리-ㅅ		당일치기 여행	เที่ยววันเดียว 티-야우완디-야우
			다림질하다	รีด 리-ㅅ			

164

대금상환	เก็บเงินปลายทาง 껩응어-ㄴ 쁠라-이타-ㅇ	더블룸	ห้องดับเบิ้ล 허-ㅇ답브어-ㄴ	독감	ไข้หวัด 카이왓
대기실	เมือง 허-ㅇ러-	덥다	(อากาศ)ร้อน (아-까-ㅅ)러-ㄴ	독방	ห้องเดี่ยว 허-ㅇ디-야우
대도시	เมืองใหญ่ 므-앙야이	덮개, 씌우개	ปลอก 쁠러-ㄱ	독서등	โคมไฟอ่านหนังสือ 코-ㅁ퐈(f)이아-ㄴ낭쓰-
대로	ถนนใหญ่ 타논야이	도구	เครื่องมือ 크르-앙므-	돈	เงิน 응어-ㄴ
대사관	สถานทูต 싸타-ㄴ투-ㅅ	도둑	โจร 쪼-ㄴ	돌다, 굽다	เลี้ยว / งอ 리-야우/응어-
대웅전	วิหารใหญ่ 위하-ㄴ야이	도둑질	โจรกรรม / ขโมย 쪼-ㄴ라깜/카모-이	돌아가다	กลับ 끌랍
대중 목욕탕	ห้องอาบน้ำ สาธารณะ 허-ㅇ 아-ㅂ 남 싸-타- 라나	도로 위	บนถนน 본타논	돌아오다	กลับมา 끌랍마-
		도로, 거리	ถนน 타논	돕다	ช่วยเหลือ 추-아이르-아
대중, 단체, 집회	กลุ่มคน / สมาคม 끌룸콘/싸마-콤	도배지	วอลเปเปอร์ 워-ㄴ뻬-뻐어-	동료	เพื่อนร่วมงาน 프-안루-암응아-ㄴ
대통령	ประธานาธิบดี 쁘라타-나-티버디-	도서관	ห้องสมุด 허-ㅇ싸뭇	동물	สัตว์ 쌋
대학교	มหาวิทยาลัย 마하-위타야-ㄴ라이	도시	เมือง 므-앙	동물원	สวนสัตว์ 쑤-안
대학생	นักศึกษา 낙쓱싸-	도시 지도	แผนที่เมือง 패-ㄴ티-므-앙	동상	รูปปั้นทองสัมฤทธิ์ 루-ㅂ빤터-ㅇ쌈릿
대학에 입학 하다	เข้ามหาวิทยาลัย 카오마하-위타야-라이	도시락	ข้าวกล่อง 카-우끌러-ㅇ	동아리	ชมรม 촘롬
대형 공구	เครื่องมือขนาดใหญ่ 크르-앙므-카나-ㅅ야이	도심	ใจกลางเมือง 짜이끌라-ㅇ므-앙	동양	ตะวันออก 따완어-ㄱ
대형차	รถโดยสารขนาด ใหญ่ 롯도-이싸-ㄴ카나-ㅅ 야이	도우미, 조수	ผู้ช่วย 푸-추-어이	동전	เหรียญ / เงินเหรียญ 리-얀/ 응어-ㄴ리-얀
		도자기 상점	ร้านค้าเซรามิค 라-ㄴ카-쎄-라-믹		
대화	การสนทนา / การพูดคุย 까-ㄴ쏜타나-/ 까-ㄴ푸-ㅅ쿠이	도착시간	เวลามาถึง 웨-ㄴ라-마-틍	동전 반환 레버	คันโยกรับเหรียญ 칸요-ㄱ랍리-얀
		도착하다	เดินทางถึง / มาถึง 드어-ㄴ타-ㅇ / 마-틍	동전 투입구	ช่องใส่เหรียญ สล็อต 처-ㅇ싸이리-얀쌀럿
더럽다	สกปรก 쏙까쁘록			동전지갑	กระเป๋าใส่เหรียญ 끄라빠오싸이리-얀

된장	เต้าเจี้ยว 따오찌-야우	딸	ลูกสาว 루-ㄱ싸-우	레슬링 선수	นักมวยปล้ำ 나무-아이쁠람
두드러기	ลมพิษ 롬핏	땀	เหงื่อ 응으어-	레코드가게	ร้านแผ่นเสียง 라-ㄴ패-ㄴ씨-양
두통	ปวดหัว 뿌-앗후-아	땅	พื้นดิน 프-ㄴ딘	렌즈	เลนส์ 레-ㄴ
뒤돌다, 역전 하다	หันกลับ 한끌랍	땅콩	ถั่วลิสง 투-아리쏭	렌터카	รถเช่า 롯차오
뒤쪽	ข้างหลัง 카-ㅇ랑	때가 아닌	ผิดเวลา 핏웨-ㄴ라-	로마문자	อักษรโรมัน 악써-ㄴ로-만
드라마, 연극	ละคร 라커-ㄴ	때리다	ตบตี 똡띠-	로맨틱	โรแมนติก 로-매-ㄴ띡
드라이아이스	น้ำแข็งแห้ง 남캥해-ㅇ	똠얌꿍	ต้มยำกุ้ง 똠얌꿍	로비	ล็อบบี้ 럽비-
드라이클리닝	ซักแห้ง 싹해-ㅇ	뜨거운 물	น้ำร้อน 남러-ㄴ	로션	โลชั่น 로-챤
드럼	กล่องดนตรี 끌러-ㅇ돈뜨리-	뜨겁다	ร้อน 러-ㄴ	룰렛	รูเล็ท 루-렛
드레스	ชุดเดรส 춧드레-ㅅ	뜸찜질 약	ยาประคบ 야-쁘라콥	룸메이트	รูมเมท 루-ㅁ메-ㅅ
듣다/묻다	ฟัง / ถาม 퐝(f)/타-ㅁ		**ㄹ**	룸서비스	รูมเซอร์วิส 루-ㅁ쓰어-윗
들어가다	เข้า 카오	라디오, 무선통신	วิทยุ 윗타유	룸서비스비	ค่ารูมเซอร์วิส 카-루-ㅁ쓰어-윗
등, 뒤	หลัง 랑	라벨	ฉลาก 찰라-ㄱ	리무진 버스	ลิมูซีนบัส 리-무-씨-ㄴ밧
디자이너	นักออกแบบ 낙어-ㄱ배-ㅂ	라오스	ลาว 라-우	리스트	ลิสต์ 릿
디자인	ดีไซน์ 디-싸이	라이터	ไฟแช็ก 퐈(f)이채-ㄱ	립스틱	ลิปสติก 립싸띡
디저트	ของหวาน 커-ㅇ와-ㄴ	라임	มะนาว 마나-우		**ㅁ**
디저트스푼	ช้อนของหวาน 처-ㄴ커-ㅇ와-ㄴ	락커	ล็อคเกอร์ 럭끄어-	마	เส้นป่าน 쎄-ㄴ빠-ㄴ
디지털 카메 라	กล้องดิจิตอล 끌러-ㅇ디찌떠-ㄴ	레벨	เลเวล 레-웨-ㄴ	마감시간	เวลาปิดทำการ 웨-ㄴ라-삣탐까-ㄴ
따뜻하다	อุ่น 운	레스토랑	ภัตตาคาร 팟따-카-ㄴ	마늘	กระเทียม 끄라티-얌

마라톤	**มาราธอน** 마-라-터-ㄴ	말	**ม้า** 마-	맥박	**ชีพจร** 치파쩌-ㄴ
마사지숍	**ร้านนวด** 라-ㄴ누-앗	말레이시아	**มาเลเซีย** 마-레-씨-야	맥주	**เบียร์** 비-야
마사지하다	**นวด** 누-앗	말을 몰다, 승마	**ขี่ม้า** 키-마-	맨 처음, 첫 번째	**แรกสุด** 래-ㄱ쑷
마스크	**หน้ากาก** 나-까-ㄱ	말하다	**พูด** 푸-ㅅ	맵다	**เผ็ด** 펫
마시다	**ดื่ม** 드-ㅁ	맑다	**แจ่มใส** 째-ㅁ싸이	머리	**ผม / หัว** 폼 / 후아
마요네즈	**มายองเนส** 마-여-ㅇ네-ㅅ	맛	**รสชาติ** 롯차-ㅅ	머리가 어지 럽다	**เวียนหัว** 위-안후-아
마을	**หมู่บ้าน** 무-바-ㄴ	맛을 내다	**ปรุงรส** 쁘룽롯	머리빗	**แปรงหวีผม** 쁘래-ㅇ위-폼
마중, 배웅	**การไปรับไปส่ง** 까-ㄴ빠이랍빠이쏭	맛을 보다	**ลิ้มรส** 림롯	먹, 먹물	**หมึก** 믁
마중가다	**ไปรับ** 빠이랍	맛있다	**อร่อย** 아러-이	먹다	**กิน** 낀
마지막 열차	**รถไฟขบวนสุดท้าย** 롯f(f)-이카부-안쑷타-이	망고	**มะม่วง** 마무-앙	먼지, 가루	**ฝุ่น** 푼(f)
마지막, 최후의	**สุดท้าย** 쑷타-이	망원경	**กล้องส่องทางไกล** 끌러-ㅇ써-ㅇ타-ㅇ끌라이	멀다	**ไกล** 끌라이
마크, 표시	**มาร์ค** 마-ㄱ	맞다, 정확하다	**ถูกต้อง** 투-ㄱ떠-ㅇ	멀미	**เมายานพาหนะ** 마오야-ㄴ파-하나
막차	**รถไฟเที่ยวสุดท้าย** 롯f(f)-이티-야우 타-이	맡긴 물건	**ของที่ฝากไว้** 커-ㅇ티-퐈(f)-ㄱ와이	멈추다, 정지 하다	**หยุด** 윳
만, 베이	**อ่าว** 아-우	맡다, 보관하다	**รับฝาก** 랍퐈(f)-ㄱ	메뉴	**เมนู** 메-누-
만나다	**พบเจอ** 폽쯔어-	매우	**มาก** 마-ㄱ	메모리카드	**เมโมรี่การ์ด** 메-모-리-까-ㅅ
만년필	**ปากกาหมึกซึม** 빠-까-믁씀	매우 아프다	**ปวดมาก** 뿌-앗마-ㄱ	메모지	**กระดาษโน้ต** 끄라다-ㅅ노-ㅅ
만석	**ที่นั่งเต็ม** 티-낭뗌	매일	**ทุกวัน** 툭완	메스껍다	**คลื่นไส้** 클르-ㄴ싸이
만족하다	**พอใจ** 퍼-짜이	매표소	**ร้านขายตั๋ว / ที่ขายตั๋ว** 라-ㄴ카-이뚜-아 / 티-카-이뚜-아	멤버십 카드	**บัตรสมาชิก** 밧싸마-칙
만화	**การ์ตูน** 까-뚜-ㄴ			면	**ฝ้าย** 퐈(f)-이

면, 솜	สำลี 쌈리-	모자	หมวก 무-악	무색	ไม่ใส่สี 마이싸이씨-
면사	เส้นฝ้าย 쎄-ㄴ퐈(f)-이	모조품	ของเลียนแบบ 커-ㅇ리-얀배-ㅂ	무에타이	มวยไทย 무-아이타이
면세	ปลอดภาษี 쁠러-ㅅ파-씨-	모직물	ผ้าขนสัตว์ 파-콘쌋	무역, 사업	การค้า 까-ㄴ카-
면세점	ร้านสินค้าปลอดภาษี 라-ㄴ씬카-쁠러-ㅅ파-씨-	모퉁이	มุม / ซอก 뭄/써-ㄱ	무용지물인	ที่เปล่าประโยชน์ 티-쁠라오쁘라요ㅅ
면세품	สินค้าปลอดภาษี 씬카-쁠러-ㅅ파-씨-	모피	หนังสัตว์ 낭쌋	무제한	ไม่จำกัด 마이짬깟
면화	ฝ้าย 퐈(f)-이	목	คอ 커-	무탄산음료	น้ำไม่อัดลม 남마이앗롬
명상, 고찰	การพิจารณา 까-ㄴ핏짜-라나-	목걸이	สร้อยคอ 써-이커-	무화학	ปลอดสารเคมี 쁠러-ㅅ싸-ㄴ케-미-
명소, 명승지	สถานที่น่าสนใจ 싸타-ㄴ티-티-나-쏜짜이	목구멍이 아프다	เจ็บคอ 쩹커-	문	ประตู 쁘라뚜-
명절	วันหยุดเทศกาล 완윳테-싸까-ㄴ	목적	จุดประสงค์ 쭛쁘라쏭	문구점	ร้านเครื่องเขียน 라-ㄴ크르-앙키-얀
명함	นามบัตร 나-ㅁ밧	목적지	ปลายทาง / ที่หมาย 쁠라-이타-ㅇ/ 티-마-이	문법	ไวยากรณ์ 와이야-꺼-ㄴ
모기	ยุง 융			문자	ตัวอักษร 뚜-아악써-ㄴ
모니터, 스크린	หน้าจอ 나-쩌-	묘지	สุสาน 쑤싸-ㄴ	문자, 메시지	ข้อความ 커-콰-ㅁ
모닝콜 서비스	บริการโทรปลุกตอน เช้า 버리까-ㄴ토-쁠룩떠- ㄴ차오	무겁다	หนัก 낙	문제	ปัญหา 빤하-
		무게	ความหนัก 콰-ㅁ낙	문학	วรรณคดี 완나카디-
모래사장	หาดทราย 하-ㅅ싸-이	무늬, 장식	ลวดลาย 루-앗라-이	문화	วัฒนธรรม 왓타나탐
모레	วันมะรืน 완마르-ㄴ	무대	เวที 웨-티-	물	น้ำ 남
모서리	มุม 뭄	무덥다, 푹푹 찌다	ร้อนอบอ้าว 러-ㄴ옵아-우	물건을 사다	ซื้อของ 쓰-커-ㅇ
모양	รูปร่าง 루-ㅂ라-ㅇ	(가죽을) 무 두질하다	หนังกลับ 낭끌랍	물고기	ปลา 쁠라-
모으다	เก็บ / รวม 껩 / 루-암	무비용	ไม่มีค่าใช้จ่าย 마이미-카-차이짜-이	물놀이(바다)	เล่นน้ำทะเล 레-ㄴ남탈레-

물리 치료	**กายภาพบำบัด** 까-이야파-ㅂ밤밧	바다	**ทะเล** 탈레-	반팔	**แขนสั้น** 캐-ㄴ싼
뮤지컬	**ละครเพลง** 라커-ㄴ플레-ㅇ	바닷가, 해변	**ชายหาด** 차-이하-ㅅ	반품하다	**ส่งคืนสินค้า** 쏭크-ㄴ씬카-
미끄러지기 쉽다	**ลื่นง่าย** 르-ㄴ응아-이	바람	**ลม** 롬	받는 사람 주 소	**ที่อยู่ผู้รับ** 티-유-푸-랍
미끄럽다	**ลื่น** 르-ㄴ	바로	**ทันที** 탄티	받다	**ได้รับ** 다이랍
미니바	**มินิบาร์** 미니바-	바쁘다	**ยุ่ง** 융	받아 오다	**รับมา** 랍마
미성년의, 유년기	**เยาว์วัย** 야오와이	바위	**โขดหิน** 코-ㅅ힌	발	**เท้า** 타오
미아	**เด็กหลงทาง** 덱롱타-ㅇ	바이올린	**ไวโอลิน** 와이오-린	발달하다	**พัฒนา** 파타나-
미얀마	**พม่า** 파마-	바지	**กางเกง** 까-ㅇ께-ㅇ	발목	**ข้อเท้า** 커-타오
미용실	**ร้านเสริมสวย** 라-ㄴ쓰어-ㅁ쑤어-이	박람회, 전시회	**งานมหกรรม / งานนิทรรศการ** 응아-ㄴ마하깜/ 응아-ㄴ닛타싸까-ㄴ	발췌하다, 복사하다	**คัดลอก** 캇러-ㄱ
미워하다	**เกลียด** 끌리-얏			발코니	**ระเบียง / เฉลียง** 라비-양 / 차리-양
미터 가격	**มิเตอร์ราคา** 미뜨어-라-카-	박물관	**พิพิธภัณฑ์** 피피타판	밝다	**ร่าเริง** 라-르어-ㅇ
민감성 피부	**ผิวบอบบาง** 피우버-ㅂ바-ㅇ	박수치다	**ปรบมือ** 쁘롭므-	밝다, 현란하다	**ฉูดฉาด** 추-ㅅ차-ㅅ
밀가루	**แป้งสาลี** 빼-ㅇ싸-리-	박스	**กล่อง** 끌러-ㅇ	밝은 빛	**แสงสว่าง** 쌔-ㅇ싸와-ㅇ
밀크티	**ชานม** 차-놈	밖	**ข้างนอก** 카-ㅇ너-ㄱ	밤중	**กลางดึก** 끌라-ㅇ득
ㅂ		반	**ครึ่งหนึ่ง** 크릉능	방	**ห้อง** 허-ㅇ
바, 술집	**บาร์** 바-	반나절	**ครึ่งวัน** 크룽완	방값	**ค่าห้อง** 카-허-ㅇ
바꾸다	**เปลี่ยน** 쁠리-얀	반대하다	**ไม่เห็นด้วย** 마이헨두-아이	방 번호	**หมายเลขห้อง** 마-이레-ㄱ허-ㅇ
바느질(을 하 다)	**เย็บปักถักร้อย** 옙빡따ㄱ러-이	반입금지 물품	**สิ่งของห้ามถือเข้า** 씽커-ㅇ하-ㅁ트-카오	방 열쇠	**กุญแจห้อง** 꾼째-허-ㅇ
바늘	**เข็ม** 켐	반지	**แหวน** 왜-ㄴ	방 임대료	**ค่าเช่าห้อง** 카-차오허-ㅇ

방금 끝내다	**เสร็จใหม่ๆ** 쎗마이마이	버스 정류장	**ป้ายรถเมล์** 빠-이롯메-	변호사	**ทนายความ** 타나-이콰-ㅁ
방법	**วิธี** 위티-	버터	**เนย** 느어-이	변화하다	**เปลี่ยนแปลง** 쁠리-얀쁠래-ㅇ
방향	**ทิศทาง** 팃타-ㅇ	버튼	**ปุ่ม** 뿜	별	**ดาว** 다-우
배	**เรือ** 르-아	번역하다	**แปล** 쁠래-	별, 연예인	**ดารา** 다-라-
배고프다	**หิว** 히우	번호	**เลข / หมายเลข** 레-ㄱ / 마-이레-ㄱ	별도로	**ต่างหาก** 따-ㅇ하-ㄱ
배달원, 발신자	**ผู้ส่ง** 푸-쏭	번호를 말하다	**บอกหมายเลข** 버-ㄱ마-이레-ㄱ	별로(그 정도 로) ~는 아닌	**ไม่ค่อย(ขนาดนั้น)** 마이커-이(카나-ㅅ난)
배를 타다, 항해하다	**ล่องเรือ** **โทรศัพท์มือถือ** 러-ㅇ르-아	벌레	**แมลง** 말래-ㅇ	병따개	**ที่เปิดขวด** 티쁘어-ㅅ쿠-앗
배우	**นักแสดง** 낙싸대-ㅇ	법	**กฎหมาย** 꼿마-이	병마개	**จุกขวด** 쭉쿠-앗
배우다	**เรียน** 리-얀	법원	**ศาล** 싸-ㄴ	병원	**โรงพยาบาล** 로-ㅇ파야-바-ㄴ
배터리	**แบตเตอรี่** 배-ㅅ뜨어-리-	벚꽃	**ซากุระ** 싸-꾸라	보내다	**ส่ง** 쏭
배편	**เที่ยวเรือ** 티-야우르-아	베개	**หมอน** 머-ㄴ	보다	**ดู** 두-
배표	**ตั๋วเรือ** 뚜-아르-아	베란다	**ระเบียง** 라비-양	보도	**ฟุตบาท** 풋(f)바-ㅅ
백화점	**ห้างสรรพสินค้า** 하-ㅇ쌉파씬카-	베트남	**เวียดนาม** 위-얏나-ㅁ	보드카	**วอดก้า** 워-ㅅ까-
밴	**รถตู้** 롯뚜-	벤치	**ม้านั่ง** 마-낭	보물	**สมบัติ** 쏨밧
뱀	**งู** 응우-	벨트	**เข็มขัด** 켐캇	보석가게	**ร้านขายอัญมณี** 라-ㄴ카-이안야마니-
뱃멀미	**เมาเรือ** 마오르-아	벽난로	**เตาผิง** 따오핑	보조 침대, 엑 스트라 베드	**เตียงเสริม** 띠-양쓰어-ㅁ
버리다	**ทิ้ง** 팅	변기	**โถส้วม** 토-쑤-암	보조석	**ที่นั่งสำรอง** 티-낭쌈러-ㅇ
버스	**รถเมล์** 롯메-	변명, 핑계	**ข้ออ้าง** 커-아-ㅇ	보증금, 보험금	**เงินประกัน** 응어-ㄴ쁘라깐
버스 노선도	**แผนที่เส้นทางรถบัส** 패-ㄴ티-쎄-ㄴ타-ㅇ롯밧	변비가 있다	**ท้องผูก** 터-ㅇ푸-ㄱ	보증서	**ใบรับประกัน** 바이랍쁘라깐

보증하다, 보험하다	**ประกัน** 쁘라깐	부채	**พัด** 팟	불에 쬐어 굽다	**ย่าง** 야-ㅇ
보통	**ธรรมดา** 탐마다-	부츠	**รองเท้าบู๊ท** 러-ㅇ타오부-ㅅ	불이 들어오다	**ติดไฟ** 띳퐈(f)이
보행자용	**สำหรับคนเดินเท้า** 쌈랍콘더어-ㄴ타오	부패하다, 썩다	**เน่า** 나오	붐비다	**แออัด / แน่น** 애-앗/내-ㄴ
보험회사	**บริษัทประกัน** 버리쌋쁘라깐	북	**เหนือ** 느-아	붕대	**ผ้าพันแผล** 파-판패-ㄴ
복싱	**การต่อยมวย** 까-ㄴ떠-이무-아이	분리하다	**แยก** 애-ㄱ	뷔페	**บุฟเฟ่ต์** 붑페(f)-
복통	**ปวดท้อง** 뿌-앗터-ㅇ	분쇄하다, 으깨다	**บด** 봇	브래지어	**เสื้อยกทรง** 쓰-아욕쏭
본문	**เนื้อหาสาระ** 느-아하-싸-라	분수	**น้ำพุ** 남푸	브랜드	**ยี่ห้อ** 이-허-
볼펜	**ปากกา / ปากกาลูกลื่น** 빠-ㄱ까- / 빠-ㄱ까-루-ㄱ르-ㄴ	분실물	**ของหาย** 커-ㅇ하-이	브레이크	**เบรก** 브레-ㄱ
봄	**ฤดูใบไม้ผลิ** 르두-바이마이플리	분실물 보관소	**สถานที่เก็บทรัพย์สินสูญหาย** 싸타-ㄴ티-껩쌉씬쑤-ㄴ하-이	브로치	**เข็มกลัด** 켐끌랏
봉사자, 지원하다	**อาสาสมัคร** 아-싸-싸막	분실물 신고	**ประกาศแจ้งของหาย** 쁘라까-ㅅ째-ㅇ커-ㅇ하-이	비	**ฝน** 폰(f)
봉인된 봉투	**ซองผนึก** 써-ㅇ파늑	분위기	**บรรยากาศ** 반야-까-ㅅ	비공식적	**ไม่เป็นทางการ** 마이뻰타-ㅇ까-ㄴ
봉인된 편지	**ซองจดหมาย** 써-ㅇ쫏마-이	분유	**นมผง** 놈퐁	비극	**โศกนาฏกรรม** 쏘-ㄱ나-따깜
봉투	**ถุง** 퉁	불	**ไฟ** 퐈(f)이	비누	**สบู่** 싸부-
부가 가치세 (VAT)	**ภาษีมูลค่าเพิ่ม (VAT)** 파-씨-무-ㄴ카-프어-ㅁ	불교 사원	**วัดพุทธ** 왓풋	비다	**ว่าง** 와-ㅇ
부모	**พ่อแม่** 퍼-매-	불꽃	**ดอกไม้ไฟ** 더-ㄱ마이퐈(f)이	비다, 공백의	**ว่างเปล่า** 와-ㅇ쁠라오
부상을 입다	**ได้รับบาดเจ็บ** 다이랍바-ㅅ쩹	불꽃놀이	**เล่นไฟ** 레-ㄴ퐈(f)이	비디오카메라	**กล้องวิดีโอ** 끌러-ㅇ위디오-
부서뜨리다	**ทำพัง** 탐팡	불량품	**ของเสีย** 커-ㅇ씨-야	비밀	**ความลับ** 콰-ㅁ랍
부족하다	**ไม่พอ** 마이퍼-			비상금	**ค่าใช้จ่ายฉุกเฉิน** 카-차이짜-이축츠어-ㄴ
				비상버튼	**ปุ่มฉุกเฉิน** 뿜축츠어-ㄴ

비상출구	ทางออกฉุกเฉิน 타-ㅇ어-ㄱ축츠어-ㄴ	빨대	หลอด 러-ㅅ	사원	วัด 왓
비싸다	แพง 패-ㅇ	빨래하다	ซักล้าง 싹라-ㅇ	사이즈	ขนาด 카나-ㅅ
비자	วีซ่า 위-싸-	빨랫감	ของซักล้าง 커-ㅇ싹라-ㅇ	사적, 역사적 장소	แหล่งประวัติศาสตร์ 래-ㅇ쁘라왓띠싸-ㅅ
비정상인	~ที่ผิดปกติ ~티-핏뽁까띠	빵	ขนมปัง 카놈빵	사전	พจนานุกรม 포짜나-누끄롬
비행기	เครื่องบิน 크르-앙빈	뼈	กระดูก 끄라두-ㄱ	사진 촬영 금지	ห้ามถ่ายรูป 하-ㅁ타-이루-ㅂ
비행기 조종 사	นักบิน 낙빈	삐끗하다, 삐다	เคล็ด / ยอก / แพลง 클렛/여-ㄱ/플래-ㅇ	사진	รูปถ่าย 루-ㅂ타-이
비행기 편명	ชื่อเที่ยว 츠-티-야우	**ㅅ**		사진관	ร้านถ่ายรูป 라-ㄴ타-이루-ㅂ
빈 땅	พื้นที่โล่ง 프-ㄴ티-로-ㅇ	사각(형)	สี่เหลี่ยม 씨-리-얌	사탕	ลูกอม 루-ㄱ옴
빈방	ห้องว่าง 허-ㅇ와-ㅇ	사건	เรื่องราวที่เกิดขึ้น 르-앙라-우티-끄어-ㅅ큰	사회 복지	สวัสดิการสังคม 싸왓디까-ㄴ쌍콤
빈 자리	ที่นั่งว่าง 티-낭와-ㅇ	사고	อุบัติเหตุ 우밧띠헤-ㅅ	산	ภูเขา 푸-카오
빈혈	โลหิตจาง 로-힛짜-ㅇ	사고 진단서	ใบประกันอุบัติเหตุ 바이쁘라깐우밧띠헤-ㅅ	산부인과 의사	สูตินรีแพทย์ 쑤-띤리-패-ㅅ
빌딩, 건물	ตึก 뜩	사기	การหลอกลวง 까-ㄴ러-ㄱ루-앙	산소마스크	หน้ากากออกซิเจน 나-까-ㄱ억씨쩨-ㄴ
빌리다	ยืม 유으-ㅁ	사다	ซื้อ 쓰-	산 쪽	ฝั่งภูเขา 퐝(f)푸-카오
빗	หวี 위-	사랑	ความรัก 콰-ㅁ락	산책	การเดินเล่น 까-ㄴ드어-ㄴ레-ㄴ
빚 고지서	ใบแจ้งหนี้ 바이째-ㅇ니-	사랑하다	รัก 락	산호초	แนวปะการัง 내-우빠까-랑
빠르다	เร็ว 레우	사막	ทะเลทราย 탈레-싸-이	삶은 계란	ไข่ต้ม 카이똠
빠른 배송	การจัดส่งด่วน 까-ㄴ짯쏭두-안	사무실	สำนักงาน 쌈낙응아-ㄴ	삼각형	สามเหลี่ยม 싸-ㅁ리-얌
빨간색	สีแดง 씨-대-ㅇ	사용 중	ไม่ว่าง 마이와-ㅇ	삼발이, 삼각대	สามขา 싸-ㅁ카-
빨다	ซัก 싹	사우나	ซาวน่า 싸-우나-	삼촌, 아저씨	คุณลุง 쿤룽

상권	ย่านธุรกิจ 야-ㄴ투라낏	샌드위치	แซนด์วิช 쌔-ㄴ윗	서두르다	รีบ 리-ㅂ
상대편	ฝ่ายตรงข้าม 퐈(f)-이뜨롱카-ㅁ	샐러드	สลัด 쌀랏	서랍	ลิ้นชัก 린착
상비약	ยาสามัญประจำบ้าน 야-싸-만쁘라짬바-ㄴ	생각	ความคิด 콰-ㅁ킷	서류	เอกสาร 에-까싸-ㄴ
상세, 세부사항	รายละเอียด 라-이라이-얏	생강	ขิง 킹	서명	ลายเซ็น 라-이쎈
상수도	ประปา 쁘라빠-	생년월일	วันเดือนปีเกิด 완드-안삐-끄어-ㅅ	서비스	การบริการ 까-ㄴ버리까-ㄴ
상자	กล่อง / กล่องลัง 끌러-ㅇ / 끌러-ㅇ랑	생리	ประจำเดือน 쁘라짬드-안	서비스비	ค่าบริการ 카-버리까-ㄴ
상점, 가게	ร้านค้า 라-ㄴ카-	생리대	ผ้าอนามัย 파-아나-마이	서양	ตะวันตก 따완똑
상처를 입다	บาดเจ็บ 바-ㅅ쩹	생리통	ปวดประจำเดือน 뿌-앗쁘라짬드-안	서점	ร้านหนังสือ 라-ㄴ낭쓰-
상쾌하다, 신선하다	สดชื่น 쏫츠-ㄴ	생물	สิ่งมีชีวิต 씽미-치-윗	서포터	กระจับ 끄라짭
상품	สินค้า 씬카-	생선회	ปลาดิบ 쁠라-딥	서핑보드	กระดานโต้คลื่น 끄라다-ㄴ또-클르-ㄴ
상품창고	คลังสินค้า 클랑씬카-	생수	น้ำแร่ 남래-	석고, 깁스	พลาสเตอร์ 플라-쓰뜨어-
상품 품질	คุณภาพสินค้า 쿤나파-ㅂ씬카-	생일	วันเกิด 완끄어-ㅅ	선글라스	แว่นกันแดด 왜-ㄴ깐대-ㅅ
상황	สถานการณ์ 싸타-나까-ㄴ	생활용품	ของใช้ประจำวัน 커-ㅇ차이쁘라짬완	선물	ของขวัญ 커-ㅇ콴
새	นก 녹	샤워기	ฝักบัวอาบน้ำ 퐉(f)부-아-아-ㅂ남	선불하다	จ่ายล่วงหน้า 짜-이루-앙나-
새(new), 새롭다	ใหม่ 마이	샤워기가 있다	มีฝักบัว 미퐉(f)부-아	선생님	อาจารย์ผู้สอน 아-짜-ㄴ푸-써-ㄴ
새로 제작하다	ผลิตใหม่ 팔릿마이	샴푸	แชมพู 채-ㅁ푸-	선실	ห้องโดยสาร 허-ㅇ도-이싸-ㄴ
새우	กุ้ง 꿍	샹들리에	โคมระย้า 코-ㅁ라야-	선크림	ครีมกันแดด 크리-ㅁ깐대-ㅅ
새해	ปีใหม่ 삐-마이	서기	คริสต์ศักราช 크릿싸까라-ㅅ	선풍기	พัดลม 팟롬
색	สี 씨-	서다	ยืน 유으-ㄴ	설사약	ยาแก้ท้องเสีย 야-깨-터-ㅇ씨-야

설사하다	ท้องเสีย / ท้องร่วง 터-ㅇ씨-야/터-ㅇ루-앙	세탁기	เครื่องซักผ้า 크르-앙싹파-	소프트웨어	ซอฟท์แวร์ 써-ㅂ왜-
설탕	น้ำตาล 남따-ㄴ	세탁 버튼	ปุ่มซักผ้า 뿜싹파-	소형차	รถขนาดเล็ก 롯카나-ㅅ렉
섬	เกาะ 꺼	세탁하다	ซักล้าง 싹라-ㅇ	소화기	เครื่องดับเพลิง 크르-앙답플러-ㅇ
성	นามสกุล 나-ㅁ싸꾼	세트	เซ็ต 쎘	속담	สุภาษิต 쑤파-씻
성(城)	ปราสาท 쁘라-싸-ㅅ	셀프 서비스	บริการตนเอง 버리까-ㄴ똔에-ㅇ	속도계	เครื่องวัดความเร็ว 크르-앙왓콰-ㅁ레우
성격	บุคลิกลักษณะ 북클릭락싸나	셔츠	เสื้อเชิ้ต 쓰-아츠어-ㅅ	속상하다, 아쉽다	เสียใจ 씨-야짜이
성냥	ไม้ขีดไฟ 마이키-ㅅ퐈(f)이	셔터	ชัตเตอร์ 찻뜨어-	속옷	ชุดชั้นใน 춧찬나이
성능	ประสิทธิภาพ 쁘라씻티파-ㅂ	소개하다, 안내하다	แนะนำ 내남	손목시계	นาฬิกาข้อมือ 나-리까-커-므-
성당, 교회, 불전	โบสถ์ 보-ㅅ	소고기	เนื้อวัว 느-아우-아	손자, 조카	หลานชาย 라-ㄴ차-이
성별	เพศ 페-ㅅ	소금	เกลือ 끌르-아	손주	หลาน 라-ㄴ
세계유산	มรดกโลก 머라독로-ㄱ	소도구, 소품	เครื่องมือขนาดเล็ก 크르-앙므-카나-ㅅ렉	손톱	เล็บ 렙
세관	ศุลกากร 쑨라까-꺼-ㄴ	소독제	น้ำยาฆ่าเชื้อ 남야-카-츠-아	솔직하다	ตรงไปตรงมา / ซื่อตรง ㄸ롱빠이ㄸ롱마- / 쓰-ㄸ롱
세금	ภาษี 파-씨-	소리	เสียง 씨-양		
세금을 내다	จ่ายภาษี 자-이파-씨-	소매치기	นักล้วงกระเป๋า 낙루-앙끄라빠오	쇠사슬	โซ่ตรวน 쏘-ㅅ뚜루-언
세럼	เซรั่ม 쎄-람	소방서	สถานีดับเพลิง 싸타-니답플러-ㅇ	쇼핑거리	ย่านช้อปปิ้ง 야-ㄴ처-ㅂ삥
세부, 상세하다	รายละเอียด 라-이라이-얏	소변	ปัสสาวะ 빳싸-와	쇼핑센터	ศูนย์การค้า 쑤-ㄴ까-ㄴ카-
세시풍속	พิธีการดั้งเดิม 피티-까-ㄴ당드어-ㅁ	소설	นวนิยาย 누-아니야-이	수건	ผ้าเช็ดตัว 파-쳇뚜-아
세제	ผงซักฟอก 퐁싹풔(f)-ㄱ	소파	โซฟา 쏘-퐈(f)-	수도	เมืองหลวง 므-앙루-앙
세척하다	ชำระล้าง 참라라-ㅇ	소포(를 싸 다)	ห่อพัสดุ 허-팟싸두	수도꼭지	ก๊อกน้ำ 꺼-ㄱ남

174

수도꼭지를 틀다	เปิดน้ำ 쁘어-ㅅ남	수하물	สัมภาระ 쌈파-라	스카이트레인 (BTS)	รถไฟลอยฟ้า 롯퐈(f)이러-이퐈(f)-
수량	จำนวน 짬누-언	수하물 보관소	ที่รับสัมภาระ 티-랍쌈파-라	스카치테이프	เทปใส 테-ㅂ싸이
수리공장	โรงงานซ่อม 로-ㅇ응아-ㄴ써-ㅁ	수학여행	ทัศนศึกษา 타싸나쓱싸-	스카퍼	ผ้าพันคอ 파-판커-
수리하다	ซ่อม 써-ㅁ	수혈	การถ่ายเลือด 까-ㄴ타-이르-앗	스케치 금지	ห้ามวาดรูป 하-ㅁ와-ㅅ루-ㅂ
수면제	ยานอนหลับ 야-너-ㄴ랍	수화기	หูโทรศัพท์ 후-토-라쌉	스타일	สไตล์ 싸따이
수수료	ค่าธรรมเนียม 카-탐니-얌	숙박비	ค่าที่นอน 카-티-너-ㄴ	스타킹	ถุงน่อง 퉁너-ㅇ
수수료를 받다	มีค่าใช้จ่าย 미-카-차이짜-이	숙박하다, 기숙하다	ค้างคืน 카-ㅇ크-ㄴ	스탠드, 매장, 판매대	เวที 웨-티-
수술하다	ผ่าตัด 파-땃	숟가락	ช้อน 처-ㄴ	스테이플러	ลวดเย็บกระดาษ 루-앗엡끄라다-ㅅ
수영복	ชุดว่ายน้ำ 춧와-이남	술	เหล้า 라오	스트레스	ความเครียด 콰-ㅁ크리-얏
수영장	สระว่ายน้ำ 싸와-이남	술 마시다	ดื่มเหล้า 드-ㅁ라오	스파	สปา 쓰빠-
수영하다	ว่ายน้ำ / ว่ายน้ำ 와-이남 / 와-이탐	술집	ร้านเหล้า 라-ㄴ라오	스포츠	กีฬา 끼-ㄹ라-
수입하다	นำเข้า 남카오	숨가쁘다	สุดลมหายใจ 쑤-ㅅ롬하-이짜이	스포츠용품점	ร้านอุปกรณ์กีฬา 라-ㄴ우빠꺼-ㄴ끼-ㄹ라-
수족관	พิพิธภัณฑ์สัตว์น้ำ 피피타판쌋남	숲	ป่า 빠-	스피커	เครื่องขยายเสียง 크르-앙카야-이씨-양
수채화	ภาพวาดสีน้ำ 파-ㅂ와-ㅅ씨-남	쉽다	ง่าย 응아-이	슬프다	เสียใจ 씨-야짜이
수출세	ภาษีขาออก 파-씨-어-ㄱ	슈퍼마켓	ซูเปอร์มาเก็ต 쑤-뻐어-마-껫	습도	ความชื้น 콰-ㅁ츠-ㄴ
수취인	ผู้รับ 푸-랍	스니커즈	รองเท้าสนีกเกอร์ 러-ㅇ타오싸니-ㄱ끄어-	승객	ผู้โดยสาร 푸-도-이싸-ㄴ
수평(선)	แนวนอน 내-우너-ㄴ	스웨터, 니트	เสื้อถัก 쓰-아탁	승려	พระภิกษุสงฆ์ 프라픽쑤쏭
수평으로	เป็นแนวนอน 뻰내-우너-ㄴ	스위치	สวิตช์ 싸윗	승선하다	ขึ้นเรือ 큰르-아
수표	เช็คเงินสด 첵응어-ㄴ쏫	스카이워크	ทางเดินลอยฟ้า 타-ㅇ드어-ㄴ러-이퐈(f)-	시, 시편	กลอน 끌러-ㄴ

시가	ซิการ์ 씨까-	식당차	รถเสบียง 롯싸비-양	신선한 재료	ของสด 커-ㅇ쏫
시간	เวลา 웨-ㄴ라-	식료품점	ร้านขายของชำ 라-ㄴ카-이커-ㅇ참	신선한 햄	แฮมสด 해-ㅁ쏫
시간(동안)	ชั่วโมง 추-아모-ㅇ	식물	พืชพรรณ 프-ㅅ파-ㄴ	신용카드	บัตรเครดิต 밧크레-딧
시간표	ตารางเวลา 따-라-ㅇ웨-ㄴ라-	식물원	สวนพฤกษศาสตร์ 쑤-안프륵싸싸-ㅅ	신체, 몸	ร่างกาย 라-ㅇ까-이
시계	นาฬิกา 나-리까-		ค่าอาหารและ เครื่องดื่ม	신호, 경보	สัญญาณ 싼야-ㄴ
시계점	ร้านขายนาฬิกา 라-ㄴ카-이나-리까-	식비	카-아-하-ㄴ래크르- 앙드-ㅁ	신호등	ไฟสัญญาณ 퐈(f)이싼야-ㄴ
시끄럽다	หนวกหู 누-악후-	식사하다	รับประทานอาหาร 랍쁘라타-ㄴ아-하-ㄴ	신호를 주다	ให้สัญญาณ 하이싼야-ㄴ
시내	ในเมือง 나이므-앙	식욕	ความอยากอาหาร 콰-ㅁ야-ㄱ아-하-ㄴ	신혼여행	ฮันนีมูน 한니-무-ㄴ
시내로	สู่ในเมือง 쑤-나이므-앙	식중독	อาหารเป็นพิษ 아-하-ㄴ뻰핏	실	ด้าย 다-이
시다	เปรี้ยว 쁘리야-우	식초	น้ำส้มสายชู 남쏨싸-이추-	실습하다, 훈련하다	ฝึกงาน 픅(f)응아-ㄴ
시도하다	ลอง 러-ㅇ	신, 불상	พระเจ้า 프라짜오	실크	ผ้าไหม 파-마이
시설	สิ่งอำนวยความ สะดวก 씽암누-어이콰-ㅁ싸 누-악	신문	หนังสือพิมพ์ 낭쓰-핌	실패하다	ล้มเหลว 롬레-우
		신발	รองเท้า 러-ㅇ타오	심장	หัวใจ 후-아짜이
시작하다	เริ่ม 르어-ㅁ	신발가게	ร้านขายรองเท้า 라-ㄴ카-이러-ㅇ타오	싸다	ถูก 투-ㄱ
시장	ตลาด 딸라-ㅅ	신발끈	เชือกผูกรองเท้า 츠-악푸-끄라-ㅇ타오	쌀	ข้าว 카-우
시차증	เจ็ทแล็ก 쩻랙	신분증	บัตรประจำตัว ประชาชน 밧쁘라짬뚜-아쁘라 차-촌	쌀가루	ข้าวสาลี 카-우싸-리-
시청	ศาลากลางจังหวัด 싸-ㄴ라-끌라-ㅇ짱왓			쓰다	ใช้ / จ่าย(เงิน) 차이 / 짜-이(응어-ㄴ)
시험 보다	สอบ 써-ㅂ	신선하다	สด 쏫	쓰다	ใช้ / แขวน / เกี่ยวข้อง 차이 / 쾌-ㄴ / 끼야우커-ㅇ
식기 상점	ร้านขายภาชนะ 라-ㄴ카-이파-차나	신선한 음식	อาหารสด 아-하-ㄴ쏫	쓰다	ขม 콤

쓰레기	**ขยะ** 카야		아울렛	**เอาท์เล็ท** 아오렛		안내등	**ไฟนำทาง** 퐈(f)이남타-ㅇ
쓰레기통	**ถังขยะ** 탕카야		아이스크림	**ไอศกรีม** 아이싸끄리-ㅁ		안내소	**สถานที่แนะนำ** 싸타-ㄴ티내남
쓸 만하다	**ใช้ได้** 차이다이		아주 조금	**แค่นิดหน่อย /** **เพียงเล็กน้อย** 캐-닛너-이/ 피-양렉너-이		안내인	**ผู้แนะนำ** 푸-내남
씨앗	**เมล็ดพันธุ์** 말렛판					안녕	**สวัสดี** 싸왓디-
	ㅇ		아주 편안하 다	**สะดวกสบาย** 싸두-악싸바-이		안약	**ยาหยอดตา** 야-여-ㅅ따-
아기 기저귀	**ผ้าอ้อมเด็ก** 파-어-ㅁ덱		아침	**อาหารเช้า** 아-하-ㄴ차오		안전 금고	**ตู้นิรภัย** 뚜-니라파이
아기, 영아	**เด็กทารก** 덱타-록		아침, 오전	**เช้า** 차오		안전벨트	**เข็มขัดนิรภัย** 켐캇니라파이
아나운서	**ผู้ประกาศ** 푸-쁘라까-ㅅ		아파트	**อพาร์ทเมนท์** 아파-ㅅ메-ㄴ		안전하다	**ปลอดภัย** 쁠러-ㅅ파이
아동복	**เสื้อผ้าเด็ก** 쓰-아파-덱		아프다	**เจ็บปวด** 쩹뿌-앗		안전한	**~ที่ปลอดภัย** 티-쁠러-ㅅ파이
아들	**ลูกชาย** 루-ㄱ차-이		아프다, 병이 나다	**ป่วย** 뿌-아이		안쪽 자리	**ที่นั่งด้านใน** 티-낭다-ㄴ나이
아래	**ด้านล่าง** 다-ㄴ라-ㅇ		악기	**เครื่องดนตรี** 크르-앙돈뜨리-		앉다	**นั่ง** 낭
아래층	**ชั้นล่าง** 찬라-ㅇ		악기점	**ร้านขายเครื่องดนตรี** 라-ㄴ카-이크르-앙돈뜨리-		알다	**รู้ / รู้จัก** 루-/루-짝
아로마 오일	**น้ำมันหอมระเหย** 남만허-ㅁ라흐어-이		악수	**การเชคแฮนด์** 까-ㄴ체-ㄱ해-ㄴ		알람시계	**นาฬิกาปลุก** 나-리까-쁠루-ㄱ
아르바이트	**งานพิเศษ** 응아-ㄴ피쎄-ㅅ		악수하다	**เชคแฮนด์** 체-ㄱ해-ㄴ		알러지	**ภูมิแพ้** 푸-ㅁ패-
아름다운 경 치, 가경	**ทิวทัศน์สวยงาม** 티우탓쑤-아이응아-ㅁ		악취가 나다	**เหม็น** 멘		알리다, 공지하다	**ประกาศ** 쁘라까-ㅅ
아름답다	**สวยงาม** 쑤-아이응아-ㅁ		안개	**หมอก** 머-ㄱ		알약	**ยาเม็ด** 야-멧
아몬드	**อัลมอนด์** 안머-ㄴ		안경	**แว่นตา** 왜-ㄴ따-		알코올	**แอลกอฮอล์** 애-ㄹ꺼-허-
아버지	**พ่อ** 퍼-		안경점	**ร้านขายแว่นตา** 라-ㄴ카-이왜-ㄴ따-		앞머리	**ผมหน้าม้า** 폼나-마-
아쉽다	**น่าเสียดาย** 나-씨-야다-이		안과의사	**จักษุแพทย์** 짝쑤패-ㅅ		앞쪽	**ด้านหน้า** 다-ㄴ나-

앞쪽에	ที่ด้านหน้า 티-다-ㄴ나-	어댑터	อแดพเตอร์ 아대-ㅂ뜨어-	얼굴 수건	ผ้าเช็ดหน้า 파-쳇나-
앞쪽 좌석	ที่นั่งด้านหน้า 티-낭다-ㄴ나-	어둡다	มืด 므-ㅅ	얼굴, 표정	ใบหน้า 바이나-
애프터 서비스(A/S)	บริการหลังการขาย 버리까-ㄴ랑까-ㄴ카-이	어떤 거, 모종의	บางอย่าง 바-ㅇ야-ㅇ	얼리다	แช่แข็ง 채-캥
(자동차) 액셀	คันเร่ง 칸레-ㅇ	어렵다	ยาก 야-ㄱ	얼마나	เท่าใด 타오다이
앨범	อัลบั้ม 안밤	어렵다, 곤란하다	ลำบาก / แย่ 람바-ㄱ/얘-	얼음	น้ำแข็ง 남캥
야간 여행지	สถานที่เที่ยวกลางคืน 싸타-ㄴ티-티-야우끌라-ㅇ크-ㄴ	어른	ผู้ใหญ่ 푸-야이	엄지손가락	นิ้วหัวแม่มือ 니우후-아매-므-
야간 투어	ทัวร์กลางคืน 투-아끌라-ㅇ크-ㄴ	어린이	เด็ก 덱	업무 외의	นอกเหนือจากงาน 너-ㄱ느-아짜-ㄱ응아-ㄴ
야간	กลางคืน 끌라-ㅇ크-ㄴ	어린이 가격	ราคาเด็ก 라-카-덱	업무 중	ระหว่างทำการ 라와-ㅇ탐카-ㄴ
야채	ผัก 팍	어린이집	สถานรับเลี้ยงเด็ก 싸타-ㄴ랍리-양덱	업무시간	เวลาทำการ 웨-ㄹ라-탐까-ㄴ
약	ยา 야-	어머니	แม่ 매-	없다	ไม่อยู่ 마이유-
약국	ร้านขายยา 라-ㄴ카-이야-	어부	ชาวประมง 차-우쁘라몽	없어지다	สูญเสีย 쑤-ㄴ씨-야
약속하다	สัญญา 싼야-	어울리다	เหมาะ 머	엉덩이	ก้น 꼰
얇게 썰다	หั่นบางๆ 한방바-ㅇ	어울리다, 맞다	เหมาะสม 머쏨	~에 가다	ไป~ 빠이~
얇다/연하다, 싱겁다/부드럽다	บาง / จืด / อ่อน 바-ㅇ/쯔-ㅅ/어-ㄴ	어제	เมื่อวาน 므-아와-ㄴ	에그누들	เส้นบะหมี่ 쎄-ㄴ바미-
양말	ถุงเท้า 퉁타오	언덕	เนิน 느어-ㄴ	에너지	พลังงาน 팔랑응아-ㄴ
양조장	โรงเบียร์ 로-ㅇ비-야	언어	ภาษา 파-싸-	에스컬레이트	บันไดเลื่อน 반다이르-안
양초	เทียน 티-얀	언제	เมื่อไหร่ 므-아라이	에스테틱 직원	ผู้ให้บริการด้านความงาม 푸-하이버-리까-ㄴ다-ㄴ콰-ㅁ응아-ㅁ
양파	หอมหัวใหญ่ 허-ㅁ후-아야이	언제든지	ไม่ว่าเมื่อไหร่ 마이와-므-아라이		
어느 것이든	ไม่ว่าอะไรก็ตาม 마이와-아라이꺼따-ㅁ	얹히다, 소화가 안되다	ไม่ย่อย 마이여-이		

~에 알려지가 있다	**แพ้~** 패-		여행사	**บริษัทท่องเที่ยว** 버리쌋터-ㅇ티-야우		열심히 하다	**กระตือรือร้น** 끄라뜨-르-론
에어컨	**แอร์ / เครื่องปรับอากาศ** 애- / 크르-앙쁘랍아-까-ㅅ		여행자 수표	**เช็คเดินทาง** 첵드어-ㄴ타-ㅇ		열차 안	**ในขบวนรถไฟ** 바이카부-안롯퐈(f)이
에어컨이 있다	**มีแอร์** 미-애-		여행지도	**แผนที่การเดินทาง** 패-ㄴ티-까-ㄴ드어-ㄴ타-ㅇ		엽서	**โปสการ์ด** 뽀-ㅅ까-ㄷ
엔진오일, 윤활유	**น้ำมันเครื่อง** 남만크르-앙		역	**สถานี** 싸타-니-		영감	**แรงบันดาลใจ** 래-ㅇ반다-ㄴ짜이
엘리베이터	**ลิฟท์** 립		역무원, 역장	**นายสถานี** 나-이싸타-니-		영사하다	**ฉายภาพ** 차-이파-ㅂ
어권	**พาสปอร์ต** 파-ㅅ뻐-ㅅ		역사학	**ประวัติศาสตร์** 쁘라왓띠싸-ㅅ		영수증	**ใบเสร็จรับเงิน** 바이쎗랍응으어-ㄴ
여기	**ที่นี่** 티-니-		역에서	**ที่สถานี** 티-싸타-니-		영양, 식생활	**โภชนาการ** 포차나-까-ㄴ
여드름	**สิว** 씨우		연결하다, 접합하다	**เชื่อมต่อ** 츠-암떠-		영어	**ภาษาอังกฤษ** 파-싸-앙끄릿
여름	**ฤดูร้อน** 르두-러-ㄴ		연극, 드라마	**ละคร** 라커-ㄴ		영업 시간	**เวลาทำการ** 웨-ㄹ라-탐까-ㄴ
여름비	**ฝนหน้าร้อน** 폰(f)나-러-ㄴ		연기	**ควัน** 콴		영화	**หนัง / ภาพยนตร์** 낭 / 파-ㅂ파욘
여성	**ผู้หญิง** 푸-잉		연락처	**สถานที่ติดต่อ** 싸타-ㄴ티-띳떠-		영화관	**โรงภาพยนตร์** 로-ㅇ파-ㅂ파욘
여성복	**เสื้อผู้หญิง** 쓰-아푸-잉		연못	**บ่อน้ำ** 버-남		옅은 색	**สีอ่อน** 씨-어-ㄴ
여성용	**สำหรับผู้หญิง** 쌈랍푸-잉		연중행사	**เหตุการณ์ระหว่างปี** 헤-ㅅ까-ㄴ라와-ㅇ삐-		예비열쇠(스페어키)	**กุญแจสำรอง** 꾼째-쌈러-ㅇ
여유 있다, (시간이) 비다	**ว่าง** 와-ㅇ		연필	**ดินสอ** 딘써-		예쁘다	**สวย** 쑤-어이
여자 아이	**เด็กผู้หญิง** 덱푸-잉		연휴	**วันหยุดยาว** 완윳야-우		예산	**งบประมาณ** 응옵쁘라마-ㄴ
여주인공	**นางเอก** 나-ㅇ에-ㄱ		열	**ไข้** 카이		예술가	**ศิลปิน** 씬라삔
여행 책자	**แผ่นพับท่องเที่ยว** 패-ㄴ팝터-ㅇ티-야우		열다	**เปิด** 쁘어-ㅅ		예약	**การจอง** 까-ㄴ쩌-ㅇ
여행가방	**กระเป๋าเดินทาง** 끄라빠오드어-ㄴ타-ㅇ		열쇠	**กุญแจ** 꾼째-		예약 좌석	**ที่นั่งจอง** 티-낭쩌-ㅇ
			열쇠고리	**พวงกุญแจ** 푸앙꾼째-		예약이 필요 없는 좌석	**ที่นั่งที่ไม่ต้องจอง** 티-낭티-마이떠-ㅇ쩌-ㅇ

179

예약표	ตารางนัด 따-라-ㅇ낫	오후편	เที่ยวบ่าย 티-야우바-이	완화제(약)	ยาระบาย 야-라바-이
예약하다	จอง 쩌-ㅇ	옥상	ดาดฟ้า 다-ㄷ퐈(f)-	왕궁	พระราชวัง 프라라-차왕
예의, 매너	มารยาท 마-라야-ㅅ	온도	อุณหภูมิ 운하푸-ㅁ	왕복	ไป-กลับ 빠이끌랍
예전에	เมื่อก่อน 므-아꺼-ㄴ	온도계	ปรอทวัดอุณหภูมิ 쁠러-ㅅ왓운하푸-ㅁ	왕복표	ตั๋วไป-กลับ 뚜-아빠이끌랍
예측하다	คาดการณ์ 카-ㅅ까-ㄴ	온천물	น้ำพุร้อน 남푸러-ㄴ	외과 의사	ศัลยแพทย์ 싼라야패-ㅅ
오늘	วันนี้ 완니-	올라타다	ขึ้น 큰	외국인	ชาวต่างชาติ 챠-우따-ㅇ차-ㅅ
오늘 밤/오늘 저녁	คืนนี้ / เย็นนี้ 크-니-/옌니-	올림픽	โอลิมปิก 오-ㄹ림삑	외투, 망토	เสื้อคลุม 쓰-아클룸
오늘 아침	เช้าวันนี้ 챠오완니-	옷	เสื้อผ้า 쓰-아파-	외할머니	คุณยาย 쿤야-이
오늘 오후	บ่ายวันนี้ 바-이완니-	옷, 의류	เสื้อผ้า / เครื่องแต่งกาย 쓰-아파-/ 크르-앙때-ㅇ까-이	외할아버지	คุณตา 쿤따-
오래되다	เก่า 까오	옷가게	ร้านขายเสื้อผ้า 라-ㄴ카-이쓰-아파-	외화	เงินตราต่าง ประเทศ 응으어-ㄴ뜨라-따-ㅇ 쁘라테-ㅅ
오래되다, 앤티크	เก่าแก่ 까오깨-	옷걸이 / 행거	ไม้แขวน / ที่แขวน 마이캐-ㄴ/티-캐-ㄴ	왼쪽	ซ้าย 싸-이
오렌지	ส้ม 쏨	옷장	ตู้เสื้อผ้า 뚜-쓰-아파-	요거트	โยเกิร์ต 요-끄어-ㅅ
으르간	ออร์แกน 어-깨-ㄴ	옷 칼라, 깃	คอเสื้อ 커-쓰-아	요일	วัน 완
오른쪽	ขวา 콰-	와당탕	ดังอึกทึก 당윽특	요즘	หมู่นี้ 무-니-
오리	เป็ด 뻿	와인	ไวน์ 와이	욕실, 목욕탕	ห้องอาบน้ำ 허-ㅇ아-ㅂ남
오전편	เที่ยวเช้า 티-야우차오	와인 리스트	ไวน์ลิสต์ 와이릿	욕조	อ่างอาบน้ำ 아-ㅇ아-ㅂ남
오징어	ปลาหมึก 쁠라-믁	와인 병따개	ที่เปิดจุกขวดไวน์ 티-뻐-ㅅ쭉쿠-앗와이	욕조가 있다	มีอ่างอาบน้ำ 미-아-ㅇ아-ㅂ남
오케스트라	ออเคสตรา 어-케-싸뜨라	와플	วาฟเฟิล 와-ㅂ프(f)어-ㄴ	우산	ร่ม 롬
오후	บ่าย 바-이				

우수하다	ยอดเยี่ยม 여-ㅅ이-얌	운동장	สนามกีฬา 싸나-ㅁ끼-ㄹㅏ-	위가 아프다	ปวดกระเพาะ 뿌-앗끄라퍼
우연히	โดยบังเอิญ 도-이방응으-ㄴ	운동하다	ออกกำลังกาย 어-ㄱ깜랑까-이	위스키	วิสกี้ 위싸끼-
우유	นม 놈	운동화	รองเท้ากีฬา 러-ㅇ타오끼-ㄹㅏ-	위쪽	ข้างบน 카-ㅇ본
우유병	ขวดนม 쿠-앗놈	운영하다	จัดการ 짯까-ㄴ	위층	ชั้นข้างบน 찬카-ㅇ본
우정	มิตรภาพ 밋뜨라파-ㅂ	운전기사	คนขับรถ 콘캅롯	위치, 지위	ตำแหน่ง 땀내-ㅇ
우주	อวกาศ 아와까-ㅅ	운전면혀증	ใบอนุญาตขับขี่ 바이아누야-ㅅ캅키-	위탁 수하물 표	ใบฝากของ 바이퐈(f)-ㄱ커-ㅇ
우주공간	สถานีอวกาศ 싸타-니-아와까-ㅅ	운전하다	ขับ 캅	위탁하다	มอบหมาย 머-ㅂ마-이
우주비행사	นักบินอวกาศ 낙빈아와까-ㅅ	울다	ร้องไห้ 러-ㅇ하이	위험하다	อันตราย 안딸라-이
우중충하다	มืดครึ้ม 므-ㅅ크름	원, 동그라미	กลม 끌롬	유니폼	เครื่องแบบ 크르-앙배-ㅂ
우체국	ที่ทำการไปรษณีย์ 티탐까-ㄴ 쁘라이싸니-	원가, 자금	ต้นทุน 똔툰	유람선	เรือสำราญ 르-아쌈라-ㄴ
우편	ไปรษณีย์ 쁘라이싸니-	원래, 옛날의	ดั้งเดิม 당드어-ㅁ	유료 화장실	ห้องน้ำเสียค่า บริการ 허-ㅇ남씨-야카-버리 까-ㄴ
우편 도장(소 인)	ตราประทับ ไปรษณีย์ 뜨라-쁘라탑쁘라이싸 니-	원룸	ห้องเดี่ยว 허-ㅇ디-야우		
		원숭이	ลิง 링	유리, 거울	กระจก 끄라쪽
우편번호	รหัสไปรษณีย์ 라핫쁘라이싸니-	원주민	คนพื้นเมือง 콘픈므-앙	유머러스한	ขำขัน 캄칸
우편비용	ค่าบริการไปรษณีย์ 카-버리까-ㄴ쁘라이싸니-	원피스	ชุดวันพีซ 춋완피-ㅅ	유명하다	มีชื่อเสียง 미-츠-씨-양
우편엽서	ไปรษณียบัตร 쁘라이싸니-밧	월급	เงินเดือน 응어-ㄴ드-안	유모차	รถเข็นเด็ก 롯켄덱
우표	แสตมป์ 싸때-ㅁ	월식	ราหู / จันทรคราส 라-후-/짠트라크라-ㅅ	유스호스텔	บ้านพักเยาวชน 바-ㄴ팍야-오와촌
우푯값	ค่าแสตมป์ 카-싸때-ㅁ	위	บน 본	유아 동반	กับเด็ก 깝덱
우회전(하다)	เลี้ยวขวา 리-야우콰-	위(장기)	กระเพาะอาหาร 끄라퍼아-하-ㄴ		

유적지	โบราณสถาน 보-라-ㄴ싸타-ㄴ	의자	เก้าอี้ 까오이-	익었다	ย่างสุกแล้ว 야-ㅇ쑥래-우
유학하다	เรียนต่อต่างประเทศ 리-얀 떠-따-ㅇ 쁘라테-ㅅ	의학	แพทยศาสตร์ 패-타야싸-ㅅ	인가 / 경유 승인	การอนุมัติ / ให้เปลี่ยนเครื่อง 까-ㄴ아누맛 / 하이쁠리-얀크르-앙
유화	ภาพวาดสีน้ำมัน 파-ㅂ와-ㅅ씨-남만	이륙하다	บินขึ้น 빈크-ㄴ	인공위성	ดาวเทียม 다-우티-얌
유효기간	ระยะเวลาหมดอายุ 라야웨-ㄴ라-못아-유	이름	ชื่อ 츠-	인구	ประชากร 쁘라차-꺼-ㄴ
은	เงิน 응어-ㄴ	이모, 고모, 아주머니	คุณป้า 쿤빠-	인기가 있다	มีความนิยม 미-콰-ㅁ니욤
은행	ธนาคาร 타나-카-ㄴ	이번 달	เดือนนี้ 드-안니-	인사	การทักทาย 까-ㄴ탁타-이
은행계좌	บัญชีธนาคาร 반치-타나-카-ㄴ	이번 주	สัปดาห์นี้ 쌉다-니-	인생, 삶	ชีวิต 치-윗
은행원	พนักงานธนาคาร 파낙응아-ㄴ타나-카-ㄴ	이빨	ฟัน 판(f)	인쇄물	สิ่งพิมพ์ 씽핌
음료수	เครื่องดื่ม 크르-앙드-ㅁ	이사하다	ย้าย 야-이	인스턴트 식품	อาหารสำเร็จรูป 아-하-ㄴ쌈렛루-ㅂ
음식	อาหาร 아-하-ㄴ	이상하다, 기이하다	แปลกประหลาด 쁠래-ㄱ 쁘라라-ㅅ	인원	จำนวนคน 짬누-언콘
음악	ดนตรี 돈뜨리-	이상한 소리	เสียงแปลกๆ 씨-양쁠랙쁠래-ㄱ	인조가죽	หนังเทียม 낭티-얌
음악 축제	เทศกาลดนตรี 텟싸까-ㄴ돈뜨리-	이어폰	หูฟัง 후-퐝(f)	인터넷	อินเตอร์เน็ต 인뜨어-넷
응급처치부	หน่วยปฐมพยาบาล 누-어이빠톰파야-바-ㄴ	이용금액	ค่าใช้จ่าย 카-차이짜-이	인터폰, 구내 전화	โทรศัพท์ภายใน 토-라쌉파-이나이
응원 소리	เสียงเชียร์ 씨-양치-야	이웃	เพื่อนบ้าน 프-안바-ㄴ	인형	ตุ๊กตา 뚜까따-
의견	ความคิดเห็น 콰-ㅁ킷헨	이유	เหตุผล 헤-ㅅ폰	일, 용무	ธุระ 투라
의례복	ชุดพิธีการ 춧피티-까-ㄴ	이코노미 좌석	ที่นั่งชั้นประหยัด 티-낭찬쁘라얏	일기예보	พยากรณ์อากาศ 파야-꺼-ㄴ아-까-ㅅ
의류	เสื้อผ้า 쓰-아파-	이코노미 클래스	ชั้นประหยัด 찬쁘라얏	일기장	สมุดบันทึก 싸뭇반특
의사	หมอ 머-	이해하다	เข้าใจ 카오짜이	일반 엔진오 일	น้ำมันเครื่องธรรมดา 남만크르-앙탐마다-

일반, 보통	**ธรรมดา** 탐마다-
일반적으로, 대체로	**โดยทั่วไป** 도-이투-아빠이
일방통행	**เดินรถทางเดียว** 드ㅓ-ㄴ롯타-ㅇ디-야우
일시정지	**หยุดชั่วคราว** 윳추-아크라-우
(천문) 일식	**สุริยคราส** 쑤리야크라-ㅅ
일어나다	**ตื่น** 뜨-ㄴ
일이 없다	**ว่างงาน** 와-ㅇ응아-ㄴ
일정	**กำหนดการ / ตารางเวลา** 깜놋까-ㄴ / 따-라-ㅇ웨-ㄴ라-
일정 확인표	**ตารางยืนยันการนัด** 따라-ㅇ유-ㄴ야-ㄴ까-ㄴ낫
(극장) 일층석	**ที่นั่งแถวที่หนึ่ง** 티-냉태-우티-능
일하다	**ทำงาน** 탐응아-ㄴ
임대료	**ค่าเช่า** 카-차오
임산부	**หญิงตั้งครรภ์** 잉땅칸
임시 보관소	**สถานที่รับฝากชั่วคราว** 싸타-ㄴ티-랍퐈(f)-ㄱ추-아크라-우
입구	**ทางเข้า** 타-ㅇ카오
입국 목적	**จุดประสงค์ในการเข้าประเทศ** 쫏쁘라쏭나이까-ㄴ카오쁘라테-ㅅ

입국심사	**ด่านตรวจคนเข้าเมือง** 다-ㄴ뜨루-앗콘카오므-앙
입국카드	**บัตรขาเข้า** 밧카-카오
입국하다	**เข้าประเทศ** 카오쁘라테-ㅅ
입력/기입하다	**ใส่ / ~กรอก** 싸이/끄러-ㄱ
입석, 서 있는 공간	**ที่ยืน** 티유으-ㄴ
입어 보다	**ลองสวมใส่** 러-ㅇ쑤-암싸이
입원하다	**เข้าโรงพยาบาล** 카오로-ㅇ파야-바-ㄴ
입장료	**ค่าเข้า / ค่าผ่านประตู** 카-카오 / 카-파-ㄴ쁘라뚜-
있다, 살다	**อยู่ / พัก** 유-/팍
잊다	**ลืม** 르-ㅁ

ㅈ

자다	**นอน / นอนหลับ** 너-ㄴ / 너-ㄴ랍
자동	**อัตโนมัติ** 앗따노-맛
자동 매표기계	**เครื่องขายตั๋วอัตโนมัติ** 크르-앙카-이뚜-아앗따노-맛
자동 잠금	**ล็อคอัตโนมัติ** 러-ㄱ앗따노-맛
자동 주행식 차량	**รถอัตโนมัติ** 롯앗따노-맛
자동차 타이어	**ยางรถยนต์** 야-ㅇ롯욘

자동차	**รถยนต์** 롯욘
자석	**แม่เหล็ก** 매-렉
자연	**ธรรมชาติ** 탐마차-ㅅ
자영업자	**นักธุรกิจอิสระ** 낙투라낏잇싸라
자유	**อิสระ** 이싸라
자재, 용품	**วัสดุ** 왓싸두
자전거	**จักรยาน** 짜끄라야-ㄴ
자전거 타기	**การขี่จักรยาน** 까-ㄴ키-짜끄라야-ㄴ
자주	**บ่อย** 버-이
자판기	**ตู้จำหน่ายสินค้าอัตโนมัติ** 뚜-짬나-이씬카-앗따노-맛
작가	**นักเขียน** 낙키-얀
작년	**ปีที่แล้ว** 삐-티-래-우
작다	**เล็ก** 렉
작아지다	**เล็กลง** 렉롱
작은 섬	**เกาะเล็กเกาะน้อย** 꺼렉꺼너-이
잔	**แก้ว** 깨-우
잔돈	**เงินทอน** 응으어-ㄴ터-ㄴ
잔디밭	**สนามหญ้า** 싸나-ㅁ야-

한국어	태국어	한국어	태국어	한국어	태국어
잔소리하다	**บ่น** 본	재단	**มูลนิธิ** 무-ㄴ라니티	전단지	**ใบปลิว** 바이쁠리우
잘 사용할 수 있는 것	**ที่ใช้ได้ดี** 티차이다이디-	재떨이	**ที่เขี่ยบุหรี่** 티-키-야부리-	전등	**โคมไฟ** 코-ㅁ퐈(f)이
잠옷	**ชุดนอน** 춧너-ㄴ	재료	**วัตถุดิบ** 왓투딥	전문의	**แพทย์เฉพาะทาง** 패-ㅅ차퍼타-ㅇ
잠이 부족하 다	**นอนไม่พอ** 너-ㄴ마이퍼-	재료 품질	**คุณภาพวัตถุดิบ** 쿤나파-ㅂ왓투딥	전문점	**ร้านค้าเฉพาะทาง** 라-ㄴ카-차퍼타-ㅇ
잡지	**นิตยสาร** 니따야싸-ㄴ	재미있다	**สนุกสนาน** 싸눅싸나-ㄴ	전보(치다)	**โทรเลข** 토-레-ㄱ
잡화점	**ร้านขายของ เบ็ดเตล็ด** 라-ㄴ카-이커-ㅇ 벳따렛	재봉틀	**จักรเย็บผ้า** 짝옙파-	전부	**ทั้งหมด** 탕못
		재점검하다	**ตรวจสอบอีกครั้ง** 뜨루아-ㅅ써-ㅂ이-ㄱ크랑	전시관	**หอศิลป์** 허-씬
장, 편(수량 사), 판	**แผ่น** 패-ㄴ	재즈	**แจ๊ส** 째-ㅅ	전시하다, 나타내다	**แสดง** 싸대-ㅇ
장갑	**ถุงมือ** 퉁므-	재즈클럽	**แจ๊สคลับ** 째-ㅅ클랍	전시하다, 뽐내다	**โชว์** 쵸-
장기숙박	**ค้างคืนระยะยาว** 카-ㅇ크-ㄴ라야야-우	재채기하다	**จาม** 짜-ㅁ	전시회	**นิทรรศการ** 닛타싸까-ㄴ
장난감	**ของเล่น** 커-ㅇ레-ㄴ	잼	**แยม** 얘-ㅁ	전쟁	**สงคราม** 쏭크라-ㅁ
장난감 가게	**ร้านขายของเล่น** 라-ㄴ카-이커-ㅇ레-ㄴ	저녁 식사	**อาหารเย็น** 아-하-ㄴ옌	전철	**รถไฟฟ้า** 롯퐈(f)이퐈(f)-
장물	**ของโจร** 커-ㅇ쪼-ㄴ	저렴한 가게	**ร้านขายของถูก** 라-ㄴ카-이커-ㅇ투-ㄱ	전통 명절	**วันหยุดนักขัตฤกษ์** 완윳낙캇따르-ㄱ
장소	**สถานที่** 싸타-ㄴ티-	저렴해지다	**ถูกลง** 투-ㄱ롱	전통, 풍습	**ขนบธรรมเนียม** 카놉탐니-얌
장신구, 액세서리	**เครื่องประดับ** 크르-앙쁘라답	저울	**เครื่องชั่ง** 크르-앙창	전화기	**โทรศัพท์** 토-라쌉
장인	**ช่างฝีมือ** 차-ㅇ피(f)-므-	저쪽(반대편)	**ฝั่งโน้น(ฝั่งตรงข้าม)** 퐝(f)노-ㄴ(퐝드롱카-ㅁ)	전화번호부	**สมุดโทรศัพท์** 싸뭇토-라쌉
장황하다, 지체하다	**ยืดเยื้อ** (y)유으-ㅅ(y)유으-아	적다, 쓰다	**เขียน** 키-얀	전화비	**ค่าโทรศัพท์** 카-토-라쌉
재난	**ภัยพิบัติ** 파이피밧	전기	**ไฟฟ้า** 퐈(f)이퐈(f)-	점, 눈	**จุด / ~แต้ม / ~ดวง** 쭛/때-ㅁ/두-앙
재능	**ความสามารถ** 콰-ㅁ싸-마-ㅅ	전기용품	**เครื่องใช้ไฟฟ้า** 크르-앙차이퐈(f)이퐈(f)-	점수판	**กระดานคะแนน** 끄라다-ㄴ카내-ㄴ

184

한국어	태국어	발음
접수 직원	พนักงานต้อนรับ	파낙응아-ㄴ떠-ㄴ랍
접시	จาน	짜-ㄴ
젓가락	ตะเกียบ	따끼-얍
정보, 소식	ข้อมูล / ข่าวสาร	커-무-ㄴ/카-우싸-ㄴ
정상 경로	เส้นทางปกติ	쎄-ㄴ타-ㅇ뽀까띠
정신이 없다	ไม่มีสติ	마이미-싸띠
정오	เที่ยงตรง	티-양뜨롱
정원, 뜰	ลานบ้าน	라-ㄴ바-ㄴ
정장	เสื้อสูท	쓰-아쑤-ㅅ
정치	การเมือง	까-ㄴ므-앙
정크푸드	อาหารขยะ	아-하-ㄴ카야
젖다	เปียก	삐-약
제조지	สถานที่ผลิต	싸타-ㄴ티-팔릿
조개, 굴	หอย	허-이
조건	เงื่อนไข	응으아-ㄴ카이
조금	นิดหน่อย	닛너-이
조깅	จ๊อกกิ้ง	쩍낑
조명	แสงสว่าง / ไฟฉาย	쌔-ㅇ싸와-ㅇ/퐈(f)이차-이
조사하다, 검사하다	สำรวจ / ตรวจสอบ	쌈루-앗/뜨루-앗써-ㅂ
존경하다, 믿다	นับถือ	납트-
졸리다	ง่วง	응우-앙
좁은 틈	ช่องแคบ	처-ㅇ캐-ㅂ
종교	ศาสนา	싸-싸나-
종류	ประเภท	쁘라페-ㅅ
종이	กระดาษ	끄라다-ㅅ
종이봉투	ถุงกระดาษ	통끄라다-ㅅ
종이컵	แก้วกระดาษ	깨-우끄라다-ㅅ
종착지	สิ้นสุดปลายทาง	씬쑷쁠라-이타-ㅇ
종합검진	การตรวจสอบที่ครอบคลุม	까-ㄴ뜨루-앗써-ㅂ티-크라-ㅂ클룸
좋아지다	ดีขึ้น	디-큰
좌석	ที่นั่ง	티-낭
좌석 번호	หมายเลขที่นั่ง	마-이레-ㄱ티-낭
좌석을 예약하다	จองที่นั่ง	쩌-ㅇ티-낭
좌회전	เลี้ยวซ้าย	리-야우싸-이
좌회전 금지	ห้ามเลี้ยวซ้าย	하-ㅁ리-야우싸-이
주, 주간	สัปดาห์	쌉다-
주기적으로 아프다	ปวดเป็นระยะ	뿌-앗뻰라야
주류	ประเภทแอลกอฮอล์	쁘라페-ㅅ애-ㄹ꺼-허
주름	ริ้วรอย	리우러-이
주말	สุดสัปดาห์	쑷쌉다-
주머니	กระเป๋าเสื้อ	끄라빠오쓰-아
주민	ผู้อยู่อาศัย	푸-유-아-싸이
주방	ครัว / ห้องครัว	크루-아/허-ㅇ크루-아
주부(여성) / 주부(남성)	แม่บ้าน / พ่อบ้าน	매-바-ㄴ/퍼-바-ㄴ
주사위	ลูกเต๋า	루-ㄱ따오
주사하다	ฉีดยา	치-ㅅ야-
주소	ที่อยู่	티-유-
주유소	ปั้มน้ำมัน	빰남만
주의사항	ข้อควรระวัง	커-쿠-ㄴ라왕
주인	เจ้าของ	짜오커-ㅇ
주인공	ตัวเอก	뚜-아에-ㄱ
죽	ข้าวต้ม	카-우똠
준비하다	เตรียม	뜨리-얌
중간	กลางๆ	끌랑끌라-ㅇ
중국	ประเทศจีน	쁘라테-ㅅ찌-ㄴ

중국산	ผลิตในประเทศจีน 나이쁘라테-ㅅ찌-ㄴ	지루하다	น่าเบื่อ 나-브-아	지하철역	สถานีรถไฟใต้ดิน 싸타-니-롯퐈(f)이따이딘
중국음식	อาหารจีน 아-하-ㄴ찌-ㄴ	지름길	ทางลัด 타-ㅇ랏	직업	อาชีพ 아-치-ㅂ
중국인 거리	ย่านคนจีน 야-ㄴ콘찌-ㄴ	지름길로 가다	ลัด 랏	직진하다	ตรงไป 뜨롱빠이
중요하다	สำคัญ 쌈칸	지방	ไขมัน 카이만	진단하다	ตรวจวินิจฉัย 뜨루-앗위닛차이
중학교	โรงเรียนมัธยมต้น 로-ㅇ리-얀마타욤똔	지방(지역)	ต่างจังหวัด 따-ㅇ짱왓	진실	ความจริง 콰-ㅁ찡
중학생	นักเรียนมัธยมต้น 낙리-얀마타욤똔	지방전화	การโทรต่างจังหวัด 까-ㄴ토-따-ㅇ짱왓	진주	ไข่มุก 카이묵
중형차	รถขนาดกลาง 롯카나-ㅅ끌라-ㅇ	지불하다	จ่าย 짜-이	진짜	จริงๆ / ของจริง 찡찡 / 커-ㅇ찡
쥐	หนู 누-	지붕	หลังคา 랑카-	진통제	ยาแก้ปวด 야-깨-뿌-앗
즐겁다	ครึกครื้น 크륵크르-ㄴ	지역	เขตพื้นที่ / ภูมิภาค 케-ㅅ프-ㄴ티- / 푸-미파-ㄱ	질문	คำถาม 캄타-ㅁ
증거	หลักฐาน 락타-ㄴ			질문하다	ถาม 타-ㅁ
증발하다	ระเหย 라흐어-이	지우개	ยางลบ 야-ㅇ롭	짐꾼, 수위	พนักงานยก กระเป๋า 파낙응아-ㄴ욕끄라빠오
증상	อาการ 아-까-ㄴ	지원하다, 신청하다	สมัคร 싸막		
지갑	กระเป๋าสตางค์ 끄라빠오싸따-ㅇ	지저분하다	สกปรก 쏙까쁘록	짐보관소	ที่รับฝากของ 티-랍퐈(f)-ㄱ커-ㅇ
지구, 세계	โลก 로-ㄱ	지진	แผ่นดินไหว 패-ㄴ딘와이	짐보관증	ใบรับฝากของ 바이랍퐈(f)-ㄱ커-ㅇ
지근거리다	ปวดจี๊ด 뿌-앗찌-ㅅ	지키다, 치료하다	รักษา 락싸-	짐칸	ชั้นวางสัมภาระ 찬와-ㅇ쌈파-라
지금	ตอนนี้ 떠-ㄴ니-	지하	ใต้ดิน 따이딘	집	บ้าน 바-ㄴ
지난달	เดือนที่แล้ว 드-안티-래-우	지하철	รถไฟใต้ดิน 롯퐈(f)이따이딘	집결지	สถานที่ชุมนุม 싸타-ㄴ티-춤눔
지난주	สัปดาห์ที่แล้ว 쌉다-티-래-우	지하철 노선도	แผนที่เส้นทาง ใต้ดิน 패-ㄴ티-쎄-ㄴ타-ㅇ 따이딘	짜다	เค็ม 켐
지도	แผนที่ 패-ㄴ티-			짧다	สั้น 싼

찌다, (오븐에서) 굽다	아 옵

ㅊ

차	น้ำชา 남차-
차갑다	เย็น 옌
차량	รถ 롯
차량 행렬	ขบวนรถ 카부-안롯
차를 놓치다	ตกรถ 똑롯
착륙하다	ลงจอด 롱쩌-ㅅ
착용하다	สวมใส่ 쑤-암싸이
착하다	ใจดี 짜이디-
찰과상, 생채기	รอยขีดข่วน 러-이키-ㅅ쿠-안
참기름	น้ำมันงา 남만응아-
창가 좌석	ที่นั่งข้างหน้าต่าง 티-낭카-ㅇ나-따-ㅇ
창문	หน้าต่าง 나-따-ㅇ
찾다	ค้นหา 콘하-
채식주의	มังสวิรัต 망싸위랏
책	หนังสือ 낭쓰-
책의 겉표지	หน้าปก 나-뽁
처방전	ใบสั่งยา 바이쌍야-

처하다, 맞붙다	ปะทะกัน 빠타깐
천둥 / 번개	ฟ้าร้อง / ฟ้าผ่า 파(f)-러-ㅇ / 파(f)-파-
천문대	หอดูดาว 허-두-다-오
천식	หอบหืด 허-ㅂ흐-ㅅ
천장	เพดาน 페-다-ㄴ
철물점	ร้านขายเหล็ก 라-ㄴ카-이렉
첫 번째	ครั้งแรก 크랑래-ㄱ
첫차(기차)	รถไฟขบวนแรก 롯파(f)이카부-안래-ㄱ
청량음료	น้ำอัดลม 남앗롬
청바지	กางเกงยีนส์ 까-ㅇ께-이-ㄴ
청소	การทำความสะอาด 까-ㄴ탐콰-ㅁ싸아-ㅅ
청소비	ค่าทำความสะอาด 카-탐콰-ㅁ싸아-ㅅ
청소하다	ทำความสะอาด 탐콰-ㅁ싸아-ㅅ
청원하다, 알리다	ร้องเรียน 러-ㅇ리-얀
체	ตะแกรงร่อน 따끄래-ㅇ러-ㄴ
체온	อุณหภูมิร่างกาย 운하푸-ㅁ라-ㅇ까-이
체온계	เทอร์โมมิเตอร์ 트어-모-미뜨어-
체육관	โรงยิม 로-ㅇ임(y)
체조	ยิมนาสติก 임나-싸띡

체중	น้ำหนักตัว 남낙뚜-아
체크아웃	เช็คเอาท์ 첵아오
체크아웃 시간	เวลาเช็คเอาท์ 웨-ㄹ라-첵아오
체크인	เช็คอิน 첵인
초	วินาที 위나-티-
초과하다, 넘다	เกิน 끄어-ㄴ
초대하다	เชื้อเชิญ 츠-아츠어-ㄴ
초등학교	โรงเรียนประถม 로-ㅇ리-얀쁘라톰
초록불	ไฟเขียว 파(f)이키-야우
초밥	ซูชิ 쑤-씨
초상화	ภาพเหมือน 파-ㅂ므-안
초청, 초대	คำเชิญ 캄츠어-ㄴ
총 가격	ราคารวม 라-카-루-암
총 감독, 총 지배인	ผู้จัดการทั่วไป 푸-짯까-ㄴ투-아빠이
총기	ปืน 쁘-ㄴ
총리, 수상	นายกรัฐมนตรี 나-욕랏타몬뜨리-
최신	ใหม่สุด 마이쑷
최저 서비스 비용	ค่าบริการขั้นต่ำ 카-버리까-ㄴ칸땀
최저 / 최소	น้อยที่สุด / เล็กที่สุด 너-이티-쑷/렉티-쑷

187

최종 목적지	ปลายทางสุดท้าย 쁠라-이타-ㅇ 쑷타-이	출항	การเดินเรือ 까-ㄴ드어-ㄴ르-아	친한 친구	เพื่อนสนิท 프-안싸닛
추가 비용	ค่าใช้จ่ายเพิ่มเติม 카차이짜-이프어-ㅁ 뜨어-ㅁ	출혈하다	เลือดออก 르-앗어-ㄱ	침대	เตียง 띠-양
		춤을 추다	เต้นรำ 떼-ㄴ람	침실	ห้องนอน 허-ㅇ너-ㄴ
추억	ความทรงจำ 콰-ㅁ쏭짬	춥다	หนาว 나-우	칩	ชิป 칩
추운 날씨	อากาศหนาว 아-까-ㅅ나-우	충전기	เครื่องชาร์จไฟ 크르-앙차-ㅅ퐈(f)이	칫솔	แปรงสีฟัน 쁘래-ㅇ씨-퐌(f)
추징	การเก็บเงินเพิ่ม 까-ㄴ껩응어-ㄴ프어-ㅁ	충전하다	ชาร์จไฟ 차-ㅅ퐈(f)이	**ㅋ**	
추천 관광지	สถานที่แนะนำการท่องเที่ยว 싸 타-ㄴ 티-내 남 까-ㄴ터-ㅇ티-야우	취미	งานอดิเรก 응아-ㄴ아디레-ㄱ	카메라	กล้อง 끌러-ㅇ
		취소 대기	รอยกเลิก 러-욕르어-ㄱ	카메라 상점	ร้านขายกล้อง 라-ㄴ카-이끌러-ㅇ
추천하다	แนะนำ 내남	취소하다	ยกเลิก 욕르어-ㄱ	카바레	คาบาเร่ต์ 카-바-레-
축구	ฟุตบอล 풋(f)버-ㄴ	취주악기(부는 악기)	เครื่องเป่า 크르-앙빠오	카운터	เคาน์เตอร์ 카오뜨어-
축제	งานเทศกาล 응아-ㄴ테-싸까-ㄴ	취하다	เมา 마오	카지노	คาสิโน 카-씨노-
축축하게 젖다	เปียกชื้น 삐-약츠-ㄴ	치과의사	ทันตแพทย์ 탄따패-ㅅ	카탈로그	แคตตาล็อค 캐-ㅅ따-럭
출ㄱ	ทางออก 타-ㅇ어-ㄱ	치마	กระโปรง 끄라쁘로-ㅇ	카트	รถเข็น 롯켄
출국 라운지	เลาจน์พักรอเดินทาง 라오팍러-드어-ㄴ타-ㅇ	치약	ยาสีฟัน 야-씨-퐌(f)	카페	ร้านกาแฟ / คอฟฟี่ช็อป 라-ㄴ까-퐤(f)- / 커-ㅂ피(f)-쳐-ㅂ
출국 카드	บัตรขาออก 밧카-어-ㄱ	치질	ริดสีดวงทวาร 릿씨-두-앙타와-ㄴ		
출국시간	เวลาออกเดินทาง 웨-ㄴ라-어-ㄱ드어-ㄴ타-ㅇ	치통	ปวดฟัน 뿌-앗퐌(f)	카펫	พรม 프롬
출국하다	ออกเดินทาง 어-ㄱ드어-ㄴ타-ㅇ	친구	เพื่อน 프-안	칵테일	เครื่องดื่มค็อกเทล 크르-앙드-ㅁ컥테-ㄴ
출입국심사	ตรวจคนเข้าเมือง 뜨루-앗콘카오므-앙	친척	ญาติ 야-ㅅ	칼로 다지다	มีดสับ 미-ㅅ쌉
출판사	บริษัทผู้ตีพิมพ์ 버리쌋푸-띠-핌	친하다	สนิทสนม 싸닛싸놈	캄보디아	กัมพูชา / เขมร 깜푸-차- / 카메-ㄴ

캐셔	**แคชเชียร์** 캐-ㅅ치-야
캐시미어 천	**ผ้าแคชเมียร์** 파-캐-ㅅ미-야
캔, 통조림	**กระป๋อง** 끄라뻐-ㅇ
캔을 열다	**เปิดกระป๋อง** 쁘어-ㅅ끄라뻐-ㅇ
캠핑카	**รถนอน** 롯너-ㄴ
캡틴	**กัปตัน** 깝딴
커리	**แกงกะหรี่** 깨-ㅇ까리-
커지다	**ใหญ่ขึ้น** 야이큰
커튼	**ผ้าม่าน** 파-마-ㄴ
커피	**กาแฟ** 까-풰(f)-
컬러필름	**ฟิล์มสี** 퓜(f)씨-
컴퓨터	**คอมพิวเตอร์** 커-ㅁ피우뜨어-
케이블카	**เคเบิ้ลคาร์** 케-브어-ㄴ카-
케이크	**เค้ก** 케-ㄱ
케첩	**ซอสมะเขือเทศ** 써-ㅅ마크-아테-ㅅ
코	**จมูก** 짜무-ㄱ
코끼리	**ช้าง** 차-ㅇ
코미디, 희극	**ละครตลก** 라커-ㄴ딸록
코스	**คอร์ส** 커-ㅅ

코인락커	**ตู้ล็อคเกอร์หยอดเหรียญ** 뚜-러-ㄱ끄어-여-ㅅ리-얀
코코넛	**มะพร้าว** 마프라-우
코코넛밀크	**กะทิ** 까티
코트	**เสื้อโค้ท** 쓰-아코-ㅅ
콘돔	**ถุงยางอนามัย** 퉁야-ㅇ아나-마이
콘서트	**คอนเสิร์ต** 커-ㄴ쓰어-ㅅ
콘택트렌즈	**คอนแทคเลนส์** 커-ㄴ태-ㄱ레-ㄴ
콜라	**โคล่า** 코-라-
쿠폰	**คูปอง** 쿠-뻐-ㅇ
크기	**ความใหญ่** 콰-ㅁ야이
크다	**ใหญ่** 야이
크루즈	**เรือล่อง** 르-아러-ㅇ
크루즈 여행	**ท่องเที่ยวล่องเรือ** 터-ㅇ티-야우러-ㅇ르-아
크리스마스	**คริสต์มาส** 크릿마-ㅅ
크리스털	**คริสตัล** 크리쓰딴
크림	**ครีม** 크리-ㅁ
클래식 곡	**เพลงคลาสสิก** 플레-ㅇ클라-씩
클렌징	**คลีนซิ่ง** 클리-ㄴ씽

클릭하다	**คลิก** 클릭

E

타다	**ไหม้** 마이
타다(차에 오르다)	**ขึ้น** 큰
타이마사지	**นวดแผนไทย** 누-앗패-ㄴ타이
타이어 펑크	**ยางรั่ว** 야-ㅇ루-아
탁상시계	**นาฬิกาตั้งโต๊ะ** 나-리까-땅또
탈의실	**ห้องลองเสื้อผ้า** 허-ㅇ러-ㅇ쓰-아파-
탈의실, 분장실	**ห้องแต่งตัว** 허-ㅇ때-ㅇ뚜-아
탑승구	**ประตูขึ้นเครื่อง** 쁘라뚜-큰크르-앙
탑승권	**บัตรผ่านขึ้นเครื่อง** 밧파-ㄴ큰크르-앙
탑승시간	**เวลาขึ้นเครื่อง** 웨-ㄴ라-큰크르-앙
탑승하다	**ขึ้นเครื่อง** 큰크르-앙
태국	**ประเทศไทย** 쁘라텟타이
태국어	**ภาษาไทย** 파-싸-타이
태국음식	**อาหารไทย** 아-하-ㄴ타이
태국춤	**รำไทย** 람타이
태양	**ดวงอาทิตย์** 두-앙아-팃
태양이 뜨겁게 내려쬐다	**แดดเผา** 대-ㅅ파오

태풍	**ไต้ฝุ่น** 따이푼(f)	투어	**ทัวร์** 투-아	패키지, 포장	**บรรจุภัณฑ์** 반쭈판
택시	**แท็กซี่** 택씨-	트랜스젠더	**สาวประเภทสอง** 싸-우쁘라페-ㅅ써-ㅇ	페리보트	**เรือเฟอร์รี่** 르-아프(f)어-리-
택시정류장	**ป้ายจอดแท็กซี่** 빠-이쩌-ㅅ택씨-	특별한 사고	**เหตุการณ์พิเศษ** 헤-ㅅ까-ㄴ피쎄-ㅅ	편도	**เที่ยวเดียว** 티야-우디야-우
턱	**ขากรรไกร** 카-깐끄라이	특색, 개성, 속성	**เอกลักษณ์** 엑까락	편도선염	**ต่อมทอนซิลอักเสบ** 떠-ㅁ터-ㄴ씬악쎄-ㅂ
털	**ขน** 콘		**ห้องสูท / ห้องพิเศษ** 허-ㅇ쑤-ㅅ / 허-ㅇ피쎄-ㅅ	편도승차권	**ตั๋วเที่ยวเดียว** 뚜-아티-야우디-야우
테니스	**เทนนิส** 테-ㄴ닛	특실		편물(라탄)	**เครื่องสาน** 크르-앙싸-ㄴ
테니스공	**ลูกเทนนิส** 루-ㄱ테-ㄴ닛	튼튼하다	**แข็งแรง** 캥래-ㅇ	편의점	**ร้านสะดวกซื้อ** 라-ㄴ싸두-악쓰-
테니스장	**สนามเทนนิส** 싸나-ㅁ테-ㄴ닛	티비	**โทรทัศน์** 토-라탓	편지	**จดหมาย** 쫏마-이
테러리스트	**การก่อการร้าย** 까-ㄴ꺼-까-ㄴ라-이		**ㅍ**		**สะดวก / สะดวกสบาย** 싸두-악 / 싸두-악싸바-이
테이크 아웃	**ห่อกลับบ้าน** 허-끌랍바-ㄴ	파도	**คลื่น** 클르-ㄴ	편하다	
텐트	**เต็นท์** 뗀	파리	**แมลงวัน** 말래-ㅇ완	평균	**เฉลี่ย** 찰리-야
토끼	**กระต่าย** 끄라따-이	파운데이션	**รองพื้น** 러-ㅇ프-ㄴ	평일	**วันธรรมดา** 완탐마다-
토마토	**มะเขือเทศ** 마크-아테-ㅅ	파출소	**ป้อมตำรวจ** 빠-ㅁ땀루-앗	평화	**สันติสุข** 싼띠쑥
토산품	**สินค้าพื้นเมือง** 씬카-프-ㄴ므-앙	파티	**ปาร์ตี้ / งานเลี้ยง** 빠-띠-/응아-ㄴ리-양	폐렴	**ปอดบวม** 빼-ㅅ부-암
토스트	**ขนมปังปิ้ง** 카놈빵삥	판다	**แพนด้า** 패-ㄴ다-	폐업하다	**เลิกกิจการ** 르어-ㄱ끼짜까-ㄴ
톨게이트	**โทลเวย์** 토-ㄴ웨-	판매	**การขาย** 까-ㄴ카-이	폐점	**ร้านปิด** 라-ㄴ삣
통장, 회계 장부	**สมุดบัญชี** 싸뭇반치-	판매원	**คนขายของก** 콘카-이커-ㅇ	폐허, 흔적	**ซากปรักหักพัง** 싸-ㄱ쁘락학팡
통조림 음식	**อาหารกระป๋อง** 아-하-ㄴ끄라빠-ㅇ	판자	**กระดาน** 끄라다-ㄴ	포스터, 슬라이드	**แผ่นภาพ** 패-ㄴ파-ㅂ
통증	**ความเจ็บปวด** 콰-ㅁ쩹뿌-앗	팝콘	**ภาพคน** 파-ㅂ콘	포크	**ส้อม** 써-ㅁ

한국어	태국어	발음
폭동	การจลาจล	까-ㄴ짜라-쩌-ㄴ
폭포	น้ำตก	남똑
폴로셔츠	เสื้อโปโล	쓰-아뽀-로-
표, 티켓	ตั๋ว	뚜-아
표백제	น้ำยาซักผ้าขาว	남야-싹파-카-우
푸드센터	ศูนย์อาหาร	쑤-ㄴ아-하-ㄴ
푹 삶다	ตุ๋น	뚠
풀, 접착제	กาว	까-우
품절	สินค้าหมด	씬카-못
품질	คุณภาพ	쿤나파-ㅂ
풍경	ทิวทัศน์	티우탓
풍경화	ภาพทิวทัศน์	파-ㅂ티우탓
프라이팬	กระทะทอด	끄라타터-ㅅ
프런트 데스크	ส่วนต้อนรับด้านหน้า	쑤-안떠-ㄴ랍다-ㄴ나-
프로그램	โปรแกรม	쁘로-끄래-ㅁ
프리 세일 티켓	ตั๋วพรีเซลล์	뚜-아프리-쎄-ㄴ
프린터	เครื่องพิมพ์	크르-앙핌
플래시	แฟลช	플래-ㅅ
플래시 금지	ห้ามใช้แฟลช	하-ㅁ차이플래-ㅅ
플랫폼, 승강장	ชานชาลา	차-ㄴ차-ㄹ라-
플러그	ปลั๊ก	쁠락
플러그	ปลั๊กไฟ	쁠락퐈(f)-이
피	เลือด	르-앗
피부	ผิว	피우
피부 가죽	ผิวหนัง	피우낭
피부관리	การดูแลผิวหน้า	까-ㄴ두-래-피우나-
피시소스	น้ำปลา	남쁠라-
피아노	เปียโน	삐-야노-
피하다, 달아나다	หลบ / หนี	롭/니-
피혁제품	เครื่องหนัง	크르-앙낭
필수품	ของใช้จำเป็น	커-ㅇ차이짬뻰
필요하다	จำเป็น	짬뻰

ㅎ

하늘, 창공	ท้องฟ้า	터-ㅇ퐈(f)-
하늘, 푸르다	ฟ้า	퐈(f)-
하드웨어	ฮาร์ดแวร์	하-ㅅ왜-
하룻밤 손님	แขกที่มาค้างคืน	캐-ㄱ티-마-카-ㅇ크-ㄴ
하얗다, 하양	ขาว	카-우
하품	การหาว	까-ㄴ하-우
학교	โรงเรียน	로-ㅇ리-얀
학년	ชั้นเรียน	찬리-얀
학비, 등록금	ค่าเทอม	카-트어-ㅁ
학생	นักเรียน	낙리-얀
학생식당	โรงอาหาร	로-ㅇ아-하-ㄴ
학생증	บัตรนักเรียน	밧낙리-얀
한 개(조각)	หนึ่งชิ้น	능친
한 세트	หนึ่งชุด	능춧
한 잔	หนึ่งแก้ว	능깨-우
한 장	หนึ่งใบ / หนึ่งแผ่น	능바이 /능패-ㄴ
한 층 / 1층	หนึ่งชั้น / ชั้นหนึ่ง	능찬 /찬능
한국	ประเทศเกาหลี	쁘라테-ㅅ까올리-
한국 대사관	สถานทูตเกาหลี	싸타-ㄴ투-ㅅ까올리-
한국 음식	อาหารเกาหลี	아-하-ㄴ까올리-
한국 자동차	รถเกาหลี	롯까올리-
한국 주소	ที่อยู่ที่เกาหลี	티-유-티-까올리
한국어	ภาษาเกาหลี	파-싸-까올리-

한국인	**ชาวเกาหลี**	차-우까올리-
한밤중	**กลางคืน**	끌라-ㅇ크-ㄴ
한밤중, 심야	**กลางดึก**	끌라-ㅇ득
한약, 탕약	**ยาสมุนไพร**	야-싸문프라이
할인, 할인율	**ส่วนลด**	쑤-안롯
함께	**ด้วยกัน**	두-어이깐
합계	**ผลรวม**	폰루-암
합계하여, 대체로	**โดยรวม**	도-이루-암
합성섬유	**ใยสังเคราะห์**	야이쌍크러
핫도그	**ฮอทดอก**	허-ㅅ더-ㄱ
핫케이크	**ฮอทเค้ก**	허-ㅅ케-ㄱ
항공권	**ตั๋วเครื่องบิน**	뚜-아크르-앙빈
항공사	**บริษัทสายการบิน**	버리쌋싸-이까-ㄴ빈
항공 우편	**จดหมายทางอากาศ**	쫏마-이타-ㅇ아-까-ㅅ
항공편	**เที่ยวบิน**	티-야우빈
항구	**ท่าเรือ**	타-르-아
해결하다, 수정하다	**แก้ไข**	깨-카이
해변	**ชายหาด**	차-이하-ㅅ
해안,해변	**ฝั่งทะเล**	퐝(f)탈레-
해열제	**ยาลดไข้**	야-롯카이
해외를 여행하다	**ท่องเที่ยวต่างประเทศ**	터-ㅇ티-야우따-ㅇ쁘라테-ㅅ
핸드타월	**กระดาษเช็ดมือ**	끄라다-ㅅ쳇므-
핸드폰	**โทรศัพท์มือถือ**	토-라쌉므-트-
햄버거	**แฮมเบอร์เกอร์**	해-ㅁ브어-끄어-
행운	**โชคดี**	초-ㄱ디-
향기롭다	**กลิ่นหอม**	끌린허-ㅁ
향수	**น้ำหอม**	남허-ㅁ
향신료	**เครื่องเทศ**	크르-앙테-ㅅ
향신료 냄새	**ได้กลิ่นเครื่องเทศ**	다이끌린크르-앙테-ㅅ
허락하다	**อนุญาต**	아누야-ㅅ
허리	**เอว**	에우
허벅지	**สะโพก**	싸포-ㄱ
헌법	**รัฐธรรมนูญ**	랏타탐마누-ㄴ
헤어스타일링	**จัดทรงผม**	짯쏭폼
헤어 컷	**การตัดผม**	까-ㄴ땃폼
헬리콥터	**เฮลิคอปเตอร์**	헨리커-ㅂ뜨어-
혀	**ลิ้น**	린
현금	**เงินสด**	응어-ㄴ
현지 시간	**เวลาท้องถิ่น**	웨-ㄹ라-터-ㅇ틴
혈압	**ความดันโลหิต**	콰-ㅁ단로-힛
혈액형	**หมู่เลือด**	무-르-앗
형제	**พี่น้อง**	피-너-ㅇ
호박	**ฟักทอง**	퐉(f)터-ㅇ
호박색	**สีเหลืองอำพัน**	씨-르-앙암판
호수	**ทะเลสาบ**	탈레-싸-ㅂ
호출 버튼	**ปุ่มกดเรียก**	뿜꼿리-약
호출벨	**ปุ่มเรียก**	뿜리-약
호텔	**โรงแรม**	로-ㅇ래-ㅁ
호텔 목록	**รายชื่อโรงแรม**	라-이츠-로-ㅇ래-ㅁ
호텔 카트	**รถเข็นโรงแรม**	롯켄로-ㅇ래-ㅁ
호흡, 숨	**ลมหายใจ**	롬하-이짜이
홈페이지 / 웹사이트	**โฮมเพจ / เว็บไซต์**	호-ㅁ페-ㅅ/ 웹싸이
홍고추	**พริกแดง**	프릭대-ㅇ
홍보하다	**ประชาสัมพันธ์**	쁘라차-쌈판
화가	**จิตรกร / นักวาด**	찟뜨라꺼-ㄴ / 낙와-ㅅ

화관, 핸들	**พวงมาลัย** 푸-앙마-ㄴ라이	환승 카운터	**เคาน์เตอร์ต่อรถ** 카오뜨어-떠-롯	휴일	**วันหยุด** 완윳
화나다	**โกรธ** 끄로-ㅅ	환율	**อัตราแลกเปลี่ยน** 아뜨라-래-ㄱ 쁠리-얀	휴지통	**ตะกร้าขยะ** 따끄라-카야
화병	**แจกันดอกไม้** 째-깐더-ㄱ마이	환자	**คนไข้** 콘카이	흘리다, 떨어 뜨리다	**ทำหล่น** 탐론
화산	**ภูเขาไฟ** 푸카오퐈(f)이	환전소	**ร้านแลกเปลี่ยนเงิน** 라-ㄴ래-ㄱ쁠리-얀응어-ㄴ	흡연구역	**ที่สูบบุหรี่** 티-쑤-ㅂ부리-
화염	**ไฟไหม้** 퐈(f)이마이	환전소	**ที่รับแลกเปลี่ยนเงิน** 티-랍래-ㄱ 쁠리-얀응어-ㄴ	흡연하다	**สูบบุหรี่** 쑵부리-
화이트보드	**กระดานข่าว** 끄라다-ㄴ카-우	회계	**การทำบัญชี** 까-ㄴ탐반치-	흥미롭다	**น่าสนใจ** 나-쏜짜이
화이트셔츠	**เสื้อเชิ้ตขาว** 쓰-아츠어-ㅅ카-우	회사원	**พนักงานบริษัท** 파낙응아-ㄴ버리	흥분하다	**ตื่นเต้น** 뜨-ㄴ떼-ㄴ
화장실	**ห้องสุขา** 허-ㅇ쑤카-	회의	**การประชุม** 까-ㄴ 쁘라춤	흥정하다	**ต่อรอง** 떠-러-ㅇ
화장지, 휴지	**กระดาษชำระ** 끄라다-ㅅ참라	회장	**ประธาน** 쁘라타-ㄴ		
화장품	**เครื่องสำอาง** 크르-앙쌈아-ㅇ	횡단보도	**ทางม้าลาย** 타-ㅇ마-라-이		
화장품 회사	**บริษัทเครื่องสำอาง** 버리쌋크르-앙쌈아-ㅇ	효과가 없었 다	**ไม่ได้ผล** 마이다이폰		
화학	**เคมี** 케-미-	후추	**พริกไทย** 프릭타이		
화환	**แปลงดอกไม้** 쁠래-ㅇ더-ㄱ마이	훈제하다	**รมควัน** 롬콴		
확대	**ขยาย** 카야-이	훔치다	**ขโมย** 카모-이		
환경	**สิ่งแวดล้อม** 씽왜-ㅅ러-ㅁ	휘젓다	**คนให้เข้ากัน** 콘하이카오깐		
환경 파괴	**การทำลายสิ่งแวดล้อม** 까-ㄴ탐라-이씽왜-ㅅ러-ㅁ	휠체어	**เก้าอี้รถเข็น** 까오이-롯켄		
환승	**เปลี่ยนสาย** 쁠리-얀싸-이	휠체어 화장 실	**ห้องน้ำสำหรับรถเข็น** 허-ㅇ남쌈랍롯켄		
환승권	**ตั๋วต่อรถ** 뚜-아떠-롯	휴게실, 라운지	**ห้องรับรอง** 허-ㅇ랍러-ㅇ		

	그외
1인당	**ต่อหนึ่งคน** 떠-능콘
1일	**หนึ่งวัน** 능완
1일권	**ตั๋วหนึ่งวัน** 뚜-아능완
1일의, 원데이	**หนึ่งวัน** ~능완~
24시간 영업 하다	**เปิด 24 ชั่วโมง** 쁘어-ㅅ이씹씨-추-아 모-ㅇ
2열 앞좌석	**ที่นั่งด้านหน้าแถว** **สอง** 티-낭 다-ㄴ 나-태-우 써-ㅇ
2열 좌석	**ที่นั่งแถวสอง** 티-낭태-우써-ㅇ
2층	**ชั้นสอง** 찬써-ㅇ
CD가게	**ร้านซีดี** 라-ㄴ씨-디-

단어장

Thai ——→ Korean

ㄱ

กด 꼿	누르다
กรรไกร 깐끄라이	가위
กระเทียม 끄라티얌	마늘
กระเป๋า 끄라빠오	가방
กระเป๋าเดินทาง 끄라빠오드어-ㄴ타-ㅇ	여행 가방
กระเป๋าสตางค์ 끄라빠오싸따-ㅇ	지갑
กระเพาะอาหาร 끄라퍼아-하-ㄴ	위
กระจก 끄라쪽	유리, 거울
กระจกเงา 끄라쪽응아오	거울
กระจกสี 끄라쪽씨-	색유리
กระดาษ 끄라다-ㅅ	종이
กล้อง 끌러-ㅇ	카메라
กล้องดิจิตอล 끌러-ㅇ디찌떠-ㄴ	디지털 카메라
กว้าง 꽈-ㅇ	넓다
กาแฟ 까-퐤(f)-	커피
กางเกง 까-ㅇ께-ㅇ	바지

การแสดง 까-ㄴ싸대-ㅇ	공연
การจอง 까-ㄴ쩌-ㅇ	예약
การตกปลา 까-ㄴ똑쁠라-	낚시
การท่องเที่ยว 까-ㄴ터-ㅇ티-야우	관광, 여행
การทำบัญชี 까-ㄴ탐반치-	회계
กาว 까-우	접착제, 풀
กำหนดการ 깜놋까-ㄴ	일정
เก็บเงินปลายทาง 껩응어-ㄴ쁠라-이타-ㅇ	콜렉트콜
เกลือ 끌르-아	소금
เก่า 까오	오래되다
เก้าอี้ รถเข็น 까오이-롯켄	휠체어
แก้ว 깨-우	잔, 컵
แก้วกระดาษ 깨-우끄라다-ㅅ	종이컵
ไกล 끌라이	멀다

ข

ขโมย 카모-이	훔치다
ขน 콘	털

ขนาด 카나-ㅅ	크기
ขวา 콰-	오른쪽
ข้อเท้า 커-타오	발목
ข้อควรระวัง 커-쿠-안라왕	주의사항
ข้อควรระวังเกี่ยวกับการใช้ 커-쿠-안라왕끼-야우 깝까-ㄴ차이	이용 시 주의사항
ข้อความ 커-콰-ㅁ	문자, 메시지
ของเลียนแบบ 커-ㅇ리-안뱁	가짜, 모조품
ของเหลว 커-ㅇ레-우	액체
ของขวัญ 커-ㅇ콴	선물
ของฝาก 커-ㅇ퐈(f)-ㄱ	기념품
ของหวาน 커-ㅇ와-ㄴ	디저트
ของหาย 커-ㅇ하-이	분실물
ข้อบังคับ 커-방캅	규칙, 규정
ข้อศอก 커-써-ㄱ	팔꿈치
ขับรถ 캅롯	운전하다
ขากรรไกร 카-깐끄라이	턱

195

Thai	발음	뜻
ข้างนอก 카-ㅇ너-ㄱ		밖, 외부
ข้างหน้าต่าง 카-ㅇ나-따-ㅇ		창가
ขาว 카-우		하얗다
ข่าว 카-우		뉴스
ข้าว 카-우		쌀, 밥
ขึ้น 큰		타다, 오르다
ขึ้นเครื่อง 큰크르-앙		탑승하다
เขตพื้นที่ 케-ㅅ프-ㄴ티-		지역
เข็มขัดนิรภัย 켐캇니라파이		안전벨트
เข้า 카오		들어가다
เขียน 키-얀		쓰다
ไข่ 카이		계란
ไข้ 카이		열
ไข้หวัด 카이왓		감기

ค

Thai	발음	뜻
คนขับรถ 콘캅롯		운전기사, 운전자
ค้นหา 콘하-		찾다
ครอบครัว 크러-ㅂ크루-아		가족
คริสต์มาส 크릿마-ㅅ		크리스마스
ความเจ็บปวด 쾀-쩹뿌-앗		통증
ความดันโลหิต 쾀-단로-힛		혈압
ความทรงจำ 쾀-쏭짬		기억
ความลับ 쾀-랍		비밀
ความสูง 쾀-쑹		높이
ความอยากอาหาร 쾀-먀-ㄱ아-하-ㄴ		식욕
คอ 커-		목
คอฟฟี่ช็อป 킵피(f)-첩		커피숍
คอมพิวเตอร์ 커-ㅁ피우뜨어-		컴퓨터
ค่อยๆ 커이커-이		천천히
คัดลอก 캇러-ㄱ		베껴 쓰다, 발췌하다
ค่าแท็กซี่ 카-택씨-		택시요금
ค่าโดยสาร 카-도-이싸-ㄴ		운임비, 교통비
ค่าโทรศัพท์ 카-토-라쌉		전화비
ค่าใช้จ่ายเพิ่มเติม 카-차이짜-이프어-ㅁ뜨어-ㅁ		추가 요금
ค้างชำระ 카-ㅇ참라		연체하다, 체납하다
คาดการณ์ 카-ㅅ까-ㄴ		예언하다, 계산하다
ค่าทัวร์ 카-투-아		투어요금
ค่าบริการ 카-버리까-ㄴ		봉사료
ค่าบริการ 카-버리까-ㄴ		수수료
ค่าบริการไปรษณีย์ 카-버리까-ㄴ쁘라이싸니-		우편요금
ค่าบริการขั้นต่ำ 카-버리까-ㄴ칸땀		최소요금
คาบาเร่ต์ 카-바-레-ㅅ		카바레
ค่าผ่านประตู 카-파-ㄴ쁘라뚜-		입장료
เทควันโด 테-콴도-		태권도
คำเชิญ 캄츠어-ㄴ		초청의 말
คำพูด 캄푸-ㅅ		말
คิ้ว 키-우		눈썹
คูปอง 쿠-뻐-ㅇ		쿠폰
คู่มือนำเที่ยว 쿠-ㅁ-납티-야우		가이드북
เครื่องเคลือบ 크르-앙클르-압		도자기
เครื่องเป่า 크르-앙빠오		부는 악기
เครื่องเรือน 크르-앙르-안		가구
เครื่องชั่ง 크르-앙창		저울
เครื่องดื่ม 크르-앙드-ㅁ		음료수
เครื่องดื่มค็อกเทล 크르-앙드-ㅁ컥테-ㄴ		칵테일
เครื่องทำความร้อน 크르-앙탐쾀-ㅁ러-ㄴ		가열기
เครื่องบิน 크르-앙빈		비행기

เครื่องประดับ 크르-앙쁘라답	장신구	**จอง** 쩌-ㅇ	예약하다	**เช็คเดินทาง** 첵드어-ㄴ타-ㅇ	여행자 수표	
เครื่องปรุงรส 크르-앙쁘룽롯	양념, 향신료	**จักรยาน** 짜끄라야-ㄴ	자전거	**เช็คเอาท์** 첵아오	체크아웃	
เครื่องปั้นดินเผา 크르-앙빤딘파오	도자기, 도예	**จัดการ** 짯까-ㄴ	처리하다	**เช็คอิน** 첵인	체크인	
เครื่องหนัง 크르-앙낭	가죽제품	**จาน** 짜-ㄴ	접시	**เช้า** 차오	아침	
แครอท 캐-러-ㅅ	당근	**จำนวน** 짬누-안	수량	**แชมพู** 채-ㅁ푸-	삼푸	
โคมไฟ 코-ㅁ퐈(f)이	전등	**จุดประสงค์** 쭛쁘라쏭	목적	**ซองจดหมาย** 써-ㅇ쫏마-이	편지봉투	

ฆ

โฆษณา 코-싸나-	광고	**เจ็บปวด** 쩹뿌-앗	아프다	**ซอสมะเขือเทศ** 써-ㅅ마크-아테-ㅅ	케첩	

ง

งานเทศกาล 응아-ㄴ테-싸까-ㄴ	축제	**โจร** 쪼-ㄴ	도둑	**ซักล้าง** 싹라-ㅇ	빨래하다, 세탁하다
งานแฮนด์เมด 응아-ㄴ해-ㄴ메-ㅅ	수제	**ใจกลาง** 짜이끌라-ㅇ	중앙	**ซากปรักหักพัง** 싸-ㄱ쁘락학팡	잔해

ฉ

งานอดิเรก 응아-ㄴ아디레-ㄱ	취미			**ซ้าย** 싸-이	왼쪽
ง่าย 응아-이	쉽다	**ฉีดยา** 치-ㅅ야-	주사를 놓다	**ซื้อ** 쓰-	사다

ช

เงิน 응어-ㄴ	돈			**ซื้อของ** 쓰-커-ㅇ	쇼핑하다
เงินเหรียญ 응어-ㄴ리-얀	동전	**ช้อน** 처-ㄴ	숟가락	**ซูเปอร์มาเก็ต** 쑤-뻐어-마-껫	슈퍼마켓
เงินฝาก 응어-ㄴ파(f)-ㄱ	예금	**ชำระล้าง** 참라라-ㅇ	세척하다	**เซ็ต** 쎗	세트

ด

เงินสด 응어-ㄴ쏫	현금	**ชิป** 칩	칩		
		ชื่อ 츠-	이름	**ดนตรี** 돈뜨리-	음악

จ

		ชุดบัตรโดยสาร 춧밧도-이싸-ㄴ	교통카드 세트	**ด่วน** 두-안	급하다
จดหมาย 쫏마-이	편지	**ชุดวันพีซ** 춧완피-ㅅ	원피스	**ดัดผม** 닷폼	파마하다
		เช็คเงินสด 첵응어-ㄴ쏫	현금수표	**ด่านตรวจคนเข้าเมือง** 다-ㄴ뜨루-앗콘카오므-앙	출입국 검문소

ดิน 딘	흙	**ตั๋วเครื่องบิน** 뚜-아크르-앙빈	비행기 표	**เต้าหู้** 따오후-	두부
ดิสโก้ 딧꼬-	디스코	**ตั๋วไป-กลับ** 뚜-아빠이글랍	왕복 티켓	**เตียง** 띠-양	침대
ดึง 등	당기다	**ตัวอย่าง** 뚜-아야-ㅇ	견본	**เตียงเสริม** 띠-양쓰어-ㅁ	엑스트라베드
เด็ก 데	어린이	**ตามกำหนด** 따-ㅁ깜놋	일정대로	**แตกต่าง** 때-ㄱ따-ㅇ	다르다
เด็กทารก 덱타-록	아기	**ตาราง** 따-라-ㅇ	표	**แต่งเล็บ** 때-ㅇ렙	네일아트
เด็กผู้ชาย 덱푸-차-이	남자 아이	**ตารางเวลา** 따-라-ㅇ오에-ㄴ라-	일정표	**โต๊ะ** 또	책상
เด็กผู้หญิง 덱푸-잉	여자 아이	**ตารางแสดงราย ละเอียด** 따-라-ㅇ 싸 대-ㅇ 라-이라이-얏	상세표	**ใต้** 따이	남쪽
เดินทางถึง 드어-ㄴ타-ㅇ	도착하다	**ตารางราคา** 따-라-ㅇ라-카-	가격표	**ถ**	
ได้รับ 다이랍	얻다	**ตำรวจ** 땀루-앗	경찰	**ถนน** 타논	도로
ต		**ติดต่อ** 띳떠-	연락하다	**ถังขยะ** 탕카야	쓰레기통
ตกปลา 똑쁠라-	낚시하다	**ตื้น** 뜨-ㄴ	(물이) 얕다	**ถุงเท้า** 퉁타오	양말
ตรงไป 뜨롱빠이	직진하다	**ตู้เย็น** 뚜-엔	냉장고	**ถุงกระดาษ** 퉁끄라다-ㅅ	종이봉투
ตรวจสอบอีกครั้ง 뜨루-앗써-ㅂ이-ㄱ크랑	재점검하다	**ตู้จำหน่ายสินค้าอัตโนมัติ** 뚜-짬나-이씬카-앗따노-맛	자판기	**ถูก** 투-ㄱ	싸다
ตลาด 딸라-ㅅ	시장	**ตู้นิรภัย** 뚜-니라파이	금고	**โถปัสสาวะ** 토-빳싸-와	변기
ต่อราคา 떠-라-카-	가격을 깎다	**ตู้ล็อกเกอร์หยอดเหรียญ** 뚜-럭 끄어-여-ㅅ 리-얀	코인락커	**ท**	
ตะเกียบ 따끼-얍	젓가락			**ท่องเที่ยว** 터-ㅇ티-야우	여행하다
ตะวันตก 따완똑	서양	**เต้นรำ** 때-ㄴ람	춤을 추다	**ท่องเที่ยวต่าง ประเทศ** 터-ㅇ티-야우따-ㅇ쁘라테-ㅅ	해외여행하다
ตะวันออก 따완어-ㄱ	동양	**เตารีด** 따오리-ㅅ	다리미	**ท้องผูก** 터-ㅇ푸-ㄱ	변비
ตั๋ว 뚜-아	표, 티켓				

ทะเล ทะเล-	바다
ทางเข้า 타-ㅇ카오	입구
ทางเดิน 타-ㅇ드어-ㄴ	경로
ทางม้าลาย 타-ㅇ마-ㄹ라-이	횡단보도
ทางรถไฟ 타-ㅇ롯퐈(f)이	기찻길
ทางออก 타-ㅇㅇ어-ㄱ	출구
ทางออกฉุกเฉิน 타-ㅇㅇ어-ㄱ축츠어-ㄴ	비상구
ทำให้ร้อน 탐하이러-ㄴ	가열하다
ทำของหาย 탐커-ㅇ하-이	잃어버리다
ทำความสะอาด 탐콰-ㅁ싸아-ㅅ	청소하다
ทำงาน 탐응아-ㄴ	일하다
ทำด้วยมือ 탐두-아이ㅁㅡ-	수작업
ทิวทัศน์ 티우탓	풍경
ทิวทัศน์จากบนเครื่องบิน 티우탓쫘-ㄱ본크르-앙빈	비행기 풍경
ทิศทาง 팃타-ㅇ	방향
ที่เขี่ยบุหรี่ 티-키-야부리-	재떨이
ที่เปิดขวด 티-뻐어-ㅅ쿠-앗	병따개
ที่ขายตั๋ว 티-카-이뚜-아	매표소
ที่จอดรถ 티-쩌-ㅅ롯	주차장

ที่ทำการไปรษณีย์ 티-탐까-ㄴ쁘라이싸니	우체국
ที่นั่ง 티-낭	좌석
ที่นั่งจอง 티-낭쩌-ㅇ	예약석
ที่นั่งที่ไม่ต้องจอง 티-낭티-마이떠-ㅇ쩌-ㅇ	자유석
ที่นั่งปลอดบุหรี่ 티-낭쁠러-ㅅ부리-	금연석
ที่นั่งสำรอง 티-낭쌈러-ㅇ	예비석
ที่รับแลกเปลี่ยนเงิน 티-랍래-ㄱ쁠리-얀응으언	환전소
ที่หยุดรถบัส 티-윳롯밧	버스정류장
ที่อยู่ 티-유-	주소
ที่อยู่ผู้รับ 티-유-푸-랍	받는사람 주소
เทนนิส 테-ㄴ닛	테니스
เทอร์โมมิเตอร์ 트어-모-미-뜨어-	온도계
เท้า 타오	발
แท็กซี่ 택씨-	택시
โทรเลข 토-레-ㄱ	전보
โทรทัศน์ 토-라탓	티비
โทรศัพท์ 토-라쌉	전화
โทรศัพท์ทางไกล 토-라쌉타-ㅇ끌라이	장거리 전화

โทรศัพท์ภายในประเทศ 토-라쌉파-이나이쁘라테-ㅅ	국내 전화
โทรศัพท์มือถือ 토-라쌉므-트-	휴대폰

ธ

ธนาคาร 타나-카-ㄴ	은행
ธรรมชาติ 탐마차-ㅅ	자연

น

นก 녹	새
นม 놈	우유
นวด 누-앗	마사지
นักเรียน 낙리-얀	학생
นักล้วงกระเป๋า 낙루-앙끄라빠오	소매치기
นามบัตร 나-ㅁ밧	명함
น่ารัก 나-락	귀엽다
นาฬิกา 나-리까-	시계
นาฬิกาปลุก 나-리까-쁠룩	알람시계
น้ำ 남	물
น้ำแข็ง 남캥	얼음
น้ำแร่ 남래-	생수

น้ำไม่อัดลม 남마이앗롬	무탄산음료
น้ำชา 남차	차
น้ำซุป 남쑤-ㅂ	국물
น้ำตาล 남따-ㄴ	설탕
น้ำมัน 남만	기름
น้ำมันเครื่อง 남만크르-앙	엔진오일
น้ำร้อน 남러-ㄴ	뜨거운 물
น้ำส้มสายชู 남쏨싸-이추-	식초
น้ำอัดลม 남앗롬	탄산음료
นิทรรศการ 닛타싸까-ㄴ	전시회
นิ้ว 니우	손가락
นุ่ม 눔	부드럽다
เนคไทด์ 네-ㄱ타이	넥타이
เนื้อแกะ 느-아께	양고기
เนื้อไก่ 느-아까이	닭고기
เนื้อวัว 느-아우-아	소고기
เนื้อหมู 느-아무-	돼지고기
ในเมือง 나이므-앙	시내
ไนท์คลับ 나이클랍	나이트클럽

บ	
บน 본	위
บรรจุภัณฑ์ 반쭈판	패키지
บริการโทรปลุกตอนเช้า 버리까-ㄴ토-쁠룩떠-ㄴ차오	모닝콜 서비스
บริการตนเอง 버리까-ㄴ똔에-ㅇ	셀프 서비스
บริษัท 버리쌋	회사
บริสุทธิ์ 버리쑷	순수하다
บัตรเครดิต 밧크레-딧	신용카드
บัตรขาเข้า 밧카-카오	입국 카드
บัตรขาออก 밧카-어-ㄱ	출국 카드
บัตรผ่านขึ้นเครื่อง 밧파-ㄴ큰크르-앙	탑승권
บันได 반다이	계단
บันไดเลื่อน 반다이르-안	에스컬레이터
บาง (ความหนา) 바-ㅇ(콰-ㅁ나-)	얇다(두께)
บาดเจ็บ 바-ㅅ쩹	상처를 입다
บ้าน 바-ㄴ	집
บาร์ 바-	바
บำบัดรักษา 밤밧락싸-	치료하다

บุฟเฟต์ 붑페(f)-	뷔페
บุหรี่ 부리-	담배
เบสบอลอาชีพ 베-ㅅ버-ㄴ아-치-ㅂ	프로야구
เบา 바오	가볍다, 약하다
เบียร์ 비-야	맥주
แบบตะวันตก 배-ㅂ따완똑	서양식
โบสถ์ 보-ㅅ	성당, 불전
โบสถ์คริสต์ 보-ㅅ크릿	교회
ใบเสร็จรับเงิน 바이쎘랍응어-ㄴ	영수증
ใบแจ้งหนี้ 바이째-ㅇ니-	채무 고지서
ใบประกันอุบัติเหตุ 바이쁘라깐우밧띠헤-ㅅ	사고 보험 진단서
ใบปลิว 바이쁠리우	전단지
ใบสั่งยา 바이쌍야-	처방전
ใบอนุญาตขับรถระหว่างประเทศ 바이아누야-ㅅ캅롯라와-ㅇ쁘라테-ㅅ	국제 운전면 허증

ป	
ประเทศ 쁘라테-ㅅ	국가
ประกัน 쁘라깐	보험하다, 보증하다
ประกาศ 쁘라까-ㅅ	공지하다

ประชาสัมพันธ์ 쁘라차-쌈판	홍보하다	เปลี่ยน 쁠리-얀	바꾸다, 교체하다	ผ้าพันแผล 파-판플래-	붕대
ประตูขึ้นเครื่อง 쁘라뚜-큰크르-앙	탑승구	เปิด 쁘어-ㅅ	열다	ผ้าพันคอ 파-판커-	목도리
ประธานาธิบดี 쁘라타-나-팁바디-	대통령, 총통	เปิด 24 ชั่วโมง 쁘어-ㅅ 이씹씨-추-아모-ㅇ	24시간 오픈	ผ้าม่าน 파-마-ㄴ	커튼
ประสิทธิภาพ 쁘라씻티파-ㅂ	효율	แปรงสีฟัน 쁘래-ㅇ 씨-판(f)	칫솔	ผ้าห่ม 파-홈	이불, 담요
ปลอดบุหรี่ 쁠러-ㅅ부리-	금연	แปลแบบล่าม 쁠래-배-ㅂ라-ㅁ	통역사처럼 통역하다	ผิวหนัง 피우낭	피부
ปลอดภัย 쁠러-ㅅ파이	안전	แปลกประหลาด 쁠래-ㄱ쁘라라-ㅅ	이상하다	ผู้ใหญ่ 푸-야이	어른
ปลอดภาษี 쁠러-ㅅ파-씨-	면세	โปรแกรม 쁘로-끄래-ㅁ	프로그램	ผู้ไม่บรรลุนิติภาวะ 푸-마이반루니띠파-와	미성년자
ปลอดสารเคมี 쁠러-ㅅ싸-ㄴ케-미-	무첨가	โปสการ์ด 쁘-ㅅ까-ㅅ	엽서	ผู้ชม 푸-촘	관객
ปลายทาง 쁠라-이타-ㅇ	목적지	ตู้ไปรษณีย์ 뚜-쁘라이싸니-	우체통	ผู้หญิง 푸-잉	여성
ปวดท้อง 뿌-앗터-ㅇ	복통	ไปรษณีย์ 쁘라이싸니-	우편	แผนที่ 패-ㄴ티-	지도
ปวดหัว 뿌-앗후-아	두통			แผนที่เมือง 패-ㄴ티-므-앙	도시지도
ปั๊มน้ำมัน 빰남만	주유소	**ผ**		แผนที่การเดินทาง 패-ㄴ티-까-ㄴ드어-ㄴ타-ㅇ	여행지도
ป้า/อา/น้า (ผู้หญิง) 빠-/아-/나-	아주머니/고모/이모	ผม 폼	나, 머리카락		
ป้ายจอดแท็กซี่ 빠-이쩌-ㅅ택씨-	택시 정류장	ผลไม้ 폰라마이	과일	**ฝ**	
ป้ายรถเมล์ 빠-이롯메-	버스 정류장	ผลรวม 폰루-암	합계, 총액	ฝน 폰(f)	비
ปิด 삣	닫다	ผลิตใหม่ 팔릿마이	새로 생산하다	ฝักบัวอาบน้ำ 팍(f)부아아-ㅂ남	샤워기
ปีนเขา 삐-ㄴ카오	등산하다	ผัก 팍	야채	**พ**	
ปุ่มซักผ้า 뿜싹파-	세탁 버튼	ผ้าเช็ดตัว 파-쳇뚜-아	몸 수건	พนักงานเสิร์ฟ 파낙응아-ㄴ쓰어-ㅂ	웨이터
เปรี้ยว 쁘리-야우	시다	ผ้าเช็ดหน้า 파-쳇나-	얼굴 수건	พนักงานต้อนรับ 파낙응아-ㄴ떠-ㄴ랍	접수 직원
		ผ่าตัด 파-땃	수술하다	พบเจอ 폽쯔어-	만나다

201

พยากรณ์อากาศ ผา-ยา-เก้นอา-까-ㅅ	일기예보
พรม 프롬	카펫
พริกแดง 프릭대-ㅇ	홍고추
พริกไทย 프릭타이	후추
พรุ่งนี้ 프룽니-	내일
พัฒนา 팟타나-	개발하다, 발전되다
พาสปอร์ต 파-ㅅ뻐-ㅅ	여권
พิเศษ 피쎄-ㅅ	특별한
พิพิธภัณฑ์ 피피타판	박물관
พิพิธภัณฑ์สัตว์น้ำ 피피타판쌋남	수족관
พูด 푸-ㅅ	말하다
พูดคุย 푸-ㅅ쿠이	대화하다
เพลง 플레-ㅇ	음악
เพศ 페-ㅅ	성별
แพง 패-ㅇ	비싸다

ฟ	
ฟัน 판(f)	치아
แฟกซ์ 패(f)-ㄱ	팩스
ไฟฟ้าดับ 퐈(f)이퐈(f)-답	정전

ภ	
ภัตตาคาร 팟따-카-ㄴ	레스토랑
ภาพ 파-ㅂ	그림, 사진
ภาพยนตร์ 파-ㅂ파욘	영화
ภาษาอังกฤษ 파-싸-앙끄릿	영어
ภาษี 파-씨-	세금
ภาษีมูลค่าเพิ่ม (VAT) 파-씨-무-ㄴ카-프어-ㅁ	부가세(VAT)
ภาษีสนามบิน 파-씨-싸나-ㅁ빈	공항세
ภูเขา 푸-카오	산
ภูมิแพ้ 푸-ㅁ패-	알레르기
ภูมิภาค 푸-미파-ㄱ	지역

ม	
มอบหมาย 머-ㅂ마-이	위임하다, 맡기다
มา 마-	오다
มายองเนส 마-여-ㅇ네-ㅅ	마요네즈
มารยาท 마-라야-ㅅ	매너
มีค่าใช้จ่าย 미-카-차이짜-이	비용이 있다
มีชื่อเสียง 미-츠-씨-양	유명하다
มีดโกน 미-ㅅ꼬-ㄴ	면도칼
มืด 므-ㅅ	어둠
มือ 므-	손
เมนู 메-누-	메뉴
เมื่อก่อน 므-아꺼-ㄴ	예전에
เมื่อวาน 므-아와-ㄴ	어제
แม่น้ำ 내-남	추천하다
แมลง 말래-ㅇ	벌레
แมว 매-우	고양이
ไม่เป็นทางการ 마이뻰타-ㅇ까-ㄴ	비공식적
ไม่ดี 마이디-	안 좋다
ไม่ใส่สี 마이싸이씨-	무색

202

ไม่มีค่าใช้จ่าย 마이미-카-차이짜-이	무료
ไม่ว่าง 마이와-ㅇ	사용 중

ย

ยกเลิก 욕르어-ㄱ	취소하다
ยา 야-	약
ยาแก้ปวด 야-깨-뿌-앗	아스피린(진통제)
ยาแก้หวัด 야-깨-왓	감기약
ยาก 야-ㄱ	어렵다
ยาบรรเทาปวด 야-반타오뿌-앗	두통약
ยาระบาย 야-라바-이	완하제
ยาลดไข้ 야-롯카이	해열제
ยาว 야-우	길다
ยาสมุนไพร 야-싸문프라이	탕약
ยาหยอดตา 야-여-ㅅ따-	안약
ยุง 융	모기
แยกต่างหาก 애-ㄱ따-ㅇ하-ㄱ	따로따로

ร

รถเช่า 롯차오	렌터카
รถเมล์ 롯메-	버스

รถไฟ 롯퐈(f)이	기차
รถไฟใต้ดิน 롯퐈(f)이따이딘	지하철
รถไฟขบวนแรก 롯퐈(f)이카부-안래-ㄱ	첫차
รถไฟขบวนสุดท้าย 롯퐈(f)이카부-안숫타-이	막차
รถด่วนพิเศษ 롯두-안피쎄-ㅅ	특급열차
รถบัสท่องเที่ยว 롯밧ㅅ-ㅇ티-야우	관광버스
รถบัสทางไกล 롯밧ㅅ-ㅇ 끌라이	장거리버스
รถพยาบาล 롯퐈야-바-ㄴ	구급차
รถยนต์ 롯욘	자동차
ร่ม 롬	우산
รองเท้า 러-ㅇ타오	신발
ร้องเพลง 러-ㅇ플레-ㅇ	노래하다
ร้อน 러-ㄴ	덥다
รอยเปื้อน 러-이쁘-안	얼룩
รอยขีดข่วน 러-이키-ㅅ쿠-안	생채기, 찰과상
ระยะเวลาหมดอายุ 라야웨-ㄴ라-못아-유	유통기한
ระหว่างทำการ 라와-ㅇ탐까-ㄴ	영업 중
รับประทานอาหาร 랍쁘라타-ㄴ아-하-ㄴ	식사하다
รับฝาก 랍퐈(f)-ㄱ	맡다

รั่วไหล 루-아라이	누출되다
ราเมง 라-메-ㅇ	라멘
ร่าเริง 라-르어-ㅇ	매우 기쁘다
ราคา 라-카-	가격
ราคาต่าง 라-카-따-ㅇ	가격 차이
ร่างกาย 라-ㅇ까-이	신체, 몸
ร้านเสื้อผ้า 라-ㄴ쓰-아파-	옷가게
ร้านแลกเปลี่ยนเงิน 라-ㄴ래-ㄱ쁠리-얀응어-ㄴ	환전소
ร้านขายขนมปัง 라-ㄴ카-이카놈빵	빵집
ร้านขายของชำ 라-ㄴ카-이커-ㅇ참	식료품점
ร้านขายยา 라-ㄴ카-이야-	약국
ร้านค้า 라-ㄴ카-	상점
ร้านปิด 라-ㄴ삣	가게가 닫다
ร้านสะดวกซื้อ 라-ㄴ싸두-악쓰-	편의점
ร้านสินค้าปลอดภาษี 라-ㄴ씬카-쁠러-ㅅ파-씨-	면세점
ร้านหนังสือ 라-ㄴ낭쓰-	서점
รีบ 리-ㅂ	서두르다
รูปถ่าย 루-ㅂ타-이	사진
รูมเซอร์วิส 루-ㅁ쓰어-윗	룸서비스

203

เร็ว 레우	빠르다	ลูกค้า 루-ㄱ카-	고객	วันหยุด 완윳	휴일
เรียบง่าย 리-얍응아-이	간단하다, 단순하다	ลูกชาย 루-ㄱ차-이	아들	วันออกเดินทาง 완어-ㄱ드어-ㄴ타-ㅇ	출발일
เรือ 르-아	배	ลูกสาว 루-ㄱ싸-우	딸	ว่ายน้ำ 와-이남	수영하다
เรือสำราญ 르-아쌈라-ㄴ	유람선	ลูกอม 루-ㄱ옴	사탕	วิ่ง 윙	뛰다
โรงเรียน 로-ㅇ리-얀	학교	เล่น 레-ㄴ	놀다	วิทยุ 위타유	라디오
โรงแรม 로-ㅇ래-ㅁ	호텔	เลาจน์พักรอเดินทาง 라오팍러-드어-ㄴ타-ㅇ	출발 라운지	เวลาเปิดทำการ 웨-ㄴ라-뻐어-ㅅ탐까-ㄴ	오픈시간
โรงพยาบาล 로-ㅇ파야-바-ㄴ	병원	เลือด 르-앗	피	เวลากลางคืน 웨-ㄴ라-끌라-ㅇ크-ㄴ	야간시간
โรงละคร 로-ㅇ라커-ㄴ	극장	เลือดออก 르-앗어-ㄱ	출혈	เวลาขึ้นเครื่อง 웨-ㄴ라-큰크르-앙	탑승시간
โรงอาหาร 로-ㅇ아-하-ㄴ	학교 식당	เลื่อนออกไป 르-안어-ㄱ빠이	연기되다	เวลาท้องถิ่น 웨-ㄴ라-터-ㅇ틴	현지시간
ฤดู 르두-	계절	โลก 로-ㄱ	지구, 세계	เวลาปิดทำการ 웨-ㄴ라-삣탐까-ㄴ	마감시간
ล		โลหิตจาง 로-힛짜-ㅇ	빈혈	เวลาว่าง 웨-ㄴ라-와-ㅇ	자유시간
ลง 롱	내리다	**ว**		เวลาออกเดินทาง (เครื่องบิน) 웨-ㄴ라어-ㄱ드어-ㄴ타-ㅇ(크르-앙빈)	출발시간(비행기)
ลม 롬	바람	วัฒนธรรม 왓타나탐	문화		
ลายเซ็น 라-이쎈	사인, 서명	วัด 왓	사원	เวลาออกเดินทาง (รถไฟ) 웨-ㄴ라어-ㄱ드어-ㄴ타-ㅇ(롯퐈(f)이)	출발시간(기차)
ลิปสติก 립싸띡	립스틱	วันเกิด 완끄어-ㅅ	생일		
ลิฟท์ 립	엘리베이터	วันเดียวกัน 완디-야우깐	같은 날	แว่นตา 왜-ㄴ따-	안경
ลีมูซีนบัส 리-무-씨-ㄴ밧	리무진버스	วันครบรอบ 완크롭러-ㅂ	기념일	ไวน์ลิสต์ 와이릿	와인 리스트
ลึก 륵	깊다, 심오하다	วันนี้ 완니-	오늘	**ศ**	
ลุง / อา / น้า 룽/아-/나-	백부 / 숙부 / 이모	วันมะรืน 완마르-ㄴ	모레	ศาสนา 싸-싸나-	종교

204

ศุลกากร 쑨라까-꺼-ㄴ	세관

ส

สกปรก 쏙까쁘록	더럽다
ส่ง 쏭	보내다
ส่งคืนสินค้า 쏭크-ㄴ씬카	반품하다
สดใส 쏫싸이	선명하다, 활발하다
สถานแนะนำการท่องเที่ยว 싸타-ㄴ내남까-ㄴ터- ㅇ티-야우	여행 안내소
สถานที่เก็บทรัพย์สินสูญหาย 싸타-ㄴ티-껩쌉씬쑤- ㄴ하-이	분실물 보관소
สถานที่แนะนำ 싸타-ㄴ티-내남	안내소
สถานที่ติดต่อ 싸타-ㄴ티-띳떠-	연락 장소
สถานทูต 싸타-ㄴ투-ㅅ	대사관
สถานทูตเกาหลี 싸타-ㄴ투-ㅅ까올리-	한국 대사관
สถานี 싸타-니-	역, 장소
สถานีตำรวจ 싸타-니땀루-앗	경찰서
สถานีตำรวจย่อย 싸타-니땀루-앗푸-타-ㄴ	파출소
สถานีรถไฟใต้ดิน 싸타-니-롯파(f)이따이딘	지하철역
สนามบิน 싸나-ㅁ빈	공항

สบู่ 싸부-	비누
สร้อยคอ 씨-이커-	목걸이
สวน 쑤-안	정원, 공원
ส่วนต้อนรับด้านหน้า 쑤-안떠-ㄴ랍다-ㄴ나-	프런트
ส่วนลด 쑤-안롯	할인
สวนสัตว์ 쑤-안쌋	동물원
สวยงาม 쑤-아이응아-ㅁ	아름답다
สั่ง 쌍	주문하다
สัญชาติ 싼차-ㅅ	국적
สัญญาณเตือน 싼야-ㄴ뜨-안	경보
สั้น 싼	짧다
สามารถ 싸-마-ㅅ	가능하다
สาย 싸-이	늦다
สายไม่ว่าง 싸-이마이와-ㅇ	통화 중
สำเร็จรูป 쌈렛루-ㅂ	인스턴트, 이미 갖추어져 있다
สำรวจ 쌈루-앗	조사하다, 탐구하다
สำหรับเด็ก 쌈랍덱	어린이용
สิ่งของมีค่า 씽커-ㅇ미-카-	귀중품
สินค้าเรียกคืน 씬카-리-약크-ㄴ	회수품

สินค้าปลอดภาษี 씬카-쁠러-ㅅ파-씨-	면세품
สินค้าพื้นเมือง 씬카-프-ㄴ므-앙	특산품
สินค้าหมด 씬카-못	품절
สิ้นสุด 씬쑷	끝나다
สี 씨-	색
สีเงิน 씨-응어-ㄴ	은색
สีแดง 씨-대-ㅇ	빨간색
สีน้ำเงิน 씨-남응어-ㄴ	남색
เส้นไหม 쎄-ㄴ마이	실크
เส้นทางภายในประเทศ 쎄-ㄴ타-ㅇ파-이나이 쁘라테-ㅅ	국내선
เส้นทางระหว่างประเทศ 쎄-ㄴ타-ㅇ라와-ㅇ쁘 라테-ㅅ	국제선
เส้นผ่าน 쎄-ㄴ파-ㄴ	지름, 통과 선
เส้นฝ้าย 쎄-ㄴ퐈(f)-이	면사
เสียใจ 씨-야짜이	상심하다, 후회하다
เสี่ยงต่อการกระแทก 씨-양떠-까-ㄴ끄라태-ㄱ	충격 위험
เสื้อคลุม 쓰-아클룸	외투
เสื้อชูชีพ 쓰-아추-치-ㅂ	구명조끼

| แสงสว่าง
쌔-ㅇ 싸와-ㅇ | 밝은 빛 |
| แสตมป์
싸때-ㅁ | 우표, 도장 |

ห

หนวกหู 누-악후-	시끄럽다
หนัก 낙	무겁다
หนังสือ 낭쓰-	책
หนังสือพิมพ์ 낭쓰-핌	신문
หนา 나-	무겁다
หนาว 나-우	춥다
หมวก 무-악	모자
หมอ 머-	의사
หมอน 머-ㄴ	베개
หมา 마-	개
หมากฝรั่ง 마-ㄱ퐈(f)랑	껌
หมายเลข 마-이레-ㄱ	번호
หมายเลขเที่ยวบิน 마-이레-ㄱ티-야우빈	비행기 편명
หมายเลขโทรศัพท์ 마-이레-ㄱ토-라쌉	전화번호
หมายเลขจอง 마-이레-ㄱ쩌-ㅇ	예약번호
หมายเลขที่นั่ง 마-이레-ㄱ티-낭	좌석번호

หมายเลขบัตรประจำ ตัวประชาชน 마-이레-ㄱ밧쁘라짬 뚜-아쁘라차-촌	신분증 번호
หมายเลขห้อง 마-이레-ㄱ허-ㅇ	방 번호
หมู่เลือด 무-르-앗	혈액형
หลอด 러-ㅅ	빨대
หลังคา 랑카	지붕
หวัด 왓	감기
หวาน 와-ㄴ	달다
ห้อง 허-ㅇ	방
ห้องแบบทวิน 허-ㅇ배-ㅂ트윈	트윈룸
ห้องครัว 허-ㅇ크루-아	주방
ห้องรอ 허-ㅇ러-	대기실
ห้องรับรอง 허-ㅇ랍러-ㅇ	휴게실, 로비
ห้องสมุด 허-ㅇ싸뭇	도서관
ห้องสุขา 허-ㅇ쑤카-	화장실
หอบหืด 허-ㅂ흐-ㅅ	천식
ห่อพัสดุ 허-팟싸두	포장하다, 소 포(를 싸다)
หัว 후-아	머리
หัวใช้เท้า 후-아차이타오	무

ห้างสรรพสินค้า 하-ㅇ쌉파씬카-	백화점
ห้ามใช้แฟลช 하-ㅁ차이플래(f)-ㅅ	플래시 금지
ห้ามจอดรถ 하-ㅁ쩌-ㅅ롯	주차 금지
ห้ามถ่ายรูป 하-ㅁ타-이루-ㅂ	사진 촬영 금지
หิมะ 히마	눈
เหนือ 느-아	북
เหนื่อย 느-아이	피곤하다
เหล้า 라오	술
แห่งชาติ 해-ㅇ차-ㅅ	국립
แหวน 왜-ㄴ	반지
ใหม่ 마이	새로운
ไหม้ 마이	타다
ไหล่ 라이	어깨

อ

อพาร์ทเมนท์ 아파-ㅅ메-ㄴ	아파트
อร่อย 아러-이	맛있다
ออกเดินทาง 어-ㄱ더-ㄴ타-ㅇ	출발하다
อัญมณี 안야마니-	보석
อัตราแลกเปลี่ยน 앗뜨라-래-ㄱ쁠리-얀	환율

อัตราค่าห้องพัก 앗뜨라-카-허-ㅇ팍	객실 요금
อันตราย 안딸라-이	위험하다
อาเจียน 아-찌-얀	구토하다
อาการชา 아-까-ㄴ차-	마취 상태
อากาศ 아-까-ㅅ	날씨
อาชีพ 아-치-ㅂ	직업
อายุ 아-유	나이
อาหาร 아-하-ㄴ	음식
อาหารเช้า 아-하-ㄴ차오	아침
อาหารเย็น 아-하-ㄴ옌	저녁
อาหารจานเดียว 아-하-ㄴ짜-ㄴ디-야우	일품요리
อินเตอร์เน็ต 인뜨어-넷	인터넷
อุณหภูมิ 운하푸-ㅁ	온도
อุณหภูมิร่างกาย 운하푸-ㅁ라-ㅇ까-이	체온
อุ่น 운	따뜻하다
อุบัติเหตุ 우밧띠헤-ㅅ	사고
อุบัติเหตุทางจราจร 우밧띠헤-ㅅ타-ㅇ짜라-쩌-ㄴ	교통사고
เอ็กซเรย์ 엑싸레-	엑스레이

เอกสาร 에-ㄱ까싸-ㄴ	서류
แอร์ 애-	에어컨

여행 태국어 co-Trip ことりっぷ

초판 인쇄일 2023년 10월 16일
초판 발행일 2023년 10월 23일
지은이 코트립 편집부
옮긴이 박채원, 임휘준
발행인 박정모
등록번호 제9-295호
발행처 도서출판 혜지원
주소 (10881) 경기도 파주시 회동길 445-4(문발동 638) 302호
전화 031)955-9221~5 팩스 031)955-9220
홈페이지 www.hyejiwon.co.kr

기획 박혜지
진행 김태호
디자인 김보리
영업마케팅 김준범, 서지영
ISBN 979-11-6764-061-1
정가 13,000원

co-Trip KAIWA CHOU ことりっぷ 会話帖